Commercial Law

商事法新論

修訂十三版

王立中　著

三民書局

國家圖書館出版品預行編目資料

商事法新論／王立中著．－－修訂十三版一刷．－－臺
北市：三民，2014
面；　公分

ISBN 978-957-14-5894-6　（平裝）

1.商事法

587　　　　　　　　　　　　　　　　103004096

© 商事法新論

著 作 人	王立中
發 行 人	劉振強
著作財產權人	三民書局股份有限公司
發 行 所	三民書局股份有限公司
	地址　臺北市復興北路386號
	電話　(02)25006600
	郵撥帳號　0009998-5
門 市 部	(復北店) 臺北市復興北路386號
	(重南店) 臺北市重慶南路一段61號
出版日期	初版一刷　1992年8月
	修訂十一版一刷　2010年7月
	修訂十二版一刷　2011年10月
	修訂十三版一刷　2014年8月
編 　 號	S 580510

行政院新聞局登記證局版臺業字第○二○○號

ISBN　978-957-14-5894-6　　（平裝）

http://www.sanmin.com.tw　三民網路書店

修訂十三版序

　　本書自付梓以來，為保持其與最新法律規範之密切配合，已修訂數次。修訂重點，亦是依據最新條文修改本書內容。本次修訂主要配合保險法於民國一〇三年六月所修正公布之最新條文，即第十二條主管機關、第一百三十六條保險業之組織、第一百四十二條保證金之發還、第一百四十三條之三安定基金、第一百四十六條之一、之二購買有價證券及投資不動產之限制、第一百四十六條之四、之五辦理國外投資額度及資金之其他運用、第一百四十六條之九不得股權交換或利益輸送、第一百四十九條違法之處分、第一百四十九條之一、之二管理處分移交及接管人之義務與職務執行、第一百四十九條之六受處分之保險業負責人及有違法嫌疑之人其財產及出境之限制、第一百四十九條之七股份有限公司組織之保險業受讓接管、第一百四十九條之八清理人之職務、第一百四十九條之十一清理之完結、第一百六十八條及第一百六十九條之二相關處罰規定等，及新增第一百六十六條之一散布流言或以詐術損害保險業信用者之處罰。

　　惟筆者才識有限，本書雖屢次修訂，但仍難免有所疏漏，倘有失誤之處，尚祈賢達先進，不吝指正，至感榮幸。

王立中　謹識

中華民國一〇三年八月

初版序

　　商事法之意義，有實質與形式之分。廣義之商事法乃以商事為規範對象之一切法規均稱之；狹義之商事法乃專指國內商法中之商私法而言。在我國因採民商合一制，並無獨立之商法法典，關於商事之規定，或編入民法債編中，或分別另訂單行法行之。一般講學上所稱之商事法，即以公司法、票據法、海商法、保險法及商業登記法等五種最主要之商事單行法為其範圍。

　　筆者任教大學院校負責商事法之講授工作多年，為了教學上之方便，乃嘗試將一般講學之商事法之內容，加以分成六大編分別敘述其要義，並就其法律術語、法律條文、立法理由加以扼要闡明，俾便讀者能經由閱讀本書迅速對現行主要之商事單行法獲得一明確之概念。本書自付梓以來，鑑於商事法之各項單行法，隨時有所修正，為保持其與最新之法律規範密切配合，故均隨時加以修訂，而重新排版。

　　惟筆者才識有限，本書雖屢次修訂，但仍難免有所疏漏，倘有失誤之處，尚祈賢達先進，不吝指正，至感榮幸。

王立中　謹識

中華民國八十一年八月

序於中興大學法律學系

商事法新論

目　次

第一編　緒　論

第二編　商業登記法

第三編　公司法

第四編　票據法

第五編　海商法

第六編　保險法

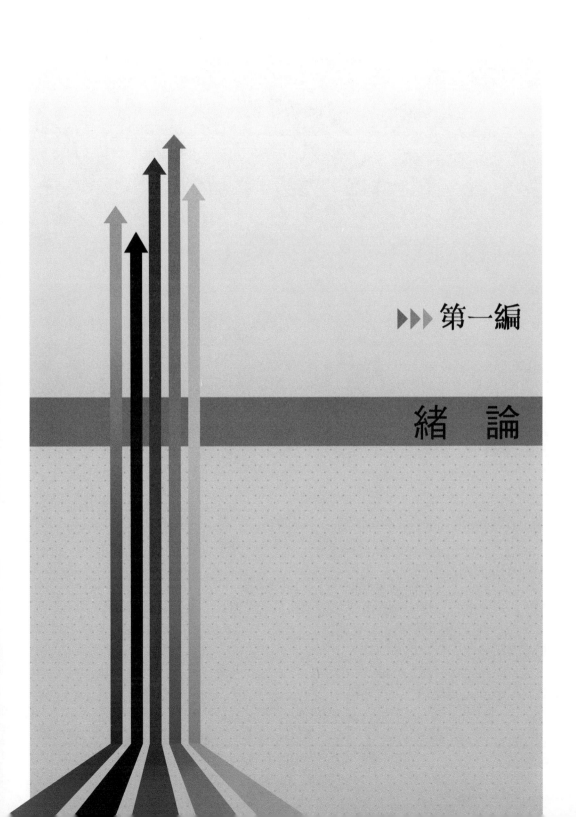

▶▶▶第一編

緒　論

第一章　商事法之意義

　　商事法亦稱商法，其意義有實質與形式之分。實質之商事法，又有廣義與狹義之別。廣義之商事法乃以商事為規範對象之一切法規均稱之，包括國際商法及國內商法。國際商法者，謂國際公法中關於商事之法規，如國際商約是。而國內商法更分為商公法與商私法。商公法者，謂公法中關於商事之法規，如銀行法是。商私法者，謂私法中關於商事之法規，如商法法典及商事單行法是。狹義之商事法，亦即通常所稱之商事法，乃專指國內商法中之商私法而言。至於形式之商事法僅指商法法典言，亦即經立法程序命名為商法者是。

　　在採民商分立制之國家，如日本，於民法之外，另訂有商法法典。然我國因採民商合一制，關於商事之規定，或編入民法債編中，或另以單行法行之，並無訂有獨立之商法法典，因此祇有實質之商事法，而無形式之商事法。一般講學上所稱之商事法，即以公司法、票據法、海商法、保險法及商業登記法等五種最主要之商事單行法為其範圍，本書亦以此為主要論述對象，其他商事法規，則於必要時略事涉及。

第二章　商事法與民法之關係

關於商事法之立法制度，向有民商分立與民商合一之別。前者係於民法法典之外，另行制定商法法典，分別獨立。後者則將民商法制定為統一法典，關於商事之法規除於民法法典中規定外，其性質不適宜合併於民法者，則另行制定單行法規。我國現採行民商合一制，將屬於商人通例之經理人、代辦商及屬於商行為之買賣、交互計算、行紀、倉庫與承攬運送等規定於民法債編中。而於公司、票據、海商、保險、商業登記等項，則另訂單行法規。此項商事單行法規對於民法之關係，係處於特別法之地位，依特別法優於普通法適用之原則，商事法應優先於民法而適用，必也商事法無規定時，始能適用民法。就另一方面言，民法既為普通法，依普通法補充特別法之原則，商事法所無規定者，仍應適用民法之規定，例如民法中有關行為能力、意思表示、代理等規定是。

第三章　商事法之特質

一、公法性

商事法為民法之特別法，與民法同屬私法之範疇。惟近代法律，因受社會本位思想之影響，私法已日趨公法化，商事法亦然。例如公司法中設有許多行政罰及刑罰之規定是。

二、技術性

法律有倫理規範與技術規範之分。民法屬於倫理規範，而商事法規則頗富技術性。例如公司法中有關股東會之召集程序與決議方法以及票據法中有關發票與背書等規定，均足顯示其具有高度之技術性。

三、國際性

商事法原屬國內法之範疇。惟因近代交通發達，國際貿易繁盛，為適應實際需要，國與國間大都訂有商事條約，商事法遂日趨具有國際性，更有世界統一之傾向，例如一九三一年之支票統一公約是。

四、營利性

民法所保護者廣及一般之法益，而商事多以營利為目的，故商事法之規定乃在維護個人或團體之營利。例如公司法第一條規定本法所稱公司，謂以營利為目的，依照本法組織、登記、成立之社團法人是。

五、進步性

法律為人類社會生活之規範，為適應現實需要須隨社會生活之變動而

變動。商事法所規範之經濟生活其變動尤速，其反映於商事法相當敏感，此觀諸我國商事法規修改之頻繁，即可了然。

六、二元性

商事法為私法，本於私法自治之原則並求交易之敏活，須採自由主義，故商事法中設有許多任意規定，例如公司法對於經理人職權之規定與票據法對於匯票到期日、付款人、受款人、發票地及付款地之規定是。同時，由於私法公法化之趨勢並求交易之安全，兼採嚴格主義，故商事法亦設有許多強行規定，例如設立公司應訂立章程載明法定事項，及票據行為要式性之規定是。此二種特性相互協調配合，並不衝突。故學者有謂：商事法是一切法律中之最屬方式自由的，而同時又是最屬方式嚴格的法律。

第四章　我國商事法之沿革

　　我國古代大都重農輕商，且閉關自守，商事不興。而歷朝典章，又均偏於刑名，因此，不惟無商法法典，即民法法典亦付闕如。自清末海禁大開，歐風東漸，乃於光緒二十九年頒布大清商律，內容簡陋，僅含商人通例九條及公司律一百三十一條，是為我國商法之嚆矢。民國成立，凡前清法律，與民國國體不相牴觸者，一律暫准援用，故光緒二十九年之商律仍舊有效。民國三年，以清朝資政院未議決之商律草案，略加修正，先後公布公司條例及商人通例，均自同年九月一日起施行。迨民國十六年國民政府成立後，關於民商法之編纂，採民商合一制，其不適宜合編於民法者，分別制定單行法如下：

(一)公司法

　　民國十八年十二月二十六日公布，二十年七月一日施行。其後分別於三十五年四月十二日、五十五年七月十九日、五十七年三月二十五日、五十八年九月十一日、五十九年九月四日、六十九年五月九日、七十二年十二月七日、七十九年十一月十日、八十六年六月二十五日、八十九年十一月十五日、九十年十一月十二日、九十四年六月二十二日、九十五年二月三日、九十八年一月二十一日、四月二十九日、五月二十七日及一百年六月二十九日數度修正。現行公司法，其內容為第一章總則、第二章無限公司、第三章有限公司、第四章兩合公司、第五章股份有限公司、第六章原為股份兩合公司，後經刪除、第六章之一關係企業、第七章外國公司、第八章公司之登記及認許、第九章附則。

(二)票據法

　　民國十八年十月三十日公布，同日施行。其後分別於四十三年五月十四日、四十九年三月三十一日、六十二年五月二十八日、六十六年七月二

十三日、七十五年六月二十九日及七十六年六月二十九日數度修正。現行
票據法其內容為第一章通則、第二章匯票、第三章本票、第四章支票、第
五章附則。

㈢海商法

民國十八年十二月三十日公布，二十年一月一日施行。其後於五十一
年七月二十五日、八十八年七月十四日、八十九年一月二十六日及九十八
年七月八日修正。現行海商法其內容為第一章通則、第二章船舶、第三章
運送、第四章船舶碰撞、第五章海難救助、第六章共同海損、第七章海上
保險、第八章附則。

㈣保險法

民國十八年十二月三十日公布，並未施行。民國二十六年修正公布，
仍未施行。民國五十二年九月二日修正公布，同日施行。其後於民國六十
三年十一月三十日、八十一年二月二十六日、八十一年四月二十日、八十
六年五月二十八日、八十六年十月二十九日、九十年七月九日、九十二年
一月二十二日、九十三年二月四日、九十四年五月十八日、九十五年五月
三十日、九十六年一月十日、九十六年七月十八日、九十九年二月一日、
十二月八日及一百年六月二十九日再經修正，是為現行保險法。其內容為
第一章總則、第二章保險契約、第三章財產保險、第四章人身保險、第五
章保險業、第六章附則。

㈤商業登記法

民國二十六年六月二十八日公布，同日施行。其後於五十六年十一月
二十八日、七十八年十月二十三日、八十八年十二月二十九日、八十九年
四月二十六日、九十一年二月六日、九十一年十二月十八日、九十七年一
月十六日及九十八年一月二十一日修正。

習　題

一、何謂商事法？其與民法之關係如何？
二、商事法之特質如何？試析述之。

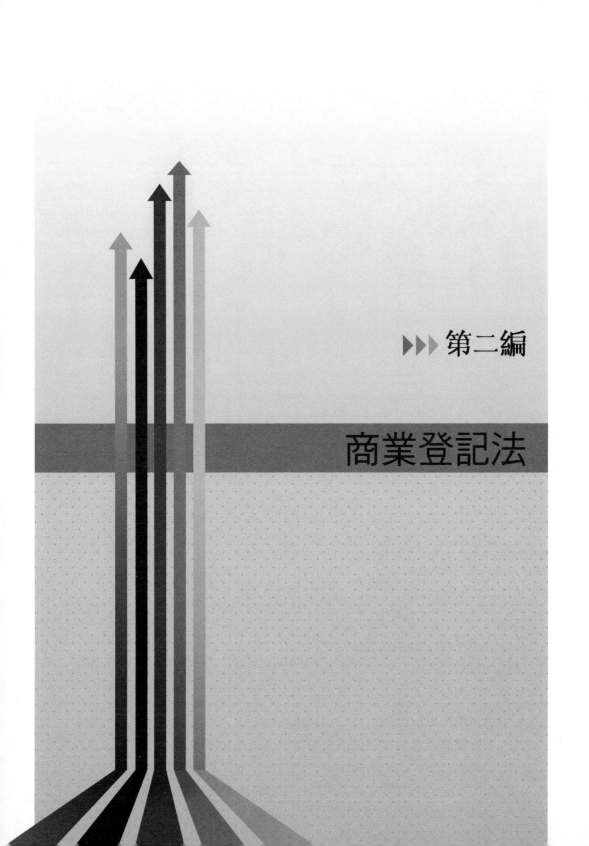

▶▶▶ 第二編

商業登記法

第一章　商業之概念

第一節　商業之意義

　　所謂商業，依商業會計法第二條第一項規定：「本法所稱商業，指以營利為目的之事業；其範圍依商業登記法、公司法及其他法律之規定」。又公司法第一條規定：「本法所稱公司，謂以營利為目的，依照本法組織、登記、成立之社團法人」。可知商業係以營利為目的之事業，如非以營利為目的，則不得謂之商業。惟依商業登記法第三條規定：「本法所稱商業，指以營利為目的，以獨資或合夥方式經營之事業」。是以商業之形態，雖有獨資、合夥與公司組織之分，然商業登記法上所稱之商業，其形態僅限於獨資與合夥。

第二節　商業之類別

　　商業經營業務之範圍，如設概括規定，難免含糊；列舉規定，又恐遺漏。故多數國家均設列舉兼概括之規定，我國修正前商業登記法從之。修正前本法第二條第一款至第三十一款按經營業務之性質列舉三十一種商業類別，分別為：(1)農林業、(2)畜牧業、(3)漁業、(4)礦業、(5)水、電、煤氣業、(6)製造業、(7)加工業、(8)建築業、(9)運送業、(10)金融業、(11)保險業、(12)擔保、信託業、(13)證券業、(14)銀樓業、(15)當業、(16)買賣業、(17)國際貿易業、(18)出租業、(19)倉庫業、(20)承攬業、(21)打撈業、(22)出版業、(23)印刷、製版、裝訂業、(24)廣告、傳播業、(25)旅館業、(26)娛樂業、(27)飲食業、(28)行紀業、(29)居間業、(30)代辦業、(31)服務業。而於最後第三十二款殿以「其他營

利事業」，以概括其餘。惟修正後現行法第三條規定：「本法所稱商業，指以營利為目的，以獨資或合夥方式經營之事業」，不再列舉其類別。

第三節　商業之負責人

　　本法所稱商業負責人，在獨資組織者為出資人或其法定代理人；合夥組織者為執行業務之合夥人。經理人在執行職務範圍內，亦為商業負責人（商登十）。

第二章　商業登記

第一節　商業登記之意義

　　商業登記者，乃依商業登記法之規定，將一定事項，向主管機關所為之登記。所謂主管機關，依本法第二條規定：「本法所稱主管機關：在中央為經濟部；在直轄市為直轄市政府；在縣（市）為縣（市）政府。直轄市政府、縣（市）政府，必要時得報經經濟部核定，將本法部分業務委任或委辦區、鄉（鎮、市、區）公所或委託直轄市、縣（市）之商業會辦理」。

第二節　商業登記之目的

　　商業登記之目的，一則便利政府實施保護與監督，以維護公共之利益，二則將商業實況公示於社會，以確保交易之安全。故本法第四條規定：「商業除第五條規定外，非經商業所在地主管機關登記，不得成立」。又商業設立登記後，有應登記事項而不登記，或已登記事項有變更而不為變更之登記者，不得以其事項對抗善意第三人。於分支機構所在地有應登記事項而未登記，或已登記事項有變更而未為變更之登記者，前項規定僅就該分支機構適用之（商登二十）。至於得免申請登記之小規模商業，依本法第五條規定，有下列五種：

　　㈠攤販。

　　㈡家庭農、林、漁、牧業者。

　　㈢家庭手工業者。

　　㈣民宿經營者。

(五)每月銷售額未達營業稅起徵點者。

惟依本法施行細則第二條規定:「本法第五條第二款、第三款所定家庭農、林、漁、牧業、手工業,以自任操作或雖僱用員工而仍以自己操作為主者為限」。

第三節　商業登記之種類

一、創設登記

商業除第五條規定外,非經商業所在地主管機關登記,不得成立(商登四)。

商業開業前,應將下列各款申請登記:(一)名稱。(二)組織。(三)所營業務。(四)資本額。(五)所在地。(六)負責人之姓名、住、居所、身分證明文件字號、出資種類及數額。(七)合夥組織者,合夥人之姓名、住、居所、身分證明文件字號、出資種類、數額及合夥契約副本。(八)其他經中央主管機關規定之事項。前項及其他依本法規定應登記事項,商業所在地主管機關得隨時派員抽查。商業負責人及其從業人員,不得規避、妨礙或拒絕。(商登九)。

商業之分支機構,其獨立設置帳簿者,應自設立之日起十五日內,將下列各款事項,向分支機構所在地之主管機關申請登記:(一)分支機構名稱。(二)分支機構所在地。(三)分支機構經理人之姓名、住、居所、身分證明文件字號。(四)其他經中央主管機關規定之事項。前項分支機構終止營業時,應自事實發生之日起十五日內,向分支機構所在地之主管機關申請廢止登記。分支機構所在地主管機關依前二項規定核准或廢止登記後,應以副本抄送本商業所在地之直轄市政府或縣(市)政府(商登十四)。

二、變更登記

登記事項有變更時,除繼承之登記應自繼承開始後六個月內為之外,應自事實發生之日起十五日內申請為變更之登記。商業之各類登記事項,

其申請程序、應檢附之文件、資料及其他應遵行事項之辦法，由中央主管機關定之（商登十五）。

三、遷移登記

商業遷移於原登記機關之管轄區域以外時，應向遷入區域之主管機關申請遷址之登記（商登十六）。

四、停業及歇業登記

商業暫停營業一個月以上者，應於停業前申請停業之登記，並於復業前申請復業之登記。但已依加值型及非加值型營業稅法規定申報者，不在此限。前項停業期間，最長不得超過一年。但有正當理由，經商業所在地主管機關核准者，不在此限（商登十七）。

商業終止營業時，應自事實發生之日起十五日內，申請歇業登記（商登十八）。

五、其他登記

㈠法定代理人允許或代為經營商業之登記

限制行為能力人為意思表示及受意思表示，應得法定代理人之允許（民七七）。法定代理人允許限制行為能力人獨立營業者，限制行為能力人，關於其營業，有行為能力。限制行為能力人，就其營業有不勝任之情形時，法定代理人得將其允許撤銷或限制之。但不得對抗善意第三人（民八五）。本法乃規定限制行為能力人，經法定代理人之允許，獨立營業或為合夥事業之合夥人者，申請登記時，應附送法定代理人之同意書。法定代理人如發覺前項行為有不勝任情形，撤銷其允許或加以限制者，應將其事由申請商業所在地主管機關登記（商登十一），彼此相互呼應。

又無行為能力人之意思表示，無效（民七五）。無行為能力人，應由法定代理人代為意思表示，並代受意思表示（民七六）。且法定代理人亦得代理限制行為能力人為法律行為（民一〇八六），以是本法規定法定代理人為

無行為能力人或限制行為能力人經營已登記之商業者，則法定代理人為商業負責人，應於十五日內申請登記，登記時應加具法定代理人證明文件（商登十二）。

㈡經理人登記

經理人之任免或調動，應自事實發生之日起於十五日內申請登記（商登十三）。

㈢他種登記

商業之登記，如依其他法律之規定，須辦理他種登記者，應實施統一發證；其辦法由行政院定之。登記證由中央主管機關規定格式，由各地方主管機關自行印製（商登二一 I、II）。

第四節　商業登記之程序

商業登記之程序，可分為下列之步驟：

一、申　請

商業登記之申請，由商業負責人向商業所在地之主管機關為之；其委託他人辦理者，應附具委託書。商業繼承之登記，應由合法繼承人全體聯名申請，繼承人中有未成年者，由其法定代理人代為申請；繼承開始時，繼承人之有無不明者，由遺產管理人代為申請（商登八）。

商業業務，依法律或法規命令，須經各該目的事業主管機關許可者，於領得許可文件後，方得申請商業登記（商登六 I）。

商業所在地主管機關依本法受理商業名稱及所營業務預查、登記、查閱、抄錄及各種證明書，應收取審查費、登記費、查閱費、抄錄費及證照費；其費額，由中央主管機關定之。惟停業登記、復業登記、歇業登記，免繳登記費（商登三五）。

二、登　記

商業所在地主管機關對於商業登記之申請，認為有違反法令或不合法定程式者，應自收文之日起五日內通知補正，其應行補正事項，應於一次通知之（商登二二）。商業所在地主管機關辦理商業登記案件之期間，自收件之日起至核准登記之日止，不得逾七日。但依前條規定通知補正期間，不計在內（商登二三）。

商業登記後，申請人發現其登記事項有錯誤或遺漏時，得申請更正；必要時並應檢具證明文件（商登二四）。

商業所在地直轄市、縣（市）主管機關應設置商業登記簿，記載下列事項：㈠本法第九條第一項各款所列事項。㈡限制行為能力人獨立或合夥經營商業登記。㈢法定代理人為無行為能力人或限制行為能力人經營商業登記。㈣經理人登記。㈤其他登記事項。前項商業登記簿得以電腦處理紀錄代之（商登施三）。

商業負責人或利害關係人，得請求商業所在地主管機關就已登記事項發給證明書（商登二五）。並得聲敘理由，向商業所在地主管機關請求查閱或抄錄登記簿及其附屬文件。但顯無必要者，商業所在地主管機關得拒絕抄閱或限制其抄閱範圍。商業之下列登記事項，其所在地主管機關應公開於資訊網站，以供查閱：㈠名稱。㈡組織。㈢所營業務。㈣資本額。㈤所在地。㈥負責人之姓名。㈦合夥組織者，其合夥人之姓名。㈧分支機構之名稱、所在地及經理人之姓名（商登二六）。所稱利害關係人，除合夥人外，係指對其商號或合夥人有債權、債務或其他法律關係之人而言（商登施四）。

三、公　告

已登記之事項，所在地主管機關應公告之（商登十九 I），俾使社會大眾周知，而貫徹商業登記之目的。惟如公告與登記不符者，應以登記為準（商登十九 II）。

四、處　罰

茲將本法有關違反商業登記規定之罰則，列述如下：

㈠申請登記事項有虛偽情事者，其商業負責人處新臺幣六千元以上三萬元以下罰鍰（商登三十）。

㈡未經設立登記而以商業名義經營業務或為其他法律行為者，商業所在地主管機關應命行為人限期辦妥登記；屆期未辦妥者，處新臺幣一萬元以上五萬元以下罰鍰，並得按次連續處罰（商登三一）。

㈢除本法第三十一條規定外，其他有應登記事項而不登記者，其商業負責人處新臺幣二千元以上一萬元以下罰鍰（商登三二）。

㈣逾本法第十二條至第十五條規定申請登記之期限者，其商業負責人處新臺幣一千元以上五千元以下罰鍰（商登三三）。

㈤商業負責人或其從業人員違反本法第九條第二項規定，規避、妨礙或拒絕商業所在地主管機關人員抽查者，其商業負責人處新臺幣六千元以上三萬元以下罰鍰（商登三四）。

第五節　商業登記之撤銷及廢止

商業有下列情事之一者，其所在地主管機關得依職權、檢察機關通知或利害關係人申請,撤銷或廢止其商業登記或其部分登記事項(商登二九)：

㈠登記事項有偽造、變造文書，經有罪判決確定。

㈡登記後滿六個月尚未開始營業，或開始營業後自行停止營業六個月以上。此項期限，如有正當事由，得申請准予延展。

㈢遷離原址，逾六個月未申請變更登記，經商業所在地主管機關通知仍未辦理。

㈣登記後經有關機關調查，發現無營業跡象，並經房屋所有權人證明無租借房屋情事。

又商業業務之許可，經目的事業主管機關撤銷或廢止確定者，各該目

的事業主管機關應通知商業所在地主管機關撤銷或廢止其商業登記或部分登記事項（商登六 II）。

　　商業之經營有違反法律或法規命令，受勒令歇業處分確定者，應由處分機關通知商業所在地主管機關，廢止其商業登記或部分登記事項（商登七）。

第三章　商業名稱

第一節　商號之意義

商號，即商業名稱。乃商人於營業時，用以表彰自己之一種名稱。商業之於商號猶如自然人之於姓名，均為區別人我之一種稱號，以備他人稱呼之用。故商號必以文字表示之，與商標不同。商標，乃商品之標幟，是一種記號，以文字或圖形為之，均無不可。商號既為經營商業所用之名稱，為免他人誤會，一商業只能有一商號，雖設有分支機構仍為同一商號，是為商號單一之原則。

第二節　商號之選定

商號之選定，立法上有二種不同主義，分述如下：

一、真實主義

乃商號須與商人之姓名，及其營業種類，名實相符。例如自然人之為商人，須以其姓名為商號，其附加之字樣，若於其營業之種類及範圍上，有足以令人誤解者，一概禁止，學者稱為商號真實之原則。

二、自由主義

乃商號之選定，悉聽當事人之自由，法律上不加限制。商號與商人姓名，及其營業內容有關與否，均非所問，學者稱為商號自由之原則。

本法對於商號之選定，原則上亦採自由主義，規定商業之名稱，得以

其負責人姓名或其他名稱充之（商登二七本文）。但有下列之限制：

　㈠不得使用易於使人誤認為與政府機關或公益團體有關之名稱（商登二七但書）。

　㈡以合夥人之姓或姓名為商業之名稱者，該合夥人退夥，如仍用其姓或姓名為商業名稱時，須得其同意（商登二七後段）。

　㈢商業在同一直轄市或縣(市)，不得使用與已登記之商業相同之名稱。但增設分支機構於他直轄市或縣（市），附記足以表示其為分支機構之明確字樣者，不在此限（商登二八Ⅰ）。

　㈣商業之名稱，不得使用公司字樣（商登二八Ⅱ）。

第三節　商號之登記

　商號即商業之名稱，屬於開業前應登記事項之一（商登九），其後如有變更，並應辦理變更登記（商登十五）。於登記後即具有排他之效力，亦即商號經登記後，在同一直轄市或縣（市）內，得禁止他人使用與已登記之商業相同之名稱（商登二八Ⅰ）。商業名稱及所營業務，於商業登記前，應先申請核准，並保留商業名稱於一定期間內，不得為其他商業使用；其申請程序、商業名稱與所營業務之記載方式、保留期間及其他應遵行事項之準則，由中央主管機關定之。（商登二八Ⅲ）。

習　題
一、何謂商業？又商業之負責人為何？
二、現行法對於商號之選定有何限制之規定？
三、商號名稱登記後其效力如何？
四、商號登記撤銷之事由有幾？

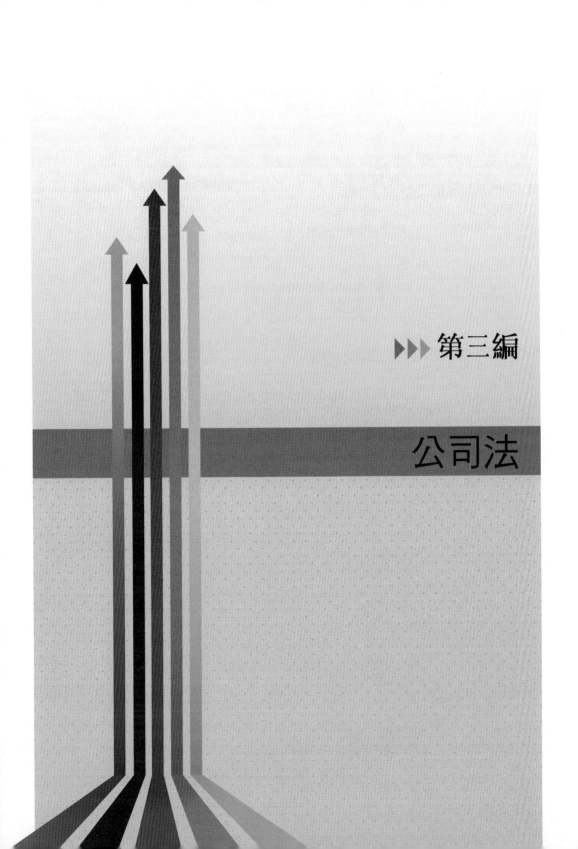

▶▶▶ 第三編

公司法

第一章　總　則

第一節　公司之意義

公司者，謂以營利為目的，依照公司法組織、登記、成立之社團法人也（公一）。析言之：

一、公司為法人

法律上所謂人，包括自然人與法人。法人乃具有權利能力之團體人，公司為法人之一種，與自然人同為權利義務之主體。

二、公司為社團法人

法人以其成立之基礎區分為社團法人與財團法人，前者以人（社員）為成立基礎，後者以物（財產）為成立基礎。公司係以股東為成立之基礎，故為社團法人。

三、公司為營利社團法人

社團法人依其成立之目的又有公益社團與營利社團之分。公司乃以營利為目的，故為營利社團法人。

四、公司為依公司法組織、登記、成立之營利社團法人

法人非依民法或其他法律之規定，不得成立（民二五）。以營利為目的之社團，其取得法人資格，依特別法之規定（民四五）。公司為營利社團法人，而公司法係民法之特別法，故公司須依公司法組織、登記、成立。

第二節　公司之種類

我公司法第二條第一項規定，公司分為下列四種：

一、無限公司

指二人以上股東所組織，對公司債務負連帶無限清償責任之公司。

二、有限公司

指一人以上股東所組織，就其出資額為限，對公司負其責任之公司。

三、兩合公司

指一人以上無限責任股東，與一人以上有限責任股東所組織，其無限責任股東對公司債務負連帶無限清償責任；有限責任股東就其出資額為限，對公司負其責任之公司。

四、股份有限公司

指二人以上股東或政府、法人股東一人所組織，全部資本分為股份，股東就其所認股份，對公司負其責任之公司。

以上各種公司係依股東責任為分類之標準。股東之責任大別之有三：㈠無限責任即股東對公司債務直接負無限清償責任之謂，我公司法稱連帶無限清償責任。所謂連帶責任，乃各股東不問其出資多寡、盈虧分派比例，對公司債權人負有共同或單獨清償全部債務之責任（民二七二）。㈡有限責任即股東就其出資額為限，對公司負其責任之謂。此種責任不僅有一定限度且股東祇對公司負責，而不直接對公司債權人負責，與無限責任不同，嚴格言之，此責任，祇是出資義務之意。㈢股份有限責任即全部資本分為股份，股東就其所認股份，對公司負其責任之謂。就其責任有限及不直接對公司債權人負責言，固與有限責任無異，但將資本分為股份，股東出資

額係以股份計算，則有不同。股東責任實乃各種公司區分之標準，至於公司股東人數雖亦為分類之標準，然究非最主要者。

公司之分類除上述外，其重要者尚有：

(一)人合公司與資合公司

此係以公司信用基礎為區分標準，前者著重於股東個人之信用；後者著重於公司資本之信用。無限公司為典型人合公司，股份有限公司為典型資合公司，而有限公司及兩合公司則介於二者之間，兼有人合與資合之性質。

(二)本國公司與外國公司

前者乃依據中華民國法律組織、登記、成立之公司。後者係依照外國法律組織登記，並經中華民國政府認許，在中華民國境內營業之公司（公四）。

(三)公營公司與民營公司

前者乃公司之事業由政府經營，或由政府與人民合資經營，而公股超過百分之五十之公司。後者乃公司之事業由人民經營，或由政府與人民合資經營，而民股超過百分之五十之公司。

(四)本公司與分公司

本公司亦稱總公司，乃依法首先設立，以管轄全部組織之總機構。分公司則為受本公司管轄之分支機構（公三II後段）。

第三節　公司之名稱及住所

第一項　公司之名稱

公司之有名稱猶如自然人之有姓名，本法對公司名稱設有如下之規定：

(一)公司名稱，應標明公司之種類（公二II）。不可僅稱某某公司，如為有限公司應稱某某有限公司，如為無限公司應稱某某無限公司。至於公司

之業務，標明與否，則悉聽自由。

㈡公司名稱，不得與他公司名稱相同。二公司名稱中標明不同業務種類或可資區別之文字者，視為不相同（公十八Ⅰ）。類似與否，可以不問。公司名稱之排他效力，其範圍及於全國，與商業名稱僅限於同一直轄市或縣（市）者，亦有不同。

㈢公司不得使用易於使人誤認其與政府機關、公益團體有關或有妨害公共秩序或善良風俗之名稱（公十八Ⅳ）。

㈣為簡化登記程序，公司營業項目之登記，除載明許可業務外，其餘毋庸登記。本法規定公司所營事業除許可業務應載明於章程外，其餘不受限制（公十八Ⅱ）。又為提升行政效率並全面推動代碼化措施，以利業務運作，規定公司所營事業應依中央主管機關所定營業項目代碼表登記。已設立登記之公司，其所營事業為文字敘述者，應於變更所營事業時，依代碼表規定辦理（公十八Ⅲ）。

㈤公司名稱及業務，於公司登記前應先申請核准，並保留一定期間；其審核準則，由中央主管機關定之（公十八Ⅴ）。

㈥未經設立登記，不得以公司名義經營業務或為其他法律行為。違反前項規定者，行為人處一年以下有期徒刑、拘役或科或併科新臺幣十五萬元以下罰金，並自負民事責任；行為人有二人以上者，連帶負民事責任；並由主管機關禁止其使用公司名稱（公十九）。

第二項　公司之住所

法人與自然人同為權利義務之主體，必須有住所以為其法律關係之中心地。民法規定，法人以其主事務所之所在地為住所（民二九），公司為營利社團法人，公司法乃規定公司以其本公司所在地為住所（公三Ⅰ），與民法規定，相互呼應。

公司既有住所，則主管機關依法應送達於公司之公文書，原應於其住所為之，惟如無從送達者，為謀補救之道，本法特規定可改向代表公司之

負責人送達之；仍無從送達者，得以公告代之（公二八之一）。

主管機關之公告方法，本法未予規定，自應依一般公文程式處理。至於公司之公告應登載於本公司所在之直轄市或縣（市）日報之顯著部分。但公開發行股票之公司，證券管理機關另有規定者，不在此限（公二八）。

第四節　公司之能力

第一項　公司之權利能力

人係權利義務之主體，除自然人外尚有法人，公司為法人，故公司具有權利能力。惟法人於法令限制內，有享受權利、負擔義務之能力。但專屬於自然人之權利義務，不在此限（民二六）。公司之權利能力除受上述民法之限制外，公司法另設限制規定如下：

(一)**轉投資之限制**

公司不得為他公司無限責任股東或合夥事業之合夥人；如為他公司有限責任股東時，其所投資總額，除以投資為專業或公司章程另有規定或經依下列各款規定，取得股東同意或股東會決議者外，不得超過本公司實收股本百分之四十（公十三 I）：

⑴無限公司、兩合公司經全體無限責任股東同意。

⑵有限公司經全體股東同意。

⑶股份有限公司經代表已發行股份總數三分之二以上股東出席，以出席股東表決權過半數同意之股東會決議。

公開發行股票之公司，出席股東之股份總數不足前項第三款定額者，得以有代表已發行股份總數過半數股東之出席，出席股東表決權三分之二以上之同意行之（公十三 II）。

第一項第三款及第二項出席股東股份總數及表決權數，章程有較高之規定者，從其規定（公十三 III）。

公司因接受被投資公司以盈餘或公積增資配股所得之股份，不計入第一項投資總額（公十三IV）。

公司負責人如違反第一項限制規定時，應賠償公司因此所受之損害（公十三V）。

㈡貸款之限制

為避免影響公司正常業務之經營，公司之資金，除有下列各款情形外，不得貸與股東或任何他人（公十五 I）：

⑴公司間或與行號間有業務往來者。

⑵公司間或與行號間有短期融通資金之必要者。融資金額不得超過貸與企業淨值的百分之四十。

公司負責人違反前項規定時，應與借用人連帶負返還責任；如公司受有損害者，亦應由其負損害賠償責任（公十五II）。

㈢保證之限制

公司除依其他法律或公司章程規定得為保證者外，不得為任何保證人（公十六 I）。公司負責人違反前項規定時，應自負保證責任，如公司受有損害時，亦應負賠償責任（公十六II）。

第二項　公司之行為能力

法人為一法律上之組織體，本身不能自行活動，須以自然人為其代表，以代表之行為視為法人之行為，故法人有行為能力。董事為法人之代表，就法人一切事務，對外代表法人（民二七）。公司為法人，自亦有行為能力，公司以公司之負責人為其代表，公司負責人代表公司與第三人所為之行為，在法律上即視為公司自身之行為，效力當然歸屬於公司。

第三項　公司之侵權行為能力

公司負責人對於公司業務之執行，如有違反法令致他人受有損害時，

對他人應與公司負連帶賠償之責，故公司亦有侵權行為能力。惟公司負責人須與公司連帶負責，所以加重負責人之責任。

又公司負責人應忠實執行業務並盡善良管理人之注意義務，如有違反致公司受有損害者，負損害賠償責任（公二三 I）。

第五節　公司之負責人

法人應設董事，董事就法人一切事務，對外代表法人（民二七）。公司為法人，其行為亦應有法定之自然人為之負責，此即公司之負責人。公司負責人有當然負責人與職務負責人之分。當然負責人，在無限公司、兩合公司為執行業務或代表公司之股東；在有限公司、股份有限公司為董事（公八 I）。而公司之經理人或清算人，股份有限公司之發起人、監察人、檢查人、重整人或重整監督人，在執行職務範圍內，亦為公司負責人（公八 II），是職務負責人僅於執行職務範圍內，始為公司負責人與當然負責人不同。

公司之負責人，以由自然人充任為原則。惟依本法規定，政府或法人為股東時，得當選為董事或監察人。但須指定自然人代表行使職務（公二七 I）。又政府或法人為股東時，亦得由其代表人當選為董事或監察人，代表人有數人時，得分別當選，但不得同時當選或擔任董事及監察人（公二七 II）。上述二項代表人，政府或法人，得依其職務關係，隨時改派補足原任期（公二七 III）。亦得就其代表權加以限制，惟其限制，不得對抗善意第三人（公二七 IV）。

外國公司應在中華民國境內指定其訴訟及非訴訟之代理人，並以之為在中華民國境內之公司負責人（公三七二 II）。

公司負責人應忠實執行業務並盡善良管理人之注意義務，如有違反致公司受有損害者，負損害賠償責任。公司負責人對於公司業務之執行，如有違反法令致他人受有損害時，對他人應與公司負連帶賠償之責。公司負責人對於違反第一項之規定，為自己或他人為該行為時，股東會得以決議，將該行為之所得視為公司之所得。但自所得產生後逾一年者，不在此限（公二三）。

第六節　公司之經理人

第一項　經理人之意義及設置

經理人不僅公司有之，合夥或獨資商號亦有之。故民法於債編各種之債第十一節專節規定經理人。本法對於民法上經理人規定而言，為特別法，應優先民法而適用。惟於本法無特別規定時，仍有民法之適用。經理人之意義，本法未設明文，依民法規定，稱經理人者，謂由商號之授權，為其管理事務及簽名之人（民五五三 I）。

經理人之設置及其人數，法律不設強制規定，公司得依章程規定置經理人（公二九 I 前段）。經理人如有二人以上時，其職稱為總經理、副總經理、協理、經理、副經理等，究竟如何，均由公司自行決定，本法亦不強制規定。

第二項　經理人之委任解任及報酬

公司經理人之委任、解任及報酬，依下列規定定之。但公司章程有較高規定者，從其規定（公二九 I 後段）：

㈠無限公司、兩合公司須有全體無限責任股東過半數同意。

㈡有限公司須有全體股東過半數同意。

㈢股份有限公司應由董事會以董事過半數之出席及出席董事過半數同意之決議行之。

公司有本法第一百五十六條第七項之情形者，專案核定之主管機關應要求參與政府專案紓困方案之公司提具自救計畫，並得限制其發給經理人報酬或為其他必要之處置或限制；其辦法，由中央主管機關定之（公二九 II）。

關於經理人之資格，本法第三十條，設有消極之限制，即具有下列情

形之一者，不得充任經理人，其已充任者，當然解任之，並由主管機關撤銷其經理人登記：

㈠曾犯組織犯罪防制條例規定之罪，經有罪判決確定，服刑期滿尚未逾五年者。

㈡曾犯詐欺、背信、侵占罪經受有期徒刑一年以上宣告，服刑期滿尚未逾二年者。

㈢曾服公務虧空公款，經判決確定，服刑期滿尚未逾二年者。

㈣受破產之宣告，尚未復權者。

㈤使用票據經拒絕往來尚未期滿者。

㈥無行為能力或限制行為能力者。

經理人除受上述消極資格之限制外，應在國內有住所或居所（公二九III）。又監察人不得兼任該公司之經理人（公二二二）。至於經理人是否為公司之股東或董事，均所不問。

第三項 經理人之職權及義務

一、經理人之職權

經理人之職權，除章程規定外，並得依契約之訂定。經理人在公司章程或契約規定授權範圍內，有為公司管理事務及簽名之權（公三一）。惟公司不得以其所加於經理人職權之限制，對抗善意第三人（公三六）。又公司法為民法之特別法，依普通法補充特別法之原則，關於公司經理人之職權，仍有民法規定之適用。故經理人有一般事務管理權，亦即經理對於第三人之關係，就公司或其分公司或其事務之一部，視為其有管理上一切必要行為之權（民五五四I）。然對於不動產之買賣或設定負擔，除有書面之授權外，不得為之（民五五四II）。前項關於不動產買賣之限制，於以買賣不動產為營業之公司經理人，不適用之（民五五四III）。此外，經理人就所任之事務，視為有代理公司為原告或被告或其他一切訴訟上行為之權（民五五五）。

二、經理人之義務

⑴經理人不得兼任其他營利事業之經理人，並不得自營或為他人經營同類之業務。但經依第二十九條第一項規定之方式同意者，不在此限（公三二），是為不競業義務。如有違反競業禁止之行為時，公司得請求因其行為所得之利益，作為損害賠償。此項請求權，自公司知有違反行為時起，經過二個月或自行為時起，經過一年不行使而消滅（民五六三）。

⑵經理人不得違反法令或章程之規定，亦不得變更董事或執行業務股東之決定，或股東會或董事會之決議，或逾越其規定之權限。否則，致公司受損害時，對於公司負賠償之責（公三三、三四）。

第七節　公司之設立

第一項　公司設立之概念

公司之設立云者，乃為取得公司法人人格，依法律規定程序，所為之行為也，此項行為概稱為設立行為。蓋公司為法人，非若自然人因出生即取得權利能力，故公司須經設立程序，始能取得法人人格。

關於公司設立之立法主義，可分為四種，凡公司之設立，國家毫不干涉，悉任設立人自由為之者，稱為自由設立主義。其由元首命令或基於特種法律而特許者，謂之特許主義。公司之設立除依據一般有關法令規定外，尚須經行政機關核准者，稱之為核准主義。其預以規定公司設立之一定要件，凡合於一定要件，即可取得法人人格者，謂之準則主義。我公司法對於公司之設立，從多數立法例，採取嚴格之準則主義，嚴格規定公司設立之要件，並加重發起人之責任。

第二項　公司設立之要件

無論何種公司，其設立均須具備三項基本要件，即發起人、資本及章

程。亦即學者所謂人、物及行為之要件。

(一)發起人

公司之設立，首須由發起人發動籌設，發起人於公司成立後即成為公司之股東。故發起人在股份有限公司應有二人以上。惟政府或法人股東一人所組織之股份有限公司，不受此限。在有限公司應有一人以上，於無限公司及兩合公司則應有二人以上。

(二)資 本

公司係以營利為目的之社團法人，為達其營利之目的，公司之設立，必須有資本。資本為公司營業之基金，由各股東籌集而成，股東繳交資本，謂之出資。出資除無限責任股東得以信用或勞務出資外，有限責任股東則限以現金或其他財產出資。

(三)章 程

公司之章程有如國家之憲法，乃有關公司組織及活動之基本準則。各種公司之設立，均須訂立章程，且章程之訂立應以書面為之，並應記載一定事項，故為要式行為。又訂立章程屬於共同行為，亦即係多數人以設立公司為共同目的，其意思表示平行一致之法律行為。

第三項　公司設立之登記

公司為法人，與自然人不同，為保護交易安全及便利政府監督，公司須經設立之登記，始能取得法人人格。設立登記者，即將公司設立之事實，登載於主管機關所備之公簿，以為公示之謂。我國對於公司之管制干涉，採行政監督及中央集權主義。公司非在中央主管機關登記後，不得成立（公六）。且公司業務，依法律或基於法律授權所定之命令，須經政府許可者，於領得許可文件後，方得申請公司登記，以免有登記後不得營業之弊。前項業務之許可，經目的事業主管機關撤銷或廢止確定者，應由各該目的事業主管機關，通知中央主管機關，撤銷或廢止其公司登記或部分登記事項（公十七）。惟關於公司申請設立、變更登記之資本額，應先經會計師查核

簽證；其辦法，由中央主管機關定之（公七）。至於本法所稱主管機關，在中央為經濟部，在直轄市為直轄市政府。中央主管機關得委任所屬機關、委託或委辦其他機關辦理本法所規定之事項（公五）。所謂目的事業主管機關，乃指主管該公司目的事業之行政機關，例如輪船公司為交通部是。又本法第十二條規定：「公司設立登記後，有應登記之事項而不登記，或已登記之事項有變更而不為變更之登記者，不得以其事項對抗第三人」，由此可知，本法對於公司設立之登記，採登記要件主義，即公司非經登記，不得成立，而於設立登記以外其他事項之登記，則採登記對抗主義。既泛稱第三人，而不區別其為善意或惡意，則其對抗具有絕對之效力，即不問第三人對該事項知情與否，均得對抗。

第八節　公司之監督

公司之監督，有清算監督與業務監督之分，前者由法院負責監督；後者則由主管機關負責為之。關於清算監督，容後於討論公司清算時，再為說明。茲所述者為業務監督。

業務監督之事項，因公司種類之不同而各異，但為各種公司所共通者，則為法定書表之查核。本法規定，公司每屆會計年度終了，應將營業報告書、財務報表及盈餘分派或虧損撥補之議案，提請股東同意或股東常會承認（公二〇 I）。公司資本額達中央主管機關所定一定數額以上者，其財務報表應先經會計師查核簽證；其簽證規則由中央主管機關定之。但公開發行股票之公司，證券管理機關另有規定者，不適用之（公二〇 II）。前項會計師之委任、解任及報酬，準用本法第二十九條第一項規定（公二〇 III）。第一項書表，主管機關得隨時派員查核或令其限期申報；其辦法，由中央主管機關定之（公二〇 IV）。公司負責人違反第一項或第二項規定時，各處新臺幣一萬元以上五萬元以下罰鍰；妨礙、拒絕或規避前項查核或屆期不申報時，各處新臺幣二萬元以上十萬元以下罰鍰（公二〇 V）。以上所述係年終帳表之查核，至於平時，主管機關亦得會同目的事業主管機關，隨時

派員檢查公司業務及財務狀況，公司負責人不得妨礙、拒絕或規避。公司負責人妨礙、拒絕或規避前項檢查者，各處新臺幣二萬元以上十萬元以下罰鍰；連續妨礙、拒絕或規避者，並按次連續各處新臺幣四萬元以上二十萬元以下罰鍰。主管機關依第一項規定派員檢查時，得視需要選任會計師或律師或其他專業人員協助辦理（公二一）。至於主管機關查核本法第二十條所定各項書表，或依本法第二十一條檢查公司業務及財務狀況時，得令公司提出證明文件、單據、表冊及有關資料，除法律另有規定外，應保守秘密，並於收受後十五日內，查閱發還。公司負責人違反上述規定，拒絕提出時，各處新臺幣二萬元以上十萬元以下罰鍰；連續拒絕者，並按次連續各處新臺幣四萬元以上二十萬元以下罰鍰（公二二）。

第九節　公司之解散

第一項　公司解散之意義

公司之解散云者，乃公司法人人格消滅之原因也。解散僅為公司法人人格消滅之原因，並非一經解散，人格即歸消滅，蓋公司為法人，不發生自然人之繼承問題，為了結解散後公司之內部關係及對外關係，因此，解散之公司，除因合併、分割或破產而解散者外，應行清算（公二四）。解散之公司，於清算範圍內，視為尚未解散（公二五），其在清算時期中，得為了結現務及便利清算之目的，暫時經營業務（公二六）。清算者，即在清理及結算解散前已存在之法律關係，直至清算終結止，公司法人人格始歸消滅，清算中之公司，其法人人格，於清算範圍內，依然存續。

又公司經中央主管機關撤銷或廢止登記者，與解散同屬公司法人人格消滅之法定事由，亦有清算之必要，故準用本法第二十四條至第二十六條解散清算之規定（公二六之一）。

第二項　公司解散之事由

　　公司解散之事由，因公司種類不同而各異，關於各類公司個別特殊之解散事由，容於以後各該章節分別說明，茲就本法總則章對各類公司共同解散之事由，列述如下：

一、撤銷或廢止登記

　　公司非在中央主管機關登記，不得成立。則其登記復經中央主管機關撤銷或廢止，公司即不得不解散，故登記之撤銷或廢止，為各種公司之解散事由。撤銷或廢止登記之情形有三：

　　⑴公司之設立或其他登記事項，有偽造、變造文書，經裁判確定後，由檢察機關通知中央主管機關撤銷或廢止其登記（公九IV）。公司應收之股款，股東並未實際繳納，而以申請文件表明收足，或股東雖已繳納而於登記後將股款發還股東，或任由股東收回者，公司負責人各處五年以下有期徒刑、拘役或科或併科新臺幣五十萬元以上二百五十萬元以下罰金（公九I）。有前項情事時，公司負責人應與各該股東連帶賠償公司或第三人因此所受之損害（公九II）。第一項裁判確定後，由檢察機關通知中央主管機關撤銷或廢止其登記。但裁判確定前，已為補正或經主管機關限期補正已補正者，不在此限（公九III）。

　　⑵公司業務，依法律或基於法律授權所定之命令，須經政府許可者，於領得許可文件後，方得申請公司登記（公十七I）。前項業務之許可，經目的事業主管機關撤銷或廢止確定者，應由各該目的事業主管機關，通知中央主管機關，撤銷或廢止其公司登記或部分登記事項（公十七II）。

　　⑶公司之經營有違反法令受勒令歇業處分確定者，應由處分機關通知中央主管機關，廢止其公司登記或部分登記事項（公十七之一）。

二、命令解散

　　公司有下列情事之一者，主管機關得依職權或利害關係人之申請，命

令解散之（公十）：

　　⑴公司設立登記後六個月尚未開始營業者。但已辦妥延展登記者，不在此限。

　　⑵開始營業後自行停止營業六個月以上者。但已辦妥停業登記者，不在此限。

　　⑶公司名稱經法院判決確定不得使用，公司於判決確定後六個月內尚未辦妥名稱變更登記，並經主管機關令其限期辦理仍未辦妥。

三、裁定解散

　　公司之經營，有顯著困難或重大損害時，法院得據股東之聲請，於徵詢主管機關及目的事業中央主管機關意見，並通知公司提出答辯後，裁定解散（公十一 I）。前項聲請，在股份有限公司，應有繼續六個月以上持有已發行股份總數百分之十以上股份之股東提出之（公十一 II）。

第三項　解散之登記

　　公司之解散，應向主管機關申請解散登記，其登記辦法由中央主管機關定之（公三八七）。公司之解散，不向主管機關申請解散登記者，主管機關得依職權或據利害關係人申請，廢止其登記。主管機關對於前項之廢止，除命令解散或裁定解散外，應定三十日之期間，催告公司負責人聲明異議；逾期不為聲明或聲明理由不充分者，即廢止其登記（公三九七）。

習　題

一、公司法將公司分為幾種？試就其組織與股東之責任分述之。

二、公司之名稱於選用時受有何種限制？

三、公司之權利能力有何限制？試述其詳。

四、公司之負責人應如何決定？

五、試分述公司經理人之任用方式及資格限制。

六、公司經理人競業禁止之義務現行法如何規定？

七、公司設立之要件為何？試說明之。

八、試列述公司共同之解散事由。

第二章　無限公司

第一節　無限公司之意義

無限公司者，乃指二人以上股東所組織，對公司債務負連帶無限清償責任之公司（公二 I 1）。茲分述其意義如下：

㈠無限公司乃公司之一種

本法將公司之種類分為四種，無限公司乃其中之一，與其他種類之公司，同為以營利為目的之社團法人。

㈡無限公司須由二人以上之股東所組織

無限公司之股東至少須有二人，多則不限。二人以上之股東，不僅為無限公司之成立要件，抑且為其存續要件，因而股東如經變動而不足本法所定之最低人數時，無限公司即須解散（公七一 I 4）。

㈢無限公司之股東，須對公司債務負連帶無限清償責任

此乃無限公司與他種公司區別之重點。所謂連帶無限清償責任，可分二點說明：(1)連帶責任，乃公司資產不足清償債務時，由股東負連帶清償之責（公六〇）。亦即關於公司之債務於公司資產不足清償債務時，公司之股東對於公司之債權人，須各負全部給付之責（民二七二），而公司之債權人，得對於股東中之一人或數人或其全體，同時或先後請求全部或一部之給付（民二七三）。(2)無限責任，乃負責至債務全部清償為止，既不以出資額為限，亦不以特定財產為限。

第二節　無限公司之設立

　　無限公司之設立，其股東應有二人以上，其中半數，須在國內有住所（公四○Ｉ）。股東應以全體之同意，訂立章程，簽名或蓋章，置於本公司，並每人各執一份（公四○ＩＩ）。代表公司之股東，不備置章程於本公司者，處新臺幣一萬元以上五萬元以下罰鍰。連續拒不備置者，並按次連續處新臺幣二萬元以上十萬元以下罰鍰(公四一ＩＩ)。茲將章程記載事項分述如下：

甲、法定記載事項

　　指依本法第四十一條規定，章程應記載之事項，尚可分為二種：

(一)絕對必要記載事項

　　此種事項如欠缺記載，則章程無效，詳列如下：

　　1.公司名稱。

　　2.所營事業。

　　3.股東姓名、住所或居所。

　　4.資本總額及各股東出資額。

　　5.盈餘及虧損分派比例或標準。

　　6.本公司所在地。

　　7.訂立章程之年、月、日。

(二)相對必要記載事項

　　此種事項，有則記載，無則免記，如不記載亦不影響章程之效力，詳列如下：

　　1.各股東有以現金以外財產出資者，其種類、數量、價格或估價之標準。

　　2.設有分公司者，其所在地。

　　3.定有代表公司之股東者，其姓名。

　　4.定有執行業務之股東者，其姓名。

　　5.定有解散事由者，其事由。

乙、任意記載事項

除上述法定應記載之事項外，其他苟不違反強制或禁止之規定且不背公共秩序或善良風俗之事項，均得記載於章程中。例如公司之存續期限或股東之退股事由（公六五）等是。

公司之設立，必須申請登記，前已言之。因此，無限公司應向中央主管機關申請為設立之登記。其登記辦法由中央主管機關定之（公三八七）。俟中央主管機關登記後，始為成立（公六）。

第三節　無限公司之內部關係

無限公司之法律關係，可分為內部關係與外部關係。所謂內部關係，亦稱對內關係，係指公司與股東、及股東相互間之關係而言。外部關係，亦稱對外關係，係指公司與第三人、及股東與第三人間之關係而言。

無限公司之內部關係，除法律有規定外，得以章程定之（公四二）。茲就本法所定之無限公司內部關係，分項說明之。

第一項　股東之出資

公司為營利之社團法人，為達營利之目的，股東有出資之義務。因無限公司為典型之人合公司，無限責任股東之信用，可為公司信用之基礎，無限責任股東執行公司業務，其勞務亦為公司所需。故無限公司之股東除以現金外，並得以信用、勞務或其他權利出資，但須依照本法第四十一條第一項第五款之規定辦理（公四三），亦即應將其出資之種類、數量、價格或估價之標準，載明於章程。所謂信用出資，例如為公司提供物的擔保或人的擔保是。所謂其他權利，例如債權、物權、無體財產權是。至於股東以債權抵作股本，而其債權到期而不得受清償者，應由該股東補繳；如公司因之受有損害，並應負賠償之責（公四四）。

第二項　業務之執行

一、執行業務之機關

　　無限公司各股東均有執行業務之權利，而負其義務，即所謂企業所有與企業經營合一便是。但章程中訂定由股東中之一人或數人執行業務者，從其訂定。此項執行業務之股東，須半數以上在國內有住所（公四五）。又公司章程訂明專由股東中之一人或數人執行業務時，該股東不得無故辭職，他股東亦不得無故使其退職（公五一）。

二、執行業務之方法

　　股東之數人或全體執行業務時，關於業務之執行，取決於過半數之同意（公四六 I）。若關於通常事務，則執行業務之股東各得單獨執行；但其餘執行業務之股東有一人提出異議時，應即停止執行（公四六 II）。是既不採純粹共同執行主義，亦不採單獨執行主義。

三、不執行業務股東之業務監察權

　　無限公司之股東，對於公司債務負連帶無限清償責任，於公司之盈虧，利害攸關，故不執行業務之股東，雖無執行業務之權利，惟得隨時向執行業務之股東質詢公司營業情形，查閱財產文件、帳簿表冊（公四八）。

四、執行業務股東之權利

㈠約定報酬請求權

　　執行業務之股東，以無報酬為原則。非有特約，不得向公司請求報酬（公四九）。

㈡墊款償還請求權

　　股東因執行業務所代墊之款項，得向公司請求償還，並支付墊款之利

息（公五〇I前段）。

㈢負債擔保請求權

股東因執行業務負擔債務，而其債務尚未到期者，得請求提供相當之擔保（公五〇I後段）。

㈣損害賠償請求權

股東因執行業務，受有損害，而自己無過失者，得向公司請求賠償（公五〇II）。

五、執行業務股東之義務

㈠遵守法令章程及股東決定之義務

股東執行業務，應依照法令、章程及股東之決定。如違反此項義務，致公司受有損害者，對於公司應負賠償之責（公五二）。

㈡交還代收款項之義務

股東代收公司款項，應於相當期間交還公司，如不於相當期間照繳，或挪用公司款項者，應加算利息，一併償還；如公司受有損害，並應賠償（公五三）。

㈢報告業務之義務

執行業務之股東，應將執行業務之情形，隨時向公司報告（民五四〇）。

㈣答覆質詢之義務

執行業務之股東，應隨時答覆不執行業務股東之質詢（公四八）。

第三項　章程之變更

章程為公司組織及活動之基本準則，於訂立後，輒因情事變遷，勢必變更章程，以資適應。無限公司章程之訂立，既須經全體股東之同意，則其章程之變更，自亦應得全體股東之同意（公四七）。惟因事實而須變更者，如股東死亡或退股除名，其死亡或退股除名之股東姓名變更，性質上，則不必全體股東之同意。

第四項　競業之禁止

無限公司之股東，非經其他股東全體之同意，不得為他公司之無限責任股東或合夥事業之合夥人（公五四 I）。蓋無限責任股東及合夥事業之合夥人均為法定連帶債務人，為免無限公司股東同時負擔雙重連帶責任，致有害及公司之虞，故特予禁止。

又執行業務之股東，對於公司營業上之秘密，知之甚稔，為免利害衝突，故本法規定，執行業務之股東不得為自己或他人為與公司同類營業之行為（公五四 II），是為競業之禁止，屬於一種不作為義務。執行業務之股東，如違反前項規定時，其他股東得以過半數之決議，將其為自己或他人所為行為之所得，作為公司之所得；但自所得產生後逾一年者，不在此限（公五四 III）。此即公司之介入權或歸入權是也。

第五項　出資之轉讓

無限公司乃基於股東間相互信賴而成立之人合公司，股東出資之轉讓，其受讓人未必為其他股東所信賴，是以無限公司股東非經其他股東全體之同意，不得以自己出資之全部或一部，轉讓於他人（公五五）。

第四節　無限公司之對外關係

無限公司之對外關係，乃指公司與第三人，及股東與第三人間之法律關係。對外關係因涉及第三人，為保護交易之安全，法律所設者，悉為強行規定，不許公司任意依違。茲就本法有關無限公司對外關係之規定，分項說明之。

第一項　公司之代表

一、代表之概念

公司為法人，自身不能活動，必須仰賴自然人代為之，此即為公司之代表機關，其代表之行為，即視為公司自身之行為。代表與代理不同，代理，為代理人之行為，非即本人之行為，僅代理之效力歸屬本人而已。且代理以法律行為為限，而代表則法律行為及事實行為均得為之。惟我民法並未對代表特設規定，故代表應準用代理有關之規定。

二、代表之機關

無限公司之股東，原則上均有對外代表公司之權利。惟公司得以章程特定代表公司之股東；其未經特定者，各股東均得代表公司（公五六 I）。又代表公司之股東，須半數以上在國內有住所（公五六 II）。

三、代表公司股東之權限

代表公司之股東，關於公司營業上一切事務，有辦理之權（公五七）。舉凡有關營業之訴訟上或訴訟外一切行為，均得為之。公司得對股東之代表權加以限制，惟限制股東代表權，第三人未必知情，為保護交易上之安全，故公司對於股東代表權所加之限制，不得對抗善意第三人（公五八）。

又依我民法規定，代理人非經本人之許諾，不得為本人與自己之法律行為，亦不得既為第三人之代理人，而為本人與第三人之法律行為。但其法律行為，係專履行債務者，不在此限（民一〇六），是為雙方代理之禁止。蓋一人身兼一方當事人與他方之代理人或同時為雙方之代理人，難免利害衝突或顧此失彼，故予禁止。惟履行既存債務，並非新生法律關係，無偏頗之虞，毋庸限制。基於同一法律上理由，代表公司之股東，如為自己或他人與公司為買賣借、貸或其他法律行為時，不得同時為公司之代表；但向公司清償債務時，不在此限（公五九）。

第二項　股東之責任

一、通常股東之責任

無限公司之股東，於公司資產不足清償債務時，由股東負連帶清償之責（公六〇）。公司之債權人，必須證明公司資產不足清償債務，始能向股東請求，亦即以公司為主債務人，股東為從債務人。股東所負之連帶責任，係股東相互間之連帶責任，而非股東與公司間之連帶責任。所謂連帶責任者，即公司債權人，得向股東中之一人或數人或全體，同時或先後，請求全部或一部債務之清償，而不問各股東出資多寡及盈虧分配比例如何。股東之連帶無限責任，自公司解散登記後，滿五年而消滅（公九六）。

二、新入股東之責任

無限公司成立後，始加入公司為股東者，對於未加入前公司已發生之債務，亦應負責（公六一）。蓋既屬公司之債務，則不問其為入股前後所發生，均應負責，方足以保障債權人而加強公司之信用。

三、表見股東之責任

非股東而有可以令人信其為股東之行為者，對於善意第三人，應負與股東同一之責任（公六二），以保護交易之安全。

四、退股股東之責任

退股股東，應向主管機關申請登記，對於登記前公司之債務，於登記後二年內，仍負連帶無限責任。股東轉讓其出資者，準用前項之規定（公七〇）。蓋第三人通常係信賴無限公司股東之信用而與之交易，若一退股即免除連帶無限責任，則不足以保障公司之債權人。

第三項　資本之充實

　　無限公司之股東，必於公司資產不足清償債務時，始由股東負連帶清償之責。公司之資產仍為債權人之主要保障，故無限公司亦採資本充實之原則，使公司維持與資本總額相當之資產，以資保護債權人，其採行之方法，述之如下：

一、盈餘分派之限制

　　公司非彌補虧損後，不得分派盈餘。公司負責人違反前項規定時，各處一年以下有期徒刑、拘役或科或併科新臺幣六萬元以下罰金（公六三）。分派盈餘原屬內部關係，惟不思彌補虧損，祇顧分派盈餘，等於減少公司資本，不利於債權人，故明文限制之。

二、債務抵銷之限制

　　公司之債務人，不得以其債務與其對於股東之債權抵銷（公六四）。蓋公司為法人，有獨立之人格，而與其股東人格有別，公司之債權，屬於公司之資產，非股東個人之財產，自不得抵銷，否則，無異以公司之財產，替股東還債，有損於公司之債權人，與公司資本之充實原則，大相違背。

第五節　無限公司之退股

第一項　退股之事由

一、任意退股

　　章程未定公司存續期限者，除關於退股另有訂定外，股東得於每會計

年度終了退股。但應於六個月前，以書面向公司聲明（公六五I）。

股東有非可歸責於自己之重大事由時，不問公司定有存續期限與否，均得隨時退股（公六五II）。

二、法定退股

除前述任意退股外，股東有下列各款情事之一者退股（公六六I）：

㈠章程所定退股事由。

㈡死亡。

㈢破產。

㈣受監護或輔助宣告。

㈤除名。

㈥股東之出資，經法院強制執行者。

依本款規定退股時，執行法院應於二個月前通知公司及其他股東（公六六II）。

股東有下列各款情事之一者，得經其他股東全體之同意議決除名；但非通知後不得對抗該股東(公六七)：(1)應出之資本不能照繳或屢催不繳者。(2)違反本法第五十四條第一項之規定者（按即競業之禁止）。(3)有不正當行為，妨害公司之利益者。(4)對於公司不盡重要之義務者。

第二項　退股之效力

一、名稱之變更

公司名稱中列有股東之姓或姓名者，該股東退股時，得請求停止使用（公六八）。無限公司以股東之信用為基礎，公司名稱中常列有股東之姓或姓名者，如該股東退股時，為免發生表見股東之責任，自得請求停止使用而變更公司之名稱。

二、退股之結算

退股之股東與公司之結算，應以退股時公司財產之狀況為準。退股股東之出資，不問其種類，均得以現金抵還。股東退股時，公司事務有未了結者，於了結後計算其損益，分派其盈虧（公六九）。

三、退股之登記

退股股東應向主管機關申請登記，對於登記前公司之債務，於登記後二年內，仍負連帶無限責任（公七○ I）。

第六節　無限公司之解散合併及變更組織

第一項　無限公司之解散

無限公司有下列各款情事之一者解散（公七一 I）：

㈠章程所定解散事由。

㈡公司所營事業已成就或不能成就。

㈢股東全體之同意。

㈣股東經變動而不足本法所定之最低人數。

㈤與他公司合併。

㈥破產。

㈦解散之命令或裁判。

前項第一款、第二款得經全體或一部股東之同意繼續經營，其不同意者視為退股（公七一 II）。第四款得加入新股東繼續經營（公七一 III）。因上述情形而繼續經營時，應變更章程（公七一 IV）。

無限公司解散後，應行清算，並為解散之登記。

第二項　無限公司之合併

公司合併者,係二個以上之公司,依法定程序合併成為一個公司之謂。其法定程序,如下所述:

㈠合併決議

公司得以全體股東之同意,與他公司合併（公七二）。

㈡編造表冊

公司決議合併時,應即編造資產負債表及財產目錄（公七三I）。

㈢通知及公告

公司為合併之決議後,應即向各債權人分別通知及公告,並指定三十日以上期限,聲明債權人得於期限內提出異議（公七三II）。

債權人不於指定期限內提出異議者,即可合併。如提出異議者,公司應即為清償或提供相當之擔保。公司不依規定通知及公告或對於在指定期限內提出異議之債權人,不為清償或不提供相當擔保者,不得以其合併對抗債權人（公七四）。

公司之合併有吸收合併及新設合併之分。二個以上之公司於合併後,有一存續,其他消滅者,謂之吸收合併,此時因合併而消滅之公司,其權利義務,應由合併後存續之公司承受。二個以上之公司於合併後,悉歸消滅,而另立一新公司者,謂之新設合併,此時因合併而消滅之公司,其權利義務,應由另立之公司承受（公七五）。

第三項　無限公司之變更組織

無限公司得經全體股東之同意,以一部股東改為有限責任或另加入有限責任股東,變更其組織為兩合公司（公七六I）。前項規定於本法第七十一條第三項所規定繼續經營之公司準用之（公七六II）。亦即無限公司之股東經變動而不足本法所定之最低人數時,得加入新股東繼續經營,所加入

者如為有限責任股東，則變更其組織為兩合公司。

無限公司依前述規定，變更組織為兩合公司時，準用本法第七十三條至第七十五條有關公司合併之規定（公七七）。

又無限公司變更組織為兩合公司後，原無限公司之權利義務，固應由變更後之兩合公司承受。惟經改為有限責任之股東，於公司變更登記後二年內，對於其在公司變更組織前公司之債務，仍負連帶無限責任（公七八），以保護公司之債權人而杜取巧。

第七節　無限公司之清算

第一項　清算之概念

清算云者，乃清理及結算已解散公司之法律關係，以消滅公司法人人格之程序也。解散之公司，除因合併、分割或破產而解散外，應行清算（公二四），無限公司自不例外。

第二項　清算人之任免

一、清算人之產生

清算人者，乃於公司清算中，執行清算事務並代表公司之機關。清算人之產生，有下列三種情形：

㈠**法定清算人**

依本法第七十九條本文規定，無限公司之清算，以全體股東為清算人，是為法定清算人。又由股東全體清算時，股東中有死亡者，清算事務由其繼承人行之；繼承人有數人時，應由繼承人互推一人行之（公八〇）。

㈡**選任清算人**

全體股東為清算人是為原則，如章程另有規定或經股東決議，另選清算人者，不在此限（公七九但書）。另選之清算人，不限於股東，股東以外之人，如律師、會計師亦無不可。

㈢選派清算人

不能依前述規定定其清算人時，法院得因利害關係人之聲請，選派清算人（公八一）。

二、清算人之解任

公司之清算監督權屬法院，故不論何種清算人，法院均得因利害關係人之聲請，認為必要時，將其解任（公八二本文）。其由股東所選任之清算人，亦得由股東過半數之同意，將其解任（公八二但書）。

三、清算人之聲報或公告

清算人應於就任後十五日內，將其姓名、住所或居所及就任日期，向法院聲報（公八三 I）。清算人之解任，應由股東於十五日內，向法院聲報（公八三 II）。違反上述聲報期限之規定者，各處新臺幣三千元以上一萬五千元以下罰鍰（公八三 IV）。

又清算人如由法院選派時，應公告之；解任時亦同（公八三 III）。

第三項　清算人之職務及權限

一、清算人之職務

依本法第八十四條規定，清算人之職務如下：

㈠了結現務。

㈡收取債權，清償債務。

㈢分派盈餘或虧損。

㈣分派賸餘財產。

二、清算人之權限

㈠執行業務

清算人在清算範圍內，對內有執行業務之權。清算人有數人時，關於清算事務之執行，取決於過半數之同意（公八五Ⅰ後段）。

㈡代表公司

清算人因執行清算職務，對外有代表公司為訴訟上或訴訟外一切行為之權；但將公司營業包括資產負債轉讓他人時，因影響股東權益甚大，故應得全體股東之同意（公八四Ⅱ）。清算人有數人時，得推定一人或數人代表公司，如未推定時，各有對於第三人代表公司之權（公八五Ⅰ前段）。推定代表公司之清算人，應準用本法第八十三條第一項之規定向法院聲報（公八五Ⅱ）。又對於清算人代表權所加之限制，不得對抗善意第三人（公八六），以保護交易之安全。

三、清算事務之執行

㈠造表送閱

清算人就任後，應即檢查公司財產情形，造具資產負債表及財產目錄，送交各股東查閱（公八七Ⅰ）。對前項所為檢查有妨礙、拒絕或規避行為者，各處新臺幣二萬元以上十萬元以下罰鍰（公八七Ⅱ）。又清算人遇有股東詢問時，應將清算情形隨時答覆（公八七Ⅴ）。清算人違反前項規定者，各處新臺幣一萬元以上五萬元以下罰鍰（公八七Ⅵ）。

㈡催報債權

清算人就任後，應以公告方法催告債權人報明債權，對於明知之債權人，並應分別通知（公八八）。

㈢聲請破產

公司財產不足清償其債務時，清算人應即聲請宣告破產（公八九Ⅰ）。經宣告破產後，清算人應即移交其事務於破產管理人，於移交時，職務即為終了（公八九Ⅱ）。清算人如於公司財產不足清償其債務時，不即聲請宣

告破產者，各處新臺幣二萬元以上十萬元以下罰鍰（公八九III）。

㈣**分派財產**

　　清算人非清償公司債務後，不得將公司財產分派於各股東。清算人違反前項規定，分派公司財產時，各處一年以下有期徒刑、拘役或科或併科新臺幣六萬元以下罰金（公九〇）。至於賸餘財產之分派，除章程另有訂定外，依各股東分派盈餘或虧損後淨餘出資之比例定之（公九一）。

第四項　清算之完結

㈠**清算完結之期限**

　　清算人應於六個月內完結清算；不能於六個月內完結清算時，清算人得申敘理由，向法院聲請展期（公八七III）。清算人不於前項規定期限內清算完結者，各處新臺幣一萬元以上五萬元以下罰鍰（公八七IV）。

㈡**結算表冊之承認**

　　清算人應於清算完結後十五日內，造具結算表冊，送交各股東，請求其承認，如股東不於一個月內提出異議，即視為承認；但清算人有不法行為時，不在此限（公九二）。

㈢**清算完結之聲報**

　　清算人應於清算完結，經送請股東承認後十五日內，向法院聲報。清算人違反前項聲報期限之規定時，各處新臺幣三千元以上一萬五千元以下罰鍰（公九三）。

㈣**簿冊文件之保存**

　　公司之帳簿、表冊及關於營業與清算事務之文件，應自清算完結向法院聲報之日起，保存十年，其保存人，以股東過半數之同意定之（公九四）。

㈤**股東責任之消滅**

　　無限公司股東之連帶無限責任，自解散登記後滿五年而消滅（公九六）。

第五項　清算人與公司之關係

清算人與公司之關係，除本法規定外，依民法關於委任之規定（公九七）。惟依本法第九十五條規定，不論有無報酬，清算人應以善良管理人之注意處理職務，倘有怠忽而致公司發生損害時，應對公司負連帶賠償之責任，其有故意或重大過失時，並應對第三人負連帶賠償責任（公九五）。此乃民法第五百三十五條之特別規定，蓋依民法規定，於無償委任，受任人處理委任事務，僅與處理自己事務為同一注意即可，必於受有報酬時，始應以善良管理人之注意為之。

習　題

一、無限公司股東得出資之種類有幾？
二、無限公司執行業務之機關及方法各為何？
三、試述無限公司股東競業禁止之規定。
四、無限公司股東之出資得否轉讓於他人？
五、試述無限公司代表機關之權限與限制。
六、試述無限公司股東之責任。
七、無限公司股東退股之事由及效力如何？
八、無限公司之清算人如何產生？並說明清算人之職務及權限。

第三章　有限公司

第一節　有限公司之意義

有限公司者，乃指一人以上股東所組織，就其出資額為限，對公司負其責任之公司（公二 I 2）。茲分述其意義如下：

㈠有限公司乃公司之一種

有限公司為現行法所規定四種公司之一種，與其他種類之公司，同為以營利為目的之社團法人。

㈡有限公司係由一人以上股東所組織

有限公司由一人以上股東所組成（公九八 I）。有限公司之規模較股份有限公司小，且多屬家族性中小企業，故本法仿德國立法例，允許一人有限公司之設立。

㈢有限公司乃股東就其出資額為限，對公司負其責任

有限公司股東之責任，祇對公司負責，而不直接對公司之債權人負責。且其所負責任，屬於一種量的有限責任，亦即各股東對於公司之責任，以其出資額為限（公九九）。嚴格言之，實係股東僅對公司負繳清出資額之義務而已。

第二節　有限公司之設立

有限公司之設立，股東應以全體之同意訂立章程，簽名或蓋章，置於本公司，每人各執一份（公九八 II）。代表公司之董事，不備置公司章程於本公司者，處新臺幣一萬元以上五萬元以下罰鍰。連續拒不備置者，並按

次連續處新臺幣二萬元以上十萬元以下罰鍰（公一〇一 II）。有限公司章程法定應記載之事項如下（公一〇一 I）：

    1.公司名稱。

    2.所營事業。

    3.股東姓名或名稱、住所或居所。

    4.資本總額及各股東出資額。

    5.盈餘及虧損分派比例或標準。

    6.本公司所在地；設有分公司者，其所在地。

    7.董事人數。

    8.定有解散事由者，其事由。

    9.訂立章程之年、月、日。

除上述法定應記載事項外，其他苟不違反強行規定且不背公序良俗者，皆得記載於章程。例如得以章程訂定按出資多寡比例分配表決權（公一〇二 I）。

有限公司於章程訂立後應由代表公司之負責人依本法第三百八十七條之規定，向中央主管機關申請為設立之登記，俟中央主管機關登記後，始為成立。

第三節　有限公司之內部關係

第一項　股東之出資

一、出資之履行

有限公司因亦具有資合公司之性質，注重資本之充實，故其資本總額，應由各股東全部繳足，不得分期繳款。而其出資應以財產出資為限，而不得以信用或勞務出資。又有限公司之股款，不得向外招募，此點乃非公眾

性之表現，與股份有限公司不同（公一〇〇）。另外，於民國九十八年四月二十九日已修正刪除本法第一百條第二項有限公司之最低資本總額的規定，以利於公司的設立，改善我國的經商環境。

有限公司得經全體股東同意減資（公一〇六IV前段）。如須增資，應經股東過半數之同意。但股東雖同意增資，仍無按原出資數比例出資之義務（公一〇六 I）。此時，得經全體股東同意，由新股東參加（公一〇六III）。至於不同意增資之股東，對於章程因增資修正部分，視為同意（公一〇六II）。

二、出資之轉讓

有限公司亦重視股東之個性，而有人合公司之性質，故其出資之轉讓應加限制。股東非得其他全體股東過半數之同意，不得以其出資之全部或一部，轉讓於他人（公一一一 I）。前項轉讓，不同意之股東有優先受讓權；如不承受，視為同意轉讓，並同意修改章程有關股東及其出資額事項。至於公司董事則非得其他全體股東同意，不得以其出資之全部或一部，轉讓於他人（公一一一III），其轉讓條件更嚴於一般股東。又若法院依強制執行程序，將股東之出資轉讓於他人時，應通知公司及其他全體股東，於二十日內，依本法第一百十一條第一項或第三項之方式，指定受讓人；逾期未指定或指定之受讓人不依同一條件受讓時，視為同意轉讓，並同意修改章程有關股東及其出資額事項（公一一一IV）。

三、股　單

有限公司於設立登記後，應發給股單，以為股東出資之憑證。股單應由全體董事簽名或蓋章（公一〇五），並載明下列各款事項（公一〇四 I）：

1.公司名稱。
2.設立登記之年、月、日。
3.股東姓名或名稱及其出資額。
4.發給股單之年、月、日。

股單均為記名式，應用股東姓名，其為同一人所有者，應記載同一姓名；股單為政府或法人所有者，應記載政府或法人之名稱，不得另立戶名或僅載代表人姓名（公一〇四II，準用公一六二II）。

股東於出資轉讓時，應將股單交付，但非於公司設立登記後，不得轉讓（公一〇四II，準用公一六三I但書）。又股東出資之轉讓，非將受讓人之姓名或名稱及住所或居所，記載於公司股東名簿，不得以其轉讓對抗公司（公一〇四II，準用公一六五）。

四、股東名簿

有限公司應在本公司備置股東名簿，記載下列事項（公一〇三I）：

1. 各股東出資額及其股單號數。
2. 各股東姓名或名稱、住所或居所。
3. 繳納股款之年、月、日。

代表公司之董事，不備置前項股東名簿於本公司者，處新臺幣一萬元以上五萬元以下罰鍰。連續拒不備置者，並按次連續處新臺幣二萬元以上十萬元以下罰鍰（公一〇三II）。

第二項　業務之執行

有限公司應至少置董事一人執行業務並代表公司，最多置董事三人，應經三分之二以上股東之同意，就有行為能力之股東中選任之。董事有數人時，得以章程特定一人為董事長，對外代表公司（公一〇八I）。執行業務之董事請假或因故不能行使職權時，指定股東一人代理之；未指定代理人者，由股東間互推一人代理之（公一〇八II）。董事為自己或他人為與公司同類業務之行為，應對全體股東說明其行為之重要內容，並經三分之二以上股東同意（公一〇八III）。本法第三十條、第四十六條、第四十九條至第五十三條、第五十四條第三項、第五十七條至第五十九條、第二百零八條第三項、第二百零八條之一及第二百十一條之規定，於董事準用之（公

一〇八IV），其中除第五十七條至第五十九條及第二百零八條第三項，屬於對外關係，容後述之外，茲將其準用之規定，分述如下：

㈠董事之資格準用本法第三十條關於公司經理人消極資格之規定。

㈡董事之數人或全體執行業務時，關於業務之執行，取決於過半數之同意。董事關於通常事務，各得單獨執行；但其餘董事，有一人提出異議時，應即停止執行（準用公四六）。

㈢董事非有特約，不得向公司請求報酬（準用公四九）。董事因執行業務所代墊之款項，得向公司請求償還，並支付墊款之利息；如係負擔債務，而其債務尚未到期者，得請求提供相當之擔保。董事因執行業務，受有損害，而自己無過失者，得向公司請求賠償（準用公五〇）。

㈣董事執行業務，不得無故辭職，他股東亦不得無故使其退職（準用公五一）。

㈤董事執行業務，應依照法令、章程及股東之決定。如違反前項規定，致公司受有損害者，對於公司應負賠償之責（準用公五二）。董事代收公司款項，不於相當期間照繳，或挪用公司款項者，應加算利息，一併償還；如公司受有損害，並應賠償（準用公五三）。又董事如違反本法第一百零八條第三項關於不競業義務之規定者，其他股東得以過半數之決議，將其為自己或他人所為行為之所得，作為公司之所得；但自所得產生後逾一年者，不在此限（準用公五四III）。

㈥公司虧損達實收資本額二分之一時，董事應即向股東報告。如公司資產顯有不足抵償其所負債務時，董事應即聲請宣告破產。董事違反上述規定時，處新臺幣二萬元以上十萬元以下罰鍰（準用公二一一）。

㈦董事不為或不能行使職權，致公司有受損害之虞時，法院因利害關係人或檢察官之聲請，得選任一人以上之臨時管理人，代行董事之職權。但不得為不利於公司之行為。前項臨時管理人，法院應囑託主管機關為之登記。臨時管理人解任時，法院應囑託主管機關註銷登記（公一〇八IV，準用公二〇八之一）。

第三項　業務之監察

現行有限公司執行業務之機關，係以股份有限公司「董事」之名，而行無限公司「執行業務股東」之實。雖有董事，但無監察人之設置，其業務之監察，準用無限公司之規定，不執行業務之股東，均得行使監察權；其監察權之行使，準用本法第四十八條之規定（公一○九），亦即不執行業務之股東，得隨時向董事質詢公司營業情形，查閱財產文件、帳簿、表冊（準用公四八）。

第四項　股東之表決權

有限公司因兼具人合公司及資合公司之性質，本法乃規定，每一股東不問出資多寡，均有一表決權。但得以章程訂定按出資多寡比例分配表決權（公一○二 I）。前者與無限公司同，後者則與股份有限公司每股有一表決權近似。又政府或法人為股東時，準用本法第一百八十一條之規定，即政府或法人為股東時，其代表人不限於一人。但其表決權之行使，仍以其出資額綜合計算。代表人有二人以上時，其代表人行使表決權應共同為之（準用公一八一）。

第四節　有限公司之對外關係

第一項　公司之代表

有限公司應至少置董事一人執行業務並代表公司，最多置董事三人，應經三分之二以上股東之同意，就有行為能力之股東中選任之。董事有數人時，得以章程特定一人為董事長，對外代表公司（公一○八 I）。董事長

請假或因故不能行使職權時，由董事長指定董事一人代理之；董事長未指定代理人者，由董事互推一人代理之（公一○八IV，準用公二○八III）。

代表公司之董事，關於公司營業上一切事務，有辦理之權。公司對於董事代表權所加之限制，不得對抗善意第三人。代表公司之董事，如為自己或他人與公司為買賣借貸或其他法律行為時，不得同時為公司之代表；但向公司清償債務時，不在此限（公一○八IV，準用公五七、五八、五九）。

第二項　股東之責任

有限公司各股東對於公司之責任，以其出資額為限（公九九）。換言之，僅對公司負繳足出資額之責而對於公司之債權人並無責任，此與無限公司之股東對於公司之債權人，負有連帶無限清償責任者有異，而與股份有限公司之股東，對外不負責任者相同，具有資合公司之性質。

第五節　有限公司之會計

有限公司之股東，僅以出資額為限，對公司負責，而不對公司之債權人負責，以是關於有限公司之會計，必須詳加規定，以保護公司之債權人。

第一項　決算表冊

每屆會計年度終了，董事應依本法第二百二十八條之規定，造具營業報告書、財務報表及盈餘分派或虧損撥補之議案等各項表冊，分送各股東，請其承認。前項表冊送達後逾一個月未提出異議者，視為承認（公一一○I、II）。各項表冊經股東承認後，視為公司已解除董事之責任；但董事有不法行為者，不在此限（公一一○III，準用公二三一）。

又繼續一年以上，持有資本總額百分之三以上出資額之股東，得聲請法院選派檢查人，檢查公司業務帳目及財產情形（公一一○III，準用公二

四五 I)。

第二項　盈餘公積

　　有限公司於彌補虧損完納一切稅捐後，分派盈餘時，應先提出百分之十為法定盈餘公積。但法定盈餘公積已達資本總額時，不在此限（公一一二 I)。公司負責人違反此項強制規定，不提出法定盈餘公積時，各科新臺幣六萬元以下罰金（公一一二III)。

　　除前項法定盈餘公積外，公司得以章程訂定，或股東全體之同意，另提特別盈餘公積（公一一二II)。

第三項　盈餘分派

一、盈餘分派之限制

　　公司非彌補虧損及依本法規定提出法定盈餘公積後，不得分派盈餘（公一一〇III，準用公二三二 I)。若公司無盈餘時，更不得分派盈餘（公一一〇III，準用公二三二II)。

　　公司負責人違反上述規定分派盈餘時，各處一年以下有期徒刑、拘役或科或併科新臺幣六萬元以下罰金（公一一〇III，準用公二三二III)。而公司之債權人，得請求退還，並得請求賠償因此所受之損害（公一一〇III，準用公二三三)。

二、盈餘分派之標準

　　有限公司盈餘之分派，除章程另有規定外，以各股東出資額之比例為準（公一一〇III，準用公二三五)。

第六節　有限公司之變更組織

有限公司得經全體股東同意，變更其組織為股份有限公司（公一〇六IV）。公司為變更組織之決議後，應即向各債權人分別通知及公告（公一〇七I）。變更組織後之公司，應承擔變更組織前公司之債務（公一〇七II）。

第七節　有限公司之變更章程合併解散及清算

有限公司變更章程、合併、解散及清算，準用無限公司有關之規定（公一一三）。亦即變更章程準用本法第四十七條之規定，公司合併準用本法第七十二條至第七十五條之規定，公司解散準用本法第七十一條之規定，公司清算準用本法第七十九條至第九十七條之規定，惟其中本法第九十六條之規定，因與有限公司之性質不同，故無準用之餘地。

習　題

一、有限公司股東出資轉讓之限制如何？

二、試述有限公司股東出資轉讓之方法。

三、有限公司資本總額之增減，現行法如何規定？

四、有限公司業務之執行與監督之機關為何？試說明之。

五、現行公司法對於有限公司盈餘公積之提出如何規定？

六、試述有限公司盈餘分派之限制及標準。

第四章　兩合公司

第一節　兩合公司之意義

兩合公司者，乃指一人以上無限責任股東，與一人以上有限責任股東所組織，其無限責任股東對公司債務負連帶無限清償責任；有限責任股東就其出資額為限，對公司負其責任之公司（公二Ⅰ3、一一四）。茲分述其意義如下：

㈠兩合公司乃公司之一種

兩合公司乃本法所定四種公司中之一種，係以營利為目的之社團法人。

㈡兩合公司係以一人以上無限責任股東與一人以上有限責任股東所組織

公司由無限責任股東與有限責任股東所組織，故稱兩合公司。無限責任股東至少須有一人，有限責任股東至少亦須有一人，此乃兩合公司之成立要件，同時亦為其存續要件。

㈢兩合公司之無限責任股東對公司債務負連帶無限清償責任

兩合公司之無限責任股東，與無限公司股東之責任相同，亦即須對公司債務負連帶無限清償責任。

㈣兩合公司之有限責任股東就其出資額為限，對公司負其責任

兩合公司之有限責任股東，其責任與有限公司之股東相同，亦即僅就其出資額為限，對公司負其責任。

本法於無限公司外，復設有兩合公司之制度，蓋以兩合公司於無限責任股東之外，加以有限責任股東，較易吸收資本也。惟兩合公司仍係以股東個人之信用為基礎，故偏向於人合公司，因而除兼有有限責任股東之一

點外，其他情形多與無限公司相同，本法第一百十五條乃規定，兩合公司
除本章規定外，準用第二章關於無限公司之規定。

第二節　兩合公司之設立

兩合公司係由一人以上無限責任股東與一人以上有限責任股東所組
織，其設立，應以無限責任股東與有限責任股東全體之同意，訂立章程，
簽名或蓋章，置於本公司，並每人各執一份（準用公四〇）。惟兩合公司之
章程，除記載本法第四十一條所列各款事項（即無限公司章程法定應記載
事項）外，並應記明各股東之責任為無限或有限（公一一六）。

兩合公司應於章程訂立後，由代表公司之負責人向中央主管機關申請
為設立之登記。其登記辦法由中央主管機關定之（公三八七）。俟中央主管
機關登記並發給執照後，始為成立（公六）。

第三節　兩合公司之內部關係

兩合公司之內部關係與外部關係中，屬於無限責任股東之部分，法律
上都使準用無限公司之規定，僅對於有限責任股東，特設規定。茲著重其
與無限公司相異之處，分項說明之。

第一項　股東之出資

兩合公司之有限責任股東，不得以信用或勞務為出資（公一一七）。蓋
以有限責任之股東，僅以其出資額為限，對公司負責，其任何卓著之信用，
於公司無所裨益。且有限責任之股東，不得執行公司業務，及對外代表公
司（公一二二），故其勞務亦非公司之所需。至於無限責任之股東，固得以
現金或現金以外之財產為出資，亦得以信用或勞務為出資，並無限制。

第二項　業務之執行

一、執行業務之機關及方法

　　兩合公司業務之執行，專屬於無限責任股東，有限責任股東，不得執行公司業務（公一二二）。惟得經全體無限責任股東過半數之同意選任為公司之經理人（公二九Ⅰ2），而以經理人之身分執行業務。兩合公司原則上各無限責任股東均有執行業務之權利，而負其義務。但章程中訂定由無限責任股東中之一人或數人執行業務者，從其訂定（準用公四五Ⅰ）。

　　無限責任股東之數人或全體執行業務時，關於業務之執行，取決於過半數之同意。執行業務之無限責任股東，關於通常事務，各得單獨執行；但其餘執行業務之無限責任股東，有一人提出異議時，應即停止執行（準用公四六）。

二、不執行業務股東之業務監察權

　　兩合公司之不執行業務股東，包括有限責任股東及不執行業務之無限責任股東。其不執行業務之無限責任股東，固得隨時向執行業務之無限責任股東，質詢公司營業情形，查閱財產文件、帳簿、表冊（準用公四八）。至於有限責任股東，則僅得於每會計年度終了時，查閱公司帳目、業務及財產情形，平時不得隨時查閱。惟於必要時，法院得因有限責任股東之聲請，許其隨時檢查公司帳目、業務及財產之情形。對於有限責任股東之檢查，有妨礙、拒絕或規避行為者，各處新臺幣二萬元以上十萬元以下罰鍰。連續妨礙、拒絕或規避者，並按次連續各處新臺幣四萬元以上二十萬元以下罰鍰（公一一八）。

三、執行業務股東之權利及義務

　　兩合公司執行業務股東所有之權利及義務，與無限公司執行業務股東

所有者相同。亦即其權利有(1)約定報酬請求權，(2)墊款償還請求權，(3)負債擔保請求權，(4)損害賠償請求權；其義務有(1)遵守法令章程及股東決定之義務，(2)交還代收款項之義務，(3)報告業務之義務，(4)答覆質詢之義務。其詳請參照本編第二章第三節第二項無限公司執行業務股東之權利、義務說明，不再贅述。

第三項　章程之變更

兩合公司章程之變更，本法並無特別規定，自應準用無限公司之規定（公一一五）。故其章程之變更，應得無限責任股東及有限責任股東全體之同意（準用公四七）。

第四項　競業之禁止

兩合公司之有限責任股東，得為自己或他人，為與本公司同類營業之行為，亦得為他公司之無限責任股東或合夥事業之合夥人（公一二〇）。蓋兩合公司之有限責任股東，既不得執行公司業務及對外代表公司（公一二二），且僅就其出資額為限，對公司負其責任（公一一四），故無禁止之必要。至於兩合公司無限責任股東之競業禁止，仍應準用無限公司之規定，亦即無限責任股東，非經其他股東全體之同意，不得為他公司之無限責任股東，或合夥事業之合夥人（準用公五四 I）。其執行業務之無限責任股東，不得為自己或他人為與公司同類營業之行為（公五四 II）。

第五項　出資之轉讓

兩合公司之無限責任股東，其出資之轉讓，固應準用無限公司之規定（公一一五），即非經其他股東全體之同意，不得以自己出資之全部或一部，轉讓於他人（準用公五五）。至於有限責任股東，對外雖不負責，但對內與

無限責任股東之間，仍係基於個人相互之信賴關係，故其出資之轉讓，亦受有限制，即有限責任股東，非得無限責任股東過半數之同意，不得以其出資全部或一部，轉讓於他人（公一一九I）。對於有限責任股東出資之轉讓，不同意之股東有優先受讓權，如不承受，視為同意轉讓，並同意修改章程有關股東及其出資額事項（公一一九II，準用公一一一II）。又如法院依強制執行程序，將有限責任股東之出資轉讓於他人時，應通知公司及全體無限責任股東，於二十日內，由全體無限責任股東過半數之同意，指定受讓人；逾期未指定或指定之受讓人不依同一條件受讓時，視為同意轉讓，並同意修改章程有關股東及其出資額事項(公一一九II，準用公一一一IV)。

第四節　兩合公司之對外關係

兩合公司之對外關係，與無限公司相異之處，分下列二項述之。

第一項　公司之代表

兩合公司之有限責任股東，不得對外代表公司（公一二二）。其對外代表公司之權，專屬於無限責任股東。原則上各無限責任股東，均得對外代表公司，惟公司得以章程特定代表公司之股東。代表公司之股東，關於公司營業上一切事務，有辦理之權。公司對於股東代表權所加之限制，不得對抗善意第三人。代表公司之股東，如為自己或他人與公司為買賣借貸或其他法律行為時，不得同時為公司之代表，但向公司清償債務時，不在此限（公一一五，準用公五六～五九）。

第二項　股東之責任

兩合公司之無限責任股東，對公司債務負連帶無限清償責任（公一一四II前段），其責任與無限公司股東之責任相同，應準用無限公司有關之規

定（公一一五）。其有限責任股東，則以其出資額為限，對於公司負其責任（公一一四Ⅱ後段）。惟有限責任股東，如有可以令人信其為無限責任股東之行為者，對於善意第三人，負無限責任股東之責任（公一二一）。

第五節　兩合公司之退股

一、無限責任股東之退股

兩合公司無限責任股東之退股，本法無特別規定，應準用無限公司股東退股之規定（公一一五）。惟無限責任股東之除名，應得無限責任股東及有限責任股東全體之同意。

二、有限責任股東之退股

兩合公司有限責任股東退股之事由，本法有特別規定者，述之如次：

㈠兩合公司有限責任股東，不因受監護或輔助宣告而退股。有限責任股東死亡時，其出資歸其繼承人（公一二三），即破產或死亡不為有限責任股東退股之法定事由，蓋以兩合公司有限責任股東，重在出資而不重視股東個人之信用故也。

㈡有限責任股東，遇有非可歸責於自己之重大事由時，得經無限責任股東過半數之同意退股或聲請法院准其退股（公一二四），此與無限公司股東任意退股之規定（公六五），亦有不同。

此外，兩合公司有限責任股東之除名，與無限公司亦不盡相同，即有限責任股東有下列情形之一者，得經全體無限責任股東之同意將其除名：⑴不履行出資義務者，⑵有不正當行為，妨害公司利益者。又其除名，非通知該股東後，不得對抗之（公一二五）。

至於有限責任股東退股之效力，本法未設特別規定，於性質許可範圍內，自應準用無限公司之規定。惟因有限責任股東，僅以出資額為限，對公司負其責任，故本法第七十條第一項退股登記前公司之債務，於登記後

二年內，仍負連帶無限責任之規定，自無準用之餘地。

第六節　兩合公司之合併解散及變更組織

一、兩合公司之合併

兩合公司得以全體股東（無限責任股東及有限責任股東）之同意，與他公司合併。合併之程序及效果，均應準用無限公司合併之規定（公一一五，準用公七二～七五）。

二、兩合公司之解散

兩合公司除準用無限公司解散之原因而解散外，因無限責任股東或有限責任股東全體之退股而解散（公一二六Ⅰ本文），蓋兩合公司由一人以上無限責任股東及一人以上有限責任股東所組織，此不僅為其成立要件，亦為其存續要件。惟其餘股東亦得以一致之同意，加入無限責任股東或有限責任股東，繼續經營（公一二六Ⅰ但書）。

三、兩合公司之變更組織

兩合公司有限責任股東全體退股時，無限責任股東在二人以上者，得以一致之同意，變更其組織為無限公司（公一二六Ⅱ）。又無限責任股東與有限責任股東，亦得以全體之同意，變更其組織為無限公司（公一二六Ⅲ）。至變更組織之程序，則應準用無限公司有關之規定（公一一五）。

第七節　兩合公司之清算

兩合公司之清算，本法未設特別規定，自應準用無限公司有關清算之規定（公一一五）。惟兩合公司之有限責任股東既不得執行公司業務及對外代表公司，故兩合公司之清算，仍應由全體無限責任股東任之；但無限責

任股東得以過半數之同意，另行選任清算人，其解任時亦同（公一二七）。

習 題

一、試述兩合公司之意義及性質。

二、兩合公司股東退股之事由為何？

第五章　股份有限公司

第一節　股份有限公司之意義

股份有限公司者，乃指二人以上股東或政府、法人股東一人所組織，全部資本分為股份，股東就其所認股份，對公司負其責任之公司（公二Ⅰ4）。茲分述其意義如下：

㈠股份有限公司乃公司之一種

股份有限公司乃本法所規定四種公司之一種，且為公司之典型，與其他種類之公司，同為以營利為目的之社團法人。

㈡股份有限公司係由二人以上之股東或政府、法人股東一人所組織

二人以上之股東不僅為股份有限公司之成立要件，且亦為其存續要件。故股份有限公司應有二人以上為發起人（公一二八Ⅰ），如其有記名股票之股東不滿二人者，公司應予解散。但政府或法人股東一人者，不在此限（公三一五Ⅰ4）。

㈢股份有限公司須將其全部資本分為股份

全部資本分為股份乃股份有限公司獨特之規定。所謂分為股份，即公司資本，分為若干股，每股金額應歸一律（公一五六Ⅰ前段），股份乃股份有限公司最重要之條件，凡股東之出資、股利之分派及表決權之行使，均以此為計算之標準，而股份有限公司亦因此而得名。

㈣股份有限公司乃股東就其所認股份，對公司負其責任

股東對於公司之責任，原則上以繳清其股份之金額為限（公一五四Ⅰ）。惟股東濫用公司之法人地位，致公司負擔特定債務且清償顯有困難，其情

節重大而有必要者，該股東應負清償之責（公一五四II）。

第二節　股份有限公司資本之原則

股份有限公司為典型之資合公司，股東僅就其所認股份為限，對公司負責，法律為保護債權人起見，乃形成資本三大原則，即資本確定、資本充實及資本不變之原則：

㈠資本確定原則

乃公司資本總額，於公司設立時，即須由股東全部認足，並按期繳納，採行此一原則之制度謂之確定資本制，亦稱法定資本制。採此制度因公司成立不易，且資金調度缺乏彈性，故現行公司法，乃採授權資本制（公一五六II）。所謂授權資本制者，乃股份總額雖亦須載明於章程，但可分次發行，其未認足之部分，授權董事會，視實際需要，隨時發行。惟本法並非絕對的採取授權資本制，於確定資本制，仍承認其存在，公司股份，如不分次發行，一次發行足數，亦無不可。

㈡資本充實原則

亦稱資本拘束原則或資本維持原則，即公司須維持相當於資本總額之財產。例如股票之發行價格，不得低於票面金額（公一四〇）；公司非彌補虧損及依本法規定提出法定盈餘公積後，不得分派股息及紅利（公二三二I）等均為此一原則之具體規定。

㈢資本不變原則

所謂資本不變原則，係指公司之資本總額，非依法定程序，不得任意變動之原則。蓋資本任意減少，固不利於公司之債權人，即任意增資，形成資本過剩，亦有害於公司之股東。本法規定公司非將已規定之股份總數，全數發行後，不得增加資本（公二七八I）。減少資本，除經股東會之特別決議外，尚須向債權人分別通知或公告，對於提出異議之債權人，更須為清償或提供相當之擔保（公二七七、二八一）等均其適例。

除上述三大原則外，公司法原來尚有最低資本額原則之規定，即公司

之資本，須受法定最低額之限制，但為了改善我國經商環境，促進企業開辦，公司資本額以經會計師查核簽證認定資本額足敷設立成本即可，故民國九十八年四月二十九日刪除本法第一百五十六條第三項之規定。

第三節　股份有限公司之設立

第一項　發起人

㈠發起人之意義

發起人乃發起設立公司，而簽名於章程之人也。通說認為發起人乃公司設立中之機關，應與將來成立之公司併為一體，故發起人在公司設立中發生之私法上權利義務關係，於公司成立時，即移轉於公司享有或負擔。

㈡發起人之人數

股份有限公司應有二人以上為發起人（公一二八I）。蓋發起人於公司設立登記後，即當然成為股東，而股份有限公司，須由二人以上之股東組織故也。惟政府或法人股東一人所組織之股份有限公司，則不受此限（公一二八之一I前段）。

㈢發起人之資格

股份有限公司之發起人，須具有行為能力，無行為能力人或限制行為能力人，不得為發起人（公一二八II）。政府或法人雖均得為發起人，但法人為發起人者，以下列情形為限：1.公司。2.以其自行研發之專門技術或智慧財產權作價投資之法人。3.經目的事業主管機關認屬與其創設目的相關而予核准之法人（公一二八III）。

第二項　訂立章程

股份有限公司之發起人，應以全體之同意，訂立章程，簽名或蓋章（公

一二九）。章程記載事項可分為法定記載事項與任意記載事項，而法定記載事項，又可分為絕對必要記載事項與相對必要記載事項。

一、絕對必要記載事項

如欠缺此項記載，則章程無效。其事項依本法第一百二十九條規定如下：

㈠公司名稱。

㈡所營事業。

㈢股份總數及每股金額。

㈣本公司所在地。

㈤董事及監察人之人數及任期。

㈥訂立章程之年、月、日。

二、相對必要記載事項

如欠缺此項記載，僅該事項不生效力，並不影響章程之效力。其事項依本法第一百三十條規定如下：

㈠分公司之設立。

㈡分次發行股份者，定於公司設立時之發行數額。

㈢解散之事由。

㈣特別股之種類及其權利義務。

㈤發起人所得受之特別利益及受益者之姓名。

此項發起人所得受之特別利益，股東會得修改或撤銷之，但不得侵及發起人既得之利益。

此外，其他法條尚有規定相對必要記載事項者，例如員工分配紅利之成數（公二三五II）等，為數甚多，不一一列舉。

三、任意記載事項

乃非為法律所規定之事項，而不違反強行規定及不背公序良俗者，均得記載於章程，是為任意記載事項。一經記載，即屬有效，非經變更章程

程序，公司及股東，均應受其拘束。

第三項　設立程序

一、發起設立

發起設立，亦稱同時設立或單純設立，乃由發起人自行認足第一次應發行之股份，公司即可成立之設立方式也。其設立之程序，列述如下：

㈠訂立章程

股份有限公司之發起人，應以全體之同意，訂立章程，簽名或蓋章（公一二九）。

㈡認足股份

章程訂立後，首由發起人自行認足第一次應發行之股份（公一三一I）。

㈢繳足股款

發起人認足第一次應發行之股份時，應即按股繳足股款（公一三一I前段）。此項股款，得以公司事業所需之財產抵繳之（公一三一III）。

㈣選任董監

發起人認足第一次應發行之股份時，應即按股繳足股款，並選任董事及監察人（公一三一I）。董事、監察人之選任方法準用本法第一百九十八條關於股東會選任董事之規定（公一三一II）。

㈤設立登記

股份有限公司之設立，應由代表公司之負責人向中央主管機關申請為設立之登記（公三八七I），俟中央主管機關登記後，公司始正式成立（公六）。

二、募股設立

募股設立，亦稱漸次設立或複雜設立，乃發起人不認足第一次應發行之股份，須另行公開招募，公司始能成立之設立方式也。惟為杜浮濫起見，

發起人所認股份，不得少於第一次發行股份四分之一（公一三三 II）。又於公開招募股份時，得依本法第一百五十七條之規定，發行特別股（公一三二 II）。募股設立之程序較為複雜，茲依本法之規定分述如下：

㈠設立章程

無論募股設立或發起設立，均須由發起人全體之同意訂立章程，簽名或蓋章。

㈡訂立招股章程

招股章程，係招募股份之一種章則，與公司章程不同。招股章程，應載明下列各款事項（公一三七）：

1.本法第一百二十九條關於公司章程絕對必要記載事項及本法第一百三十條關於公司章程相對必要記載事項。

2.各發起人所認之股數。

3.股票超過票面金額發行者，其金額。

4.招募股份總數募足之期限，及逾期未募足時，得由認股人撤回所認股份之聲明。

5.發行特別股者，其總額及本法第一百五十七條各款之規定。

6.發行無記名股者，其總額。

㈢申請審核

發起人公開招募股份時，應先具備下列事項，申請證券管理機關審核（公一三三 I）：

1.營業計畫書。

2.發起人姓名、經歷、認股數目及出資種類。

3.招股章程。

4.代收股款之銀行或郵局名稱及地址。

代收股款之銀行或郵局，對於代收之股款，有證明其已收股款金額之義務，其證明之已收金額，即認為已收股款之金額（公一三四）。

5.有承銷或代銷機構者，其名稱及約定事項。

6.證券管理機關規定之其他事項。

又申請公開招募股份，有下列情形之一者，證券管理機關得不予核准或撤銷核准（公一三五 I）：⑴申請事項有違反法令或虛偽者。⑵申請事項有變更，經限期補正而未補正者。至於發起人有上述第一款情事，應依證券交易法第一百七十四條第一項第一款之規定處罰，其有上述第二款情事時，由證券管理機關各處新臺幣二萬元以上十萬元以下罰鍰（公一三五II）。又申請公開招募股份，如經撤銷核准，未招募者，停止招募，已招募者，應募人得依股份原發行金額，加算法定利息，請求返還（公一三六）。

㈣招募公告

發起人因公開招募股份，申請審核之事項，應於證券管理機關通知到達之日起三十日內，加記核准文號及年、月、日公告招募之。但與承銷或代銷機構之約定事項，得免予公告（公一三三III）。

㈤認　股

先有募股而後有認股，發起人應備認股書，載明本法第一百三十三條第一項關於應申請審核之事項，並加記證券管理機關核准文號及年、月、日由認股人填寫所認股數、金額及其住所或居所，簽名或蓋章（公一三八 I）。發起人違反上述規定不備認股書者，由證券管理機關各處新臺幣一萬元以上五萬元以下罰鍰（公一三八III）。股票之發行價格，不得低於票面金額。但公開發行股票之公司，證券管理機關另有規定者，不在此限（公一四〇）。其以超過票面金額發行股票者，認股人應於認股書註明認繳之金額（公一三八II）。

認股後，認股人有照所填認股書，繳納股款之義務（公一三九）。認股人於有下列情形之一時，得撤回其所認之股：⑴已逾招募股份總數募足之期限，尚未募足者（公一三七 I 4）。⑵第一次發行股份募足後，逾三個月而股款尚未繳足者。⑶已繳納而發起人不於二個月內召集創立會者（公一五二）。惟於創立會結束後，認股人不得將股份撤回（公一五三）。

㈥催繳股款

第一次發行股份總數募足時，發起人應即向各認股人催繳股款，以超過票面金額發行股票時，其溢額應與股款同時繳納（公一四一）。認股人延

欠上述應繳之股款時，發起人應定一個月以上之期限，催告該認股人照繳，並聲明逾期不繳失其權利。發起人已為前項之催告，認股人不照繳者，即失其權利，所認股份另行募集。如有損害者，仍得向認股人請求賠償（公一四二）。

㈦召集創立會

創立會者，謂由發起人召集各認股人，使其參預關於公司設立事務之會議，相當於公司設立後之股東會，故創立會之程序及決議，準用本法第一百七十二條第一項、第三項、第六項，第一百七十四條至第一百七十九條，第一百八十一條及第一百八十三條，關於股東會之規定（公一四四）。茲將創立會有關事項，分述如後：

1.創立會之召集

股款繳足後，發起人應於二個月內召集創立會（公一四三）。創立會之程序，準用股東會召集程序之有關規定。即創立會之召集，應於二十日前通知各認股人，其通知應載明召集事由。發起人如違反上述通知期限之規定時，處新臺幣一萬元以上五萬元以下罰鍰（公一四四，準用公一七二 I、III、VI）。

2.創立會之表決權

創立會各認股人之表決權，亦準用股東會之規定，即除無表決權之特別股外，各認股人，每股有一表決權（公一四四，準用公一七九）。認股人對於會議之事項，有自身利害關係致有害於公司利益之虞時，不得加入表決，並不得代理他認股人行使其表決權（公一四四，準用公一七八）。政府或法人為認股人時，其代表人不限於一人，但其表決權之行使，仍以其所持有之股份綜合計算（公一四四，準用公一八一）。

3.創立會之決議

創立會之決議，除本法另有規定外，於通常決議，應有代表已發行股份總數過半數認股人之出席，以出席認股人表決權過半數之同意行之（公一四四，準用公一七四）。如出席認股人，不足前述法定額數，而有代表已發行股份總數三分之一以上認股人出席時，得以出席認股人表決權過半數

之同意，為假決議，並將假決議通知各認股人，於一個月內再召集創立會。再召集之創立會，如仍有已發行股份總數三分之一以上認股人出席，並經出席認股人表決權過半數之同意，視同正式決議（公一四四，準用公一七五）。惟創立會修改章程或為公司不設立之決議，為特別決議，本法另有規定，應分別準用本法第二百七十七條第二項至第四項或本法第三百十六條之規定（公一五一）。

認股人得出具公司印發之委託書，載明授權範圍，委託代理人，出席創立會。除信託事業或經證券管理機關核准之股務代理機構外，一人同時受二人以上認股人委託時，其代理之表決權，不得超過已發行股份總數表決權之百分之三，超過時，其超過之表決權，不予計算。一認股人以出具一委託書，並以委託一人為限，應於創立會開會五日前送達公司。委託書有重複時，以最先送達者為準。但聲明撤銷前委託者，不在此限。委託書送達公司後，股東欲親自出席創立會者，至遲應於創立會開會前二日，以書面向公司為撤銷委託之通知；逾期撤銷者，以委託代理人出席行使之表決權為準（公一四四，準用公一七七）。

創立會之議決事項，應作成議事錄，由主席簽名或蓋章，並於會後二十日內，將議事錄分發各認股人。議事錄應記載會議之年、月、日、場所、主席姓名及決議方法、議事經過之要領及其結果，在公司存續期間，應永久保存。出席認股人之簽名簿及代理出席之委託書其保存期限至少為一年。但經認股人依第一百八十九條提起訴訟者，應保存至訴訟終結為止。代表公司之董事，違反上項規定者，處新臺幣一萬元以上五萬元以下罰鍰（公一四四，準用公一八三）。

4.創立會之權限

創立會之權限，本法有規定者如下：

(1)聽取報告

發起人應就下列各款事項報告於創立會：①公司章程。②股東名簿。③已發行之股份總數。④以現金以外之財產抵繳股款者，其姓名及其財產之種類、數量、價格或估價之標準及公司核給之股數。⑤應歸公司負擔之

設立費用，及發起人得受報酬。⑥發行特別股者，其股份總數。⑦董事、監察人名單，並註明其住所或居所、國民身分證統一編號或其他經政府核發之身分證明文件字號。發起人對於前項報告有虛偽情事時，各科新臺幣六萬元以下罰金（公一四五）。

(2)選任董監

創立會應選任董事、監察人（公一四六 I 前段）。關於董事及監察人之選任，準用本法第一百九十八條關於股東會選任董事之規定（公一四四但書）。

(3)調查經過

董事、監察人經選任後，應即就本法第一百四十五條所列有關設立之事項，為確實之調查，並向創立會報告。董事、監察人如有由發起人當選，且與自身有利害關係者，前項調查創立會得另選檢查人為之。關於董事、監察人或檢查人之調查，如有冒濫或虛偽者，由創立會裁減之。發起人如有妨礙調查之行為或董事、監察人、檢查人報告有虛偽者，各科新臺幣六萬元以下罰金。上述之調查報告，經董事、監察人或檢查人之請求，延期提出時，創立會應準用本法第一百八十二條之規定，延期或續行集會（公一四六）。創立會於聽取報告後，認為發起人所得受之報酬或特別利益及公司所負擔之設立費用有冒濫者，均得裁減之，其用以抵作股款之財產，如估價過高者，創立會得減少其所給股數或責令補足（公一四七）。

(4)修改章程或議決公司不設立

創立會得修改章程或為公司不設立之決議（公一五一 I）。惟因事關重大，故本法另行規定屬於特別決議，分別準用本法第二百七十七條第二項至第四項關於股東會議決變更章程之規定及本法第三百十六條關於股東會議決解散公司之規定（公一五一 II）。

㈧設立登記

股份有限公司之設立，應由代表公司之負責人向中央主管機關，申請為設立之登記（公三八七 I），俟中央主管機關登記後，公司始告正式成立（公六）。

第四項　設立登記之效力

股份有限公司經設立登記後，有如下之效力：

㈠公司成立之效力

股份有限公司因設立登記而成立，具有公司之法人人格，得為權利義務之主體，此乃登記之主要效力。

㈡股票發行之效力

公司非經設立登記或發行新股變更登記後，不得發行股票。但公開發行股票之公司，證券管理機關另有規定者，不在此限。違反此項規定發行股票者，其股票無效。但持有人得向發行股票人請求損害賠償(公一六一)。除上述消極禁止規定外，本法為促進證券流通，保障股東權益，更積極強制規定，公司資本額達中央主管機關所定一定數額以上者，應於設立登記或發行新股變更登記後，三個月內發行股票。其未達中央主管機關所定一定數額者，除章程另有規定者外，得不發行股票。公司負責人違反此項規定，不發行股票者，除由主管機關責令限期發行外，各處新臺幣一萬元以上五萬元以下罰鍰；期滿仍未發行者，得繼續責令限期發行，並按次連續各處新臺幣二萬元以上十萬元以下罰鍰，至發行股票為止(公一六一之一)。

㈢股份轉讓之效力

公司股份之轉讓，不得以章程禁止或限制之。惟為杜絕投機取巧，法律乃規定股份非於公司設立登記後，不得轉讓。而發起人之股份，則非於公司設立登記一年後，不得轉讓。但公司因合併或分割後，新設公司發起人之股份得轉讓（公一六三）。

第五項　發起人之責任

股份有限公司乃為一資本大眾化之公司，其設立常與多數人之利害攸關，為避免藉設立公司之名，行詐取財物之實，本法特課發起人以下列之

責任：

一、公司成立時之責任

㈠認繳股款之責任

凡未認足之第一次發行股份，及已認而未繳股款者，應由發起人連帶認繳，其已認而經撤回者，亦同（公一四八）。

㈡賠償損害之責任

因本法第一百四十七條及第一百四十八條情形，公司受有損害時，得向發起人請求賠償（公一四九），亦即如有下列情形，致公司受有損害時，發起人應負賠償之責：⑴發起人所得受之報酬或特別利益及公司所負擔之設立費用有冒濫者。⑵用以抵作股款之財產，估價過高者。⑶未認足第一次發行股份或已認而未繳股款或已認而經撤回者。又發起人對於公司設立事項，如有怠忽其任務致公司受損害時，應對公司負連帶賠償責任（公一五五 I）。

㈢債務清償之責任

發起人對於公司在設立登記前所負債務，在登記後亦負連帶責任（公一五五 II）。

二、公司不能成立時之責任

公司不能成立時，發起人關於公司設立所為之行為，及設立所需之費用，均應負連帶責任，其因冒濫經裁減者，亦同（公一五〇）。

第四節　股份有限公司之股份

第一項　股份之意義

股份在法律上具有下列二種意義：

(一)股份乃資本之構成部分

資本分為股份，股份合為資本。本法規定，股份有限公司之資本，應分為股份，每股金額應歸一律（公一五六Ⅰ前段）。故股份可謂股份有限公司資本之均等部分。

(二)股份係指股東權

亦即股東因股份而取得其在公司之地位，並享有權利負擔義務。例如本法第一百六十條規定，股份為數人共有者，其共有人應推一人行使股東之權利。股份共有人，對於公司負連帶繳納股款之義務，即是。

第二項　股份之金額

股份有限公司之資本，應分為股份，每股金額應歸一律（公一五六Ⅰ前段）。同次發行之股份，其發行條件相同者，價格應歸一律。但公開發行股票之公司，證券主管機關另有規定者，不在此限（公一五六ⅩⅡ）。又每股金額除公開發行之股票，主管機關得規定其每股之最低或最高金額外，法律上並未設有限制。

第三項　特別股之發行

特別股係對普通股而言。普通股股東之股東權一律平等。特別股又有優先股與後配股之分，股東權優於普通股者謂之優先股，其優先內容除股

息紅利及賸餘財產之分派外，兼及於表決權行使之優先。股東權劣於普通股者，謂之後配股，亦即須普通股受盈餘或財產之分配後，始得受分配者是。特別股之制度，係股東平等原則之例外，公司營業不振，為易於募集資金時可發行優先股，反之公司營業甚佳，盈餘較多時，可發行後配股。發行特別股之種類，由章程定之（公一五六I）。公司發行特別股時，應就下列各款於章程定之（公一五七）：⑴特別股分派股息及紅利之順序、定額或定率。⑵特別股分派公司賸餘財產之順序、定額或定率。⑶特別股之股東行使表決權之順序、限制或無表決權。⑷特別股之權利、義務之其他事項。

特別股之發行，並無時間限制，於公司設立之初（公一五六I）或於設立之後第二次以下發行新股或增資時（公二六六、二六八I6）均可發行。公司發行之特別股，得收回之，但不得損害特別股股東按照章程應有之權利（公一五八）。

公司已發行特別股者，其章程之變更如有損害特別股股東之權利時，除應有代表已發行股份總數三分之二以上股東出席之股東會，以出席股東表決權過半數之決議為之外，並應經特別股股東會之決議。公開發行股票之公司，出席股東之股份總數不足前項定額者，得以有代表已發行股份總數過半數股東之出席，出席股東表決權三分之二以上之同意行之，並應經特別股股東會之決議。上述出席股東股份總數及表決權數，章程有較高之規定者，從其規定。特別股股東會，準用關於股東會之規定（公一五九）。

第四項　股份之共有

股份為一種財產權，自得為數人所共有。且股份常因合夥或繼承等事實成為共有。股份為數人共有者，其共有人應推定一人行使股東之權利。股份共有人，對於公司負連帶繳納股款之義務（公一六〇）。

第五項　股份之收取與銷除

股份有限公司為求其資本之充實與不變，有賴於股份總額之穩定。故本法對於股份有限公司股份之收取與銷除設有如下之規定：

(一)公司收取股份之禁止

股份有限公司依本法第一百五十八條（收回特別股）、第一百六十七條之一（收買員工庫藏股）、第一百八十六條（反對全部營業或財產變更之股東，得請求公司收買其股份）及第三百十七條（對公司分割或合併表示異議之股東，得請求公司收買其股份）規定外，不得自將股份收回、收買或收為質物。但於股東清算或受破產之宣告時，得按市價收回其股份，抵償其於清算或破產宣告前，結欠公司之債務（公一六七 I），以求公司資本之充實。公司依前項但書、本法第一百八十六條規定，收回或收買之股份，應於六個月內，按市價將其出售，屆期未經出售者，視為公司未發行股份，並為變更登記（公一六七 II）。以免長期留存公司，與銷除股份，減少資本無異。被持有已發行有表決權之股份總數或資本總額超過半數之從屬公司，不得將控制公司之股份收買或收為質物（公一六七 III）。前項控制公司及其從屬公司直接或間接持有他公司已發行有表決權之股份總數或資本總額合計超過半數者，他公司亦不得將控制公司及其從屬公司之股份收買或收為質物（公一六七 IV）。公司負責人違反上述規定，將股份收回、收買或收為質物，或抬高價格抵償債務，或抑低價格出售時，應負賠償責任（公一六七 V）。

(二)公司銷除股份之限制

銷除股份者，乃使特定之股份，歸於消滅也。因銷除結果，必使公司資本減少，影響債權人之權益，故公司非依股東會決議減少資本，不得銷除其股份。減少資本，應依股東所持股份比例減少之。但本法或其他法律另有規定者，不在此限。公司負責人違反上述規定，銷除股份時，各處新臺幣二萬元以上十萬元以下罰鍰（公一六八）。

㈢員工庫藏股及認股權憑證

　　使員工成為股東係現代企業為延攬及培植優秀管理及領導人才最有效之方法。本法乃仿外國立法例，設員工庫藏股制度，規定公司除法律另有規定者外，得經董事會以董事三分之二以上之出席及出席董事過半數同意之決議，於不超過該公司已發行股份總數百分之五之範圍內，收買其股份；收買股份之總金額，不得逾保留盈餘加已實現之資本公積之金額。前項公司收買之股份，應於三年內轉讓於員工，屆期未轉讓者，視為公司未發行股份，並為變更登記。公司依第一項規定收買之股份，不得享有股東權利（公一六七之一）。

　　又公司除法律或章程另有規定者外，亦得經董事會以董事三分之二以上之出席及出席董事過半數同意之決議，與員工簽訂認股權契約，約定於一定期間內，員工得依約定價格認購特定數量之公司股份，訂約後由公司發給員工認股權憑證（公一六七之二 I）。使公司得對員工發行認股權憑證，將股票配發給優秀員工俾吸引及留住優秀人才。惟員工取得認股權憑證，不得轉讓。但因繼承者，不在此限（公一六七之二 II），以免有失公司發行員工認股權憑證之本旨。

第五節　股份有限公司之股票

第一項　股票之概念

　　股票者，乃表彰股東權之一種要式之有價證券也。股票僅係表彰股東權，而非創設股東權，乃先有股東權，而後作成股票以證明之，故股票為證權證券，與票據之為設權證券者有異。而二者之所同者，則均為要式之有價證券，蓋股票之作成，既須在書面上為一定之記載，而票面所表彰者，亦恆為一定之金額。

　　股票上載有股東之姓名者，謂之記名股票。股票上不載明股東之姓名

者，謂之無記名股票。公司得以章程規定發行無記名股票，但其股數不得超過已發行股份總數二分之一。又公司得因股東之請求，發給無記名股票或將無記名股票改為記名式（公一六六）。

<h1 style="text-align:center">第二項　股票之發行</h1>

㈠股票發行之時期

公司非經設立登記或發行新股變更登記後，不得發行股票。但公開發行股票之公司，證券管理機關另有規定者，不在此限。違反此項規定發行股票者，其股票無效。但持有人得向發行股票人請求損害賠償（公一六一）。

公司資本額達中央主管機關所定一定數額以上者，應於設立登記或發行新股變更登記後，三個月內發行股票；其未達中央主管機關所定之一定數額者，除章程另有規定者外，得不發行股票。公司負責人違反此項規定，不發行股票者，除由主管機關責令限期發行外，各處新臺幣一萬元以上五萬元以下罰鍰；期滿仍未發行者，得繼續責令限期發行，並按次連續各處新臺幣二萬元以上十萬元以下罰鍰，至發行股票為止（公一六一之一）。

㈡股票之公開發行

公司股票是否公開發行，屬企業自治事項，公司得依董事會之決議，向證券主管機關申請辦理公開發行程序；申請停止公開發行者，應有代表已發行股份總數三分之二以上股東出席之股東會，以出席股東表決權過半數之同意行之（公一五六Ⅲ）。

㈢股票發行之款式

股票應編號，載明下列事項，由董事三人以上簽名或蓋章，並經主管機關或其核定之發行登記機構簽證後發行之：⑴公司名稱。⑵設立登記或發行新股變更登記之年、月、日。⑶發行股份總數及每股金額。⑷本次發行股數。⑸發起人股票應標明發起人股票之字樣。⑹特別股應標明其特別種類之字樣。⑺股票發行之年、月、日。記名股票應用股東姓名，其為同一人所有者，應記載同一姓名。股票為政府或法人所有者，應記載政府或

法人之名稱，不得另立戶名或僅載代表人姓名。前述股票之簽證規則，由中央主管機關定之。但公開發行股票之公司，證券管理機關另有規定者，不適用之（公一六二）。惟為發揮有價證券集中保管功能，簡化股票發行成本及交付作業，故採用「無實體交易」及「無實體發行」之制度，規定公開發行股票之公司發行新股時，其股票得就該次發行總數合併印製。依前項規定發行之股票，應洽證券集中保管事業機構保管。依上述規定發行新股時，不適用前條第一項股票應編號及第一百六十四條背書轉讓之規定（公一六二之一）。公開發行股票之公司，其發行之股份得免印製股票。依前項規定發行之股份，應洽證券集中保管事業機構登錄（公一六二之二）。

第三項　股票之轉讓

股票為有價證券，具有流通證券之性質，以得自由轉讓為原則，限制轉讓為例外。股票之轉讓，即為股份之轉讓，公司股份之轉讓，不得以章程禁止或限制之。但非於公司設立登記後，不得轉讓。發起人之股份，非於公司設立登記一年後，不得轉讓。但公司因合併或分割後，新設公司發起人之股份得轉讓（公一六三）。

股票之轉讓方法，因股票之為記名式或無記名式，而有不同。即記名股票，由股票持有人以背書轉讓之，並應將受讓人之姓名或名稱記載於股票。無記名股票，得以交付轉讓之（公一六四）。惟股份之轉讓，非將受讓人之姓名或名稱及住所或居所，記載於公司股東名簿，不得以其轉讓對抗公司。此項股東名簿記載之變更，於股東常會開會前三十日內，股東臨時會開會前十五日內，或公司決定分派股息及紅利或其他利益之基準日前五日內，不得為之。公開發行股票之公司辦理第一項股東名簿記載之變更，於股東常會開會前六十日內，股東臨時會開會前三十日內，不得為之。前二項期間，自開會日或基準日起算（公一六五）。

第六節　股份有限公司之股東

第一項　股東名簿

股東名簿乃以股東為中心，記載股東及股份有關事項，而設置之簿冊也。股東名簿應編號，記載下列事項：

㈠各股東之姓名或名稱、住所或居所。

㈡各股東之股數；發行股票者，其股票號數。

㈢發給股票之年、月、日。

㈣發行無記名股票者，應記載其股數、號數及發行之年、月、日。

㈤發行特別股者，並應註明特別種類字樣。

採電腦作業或機器處理者，前項資料得以附表補充之。

代表公司之董事，應將股東名簿備置於本公司或其指定之股務代理機構；違反者處新臺幣一萬元以上五萬元以下罰鍰。連續拒不備置者，並按次連續處新臺幣二萬元以上十萬元以下罰鍰（公一六九）。

第二項　股東之權利義務

一、股東之權利

股東之權利甚多，大別之可分為下列三類：

㈠**自益權與共益權**

權利行使之目的，係專為該股東自己之利益者為自益權，例如股息紅利分派請求權是。權利行使之目的，兼為股東自己及公司之利益者為共益權，例如表決權是。

㈡**單獨股東權與少數股東權**

前者乃股東一人單獨即可行使之權利，例如股息紅利分派請求權是。後者乃須達一定股份數額以上之股東，始得行使之權利，例如繼續一年以上，持有已發行股份總數百分之三以上股份之股東，得請求召集股東臨時會是（公一七三）。少數股東權乃於共益權中（自益權均得單獨行使），為防大股東專橫，濫用多數決原則，用以保護少數股東之權益而設，惟亦恐小股東濫用，故規定須達一定股份數額以上之股東始得行使。

(三)普通股東權與特別股東權

前者乃一般股東所得享有之權利。後者乃特定股東始得享有之權利，例如特別股股東股息紅利之優先分派權是。

二、股東之義務

認股人有照所填認股書，繳納股款之義務（公一三九）。股份共有人，對於公司負連帶繳納股款之義務（公一六〇II）。故股東對於公司之責任，以繳清其股份之金額為限（公一五四）。

第七節　股份有限公司之機關

第一項　股東會

一、股東會之意義

股東會乃由全體股東所組織，而為股份有限公司之最高意思機關。惟由政府或法人股東一人所組織之股份有限公司，因無法成立股東會，故該公司之股東會職權由董事會行使，不適用本法有關股東會之規定，至於其董事、監察人則由政府或法人股東指派（公一二八之一）。

二、股東會之種類

股東會分下列二種（公一七○ I）：

㈠股東常會

股東常會，每年至少召集一次。此項股東常會，除有正當理由，經報請主管機關核准者外，應於每會計年度終結後六個月內召集之。代表公司之董事違反上項召開期限之規定時，處新臺幣一萬元以上五萬元以下罰鍰（公一七○ II）。

㈡股東臨時會

股東臨時會，於必要時召集之。

此外，尚有僅由特別股股東所組織，而普通股股東不參與之特別股股東會。特別股股東會，每於公司變更章程，如有損害特別股股東之權利時，召集之。特別股股東會準用關於股東會之規定（公一五九）。

三、股東會之召集

㈠召集人

1.董事會

股東會除本法另有規定外，由董事會召集之（公一七一）。故股東會原則上由董事會召集。

2.監察人

監察人除董事會不為召集或不能召集股東會外，得為公司利益，於必要時，召集股東會（公二二○）。又法院對於檢查人之報告，認為必要時，得命監察人召集股東會（公二四五 II）。

3.少數股東

董事因股份轉讓或其他理由，致董事會不為召集或不能召集股東會時，得由持有已發行股份總數百分之三以上股份之股東，報經主管機關許可，自行召集（公一七三 IV）。又繼續一年以上，持有已發行股份總數百分之三以上股份之股東，得以書面記明提議事項及理由，請求董事會召集股東臨

時會。此項請求提出後十五日內，董事會不為召集之通知時，股東得報經主管機關許可自行召集。依上述規定召集之股東臨時會，為調查公司業務及財產狀況，得選任檢查人（公一七三Ⅰ～Ⅲ）。

4.重整人

公司重整人，應於重整計畫所定期限內，完成重整工作；重整完成時，應聲請法院為重整完成之裁定，並於裁定確定後，召集重整後之股東會選任董事、監察人（公三一○Ⅰ）。

5.清算人

清算人於執行清算事務之範圍內，除另有規定外，其權利義務與董事同（公三二四），故清算人亦得召集股東會。

(二)召集程序

1.股東常會之召集，應於二十日前通知各股東，對於持有無記名股票者，應於三十日前公告之（公一七二Ⅰ）。

2.股東臨時會之召集，應於十日前通知各股東，對於持有無記名股票者，應於十五日前公告之（公一七二Ⅱ）。

3.公開發行股票之公司股東常會之召集，應於三十日前通知各股東，對於持有無記名股票者，應於四十五日前公告之；公開發行股票之公司股東臨時會之召集，應於十五日前通知各股東，對於持有無記名股票者，應於三十日前公告之（公一七二Ⅲ）。

通知及公告，應載明召集事由；其通知經相對人同意者，得以電子方式為之（公一七二Ⅳ）。關於選任或解任董事、監察人、變更章程、公司解散、合併、分割或第一百八十五條第一項各款之事項，應在事由中列舉，不得以臨時動議提出（公一七二Ⅴ）。

公開發行股票之公司召開股東會，應編製股東會議事手冊，並應於股東會開會前，將議事手冊及其他會議相關資料公告（公一七七之三Ⅰ）。前項公告之時間、方式、議事手冊應記載之主要事項及其他應遵行事項之辦法，由證券管理機關定之（公一七七之三Ⅱ）。

代表公司之董事，違反前開法定通知期限之規定時，處新臺幣一萬元

以上五萬元以下罰鍰（公一七二Ⅵ）。

又股東會決議在五日內延期或續行集會，不適用本法第一百七十二條之規定（公一八二）。

對於許多不得以臨時動議提出之議案，而董事會又未列入開會通知，股東將難有置喙之機會，股東提案權是有其必要。惟為免造成股東臨時會召開過於費時，本法僅就股東常會賦予股東提案權，其規定如下：

1.持有已發行股份總數百分之一以上股份之股東，得以書面向公司提出股東常會議案。但以一項為限，提案超過一項者，均不列入議案（公一七二之一Ⅰ），以免提案過於浮濫。

2.公司應於股東常會召開前之停止股票過戶日前，公告受理股東之提案、受理處所及受理期間；其受理期間不得少於十日（公一七二之一Ⅱ）。

3.股東所提議案以三百字為限，超過三百字者，該提案不予列入議案；提案股東應親自或委託他人出席股東常會，並參與該項議案討論（公一七二之一Ⅲ），使提案股東有充分說明之機會。

4.有下列情事之一，股東所提議案，董事會得不列為議案（公一七二之一Ⅳ）：

(1)該議案非股東會所得決議者。

(2)提案股東於公司依第一百六十五條第二項或第三項停止股票過戶時，持股未達百分之一者。

(3)該議案於公告受理期間外提出者。

5.公司應於股東會召集通知日前，將處理結果通知提案股東，並將合於本條規定之議案列於開會通知。對於未列入議案之股東提案，董事會應於股東會說明未列入之理由（公一七二之一Ⅴ）。

6.公司負責人違反第二項或前項規定者，處新臺幣一萬元以上五萬元以下罰鍰（公一七二之一Ⅵ）。

四、股東會之出席及主席

股東會係由全體股東所組織，故凡是股東均得出席股東會。惟無記名

股票之股東，非於股東會開會五日前，將其股票交存公司，不得出席（公一七六）。

股東得於每次股東會，出具公司印發之委託書，載明授權範圍，委託代理人，出席股東會（公一七七 I）。一股東以出具一委託書，並以委託一人為限，應於股東會開會五日前送達公司。委託書有重複時，以最先送達者為準。但聲明撤銷前委託者，不在此限（公一七七III）。惟為避免造成股務作業之困擾與爭議，並使得委託書徵求人徵得股數具有不確定性，於委託書送達公司後，股東欲親自出席股東會或欲以書面或電子方式行使表決權者，應於股東會開會二日前，以書面向公司為撤銷委託之通知；逾期撤銷者，以委託代理人出席行使之表決權為準（公一七七IV）。

為鼓勵股東參與股東會之議決，公司召開股東會時，得採行以書面或電子方式行使其表決權；其以書面或電子方式行使表決權時，其行使方法應載明於股東會召集通知。但證券主管機關應視公司規模、股東人數與結構及其他必要情況，命其將電子方式列為表決權行使管道之一（公一七七之一 I）。前項以書面或電子方式行使表決權之股東，視為親自出席股東會。但就該次股東會之臨時動議及原議案之修正，視為棄權（公一七七之一 II）。股東以書面或電子方式行使表決權者，其意思表示應於股東會開會二日前送達公司，意思表示有重複時，以最先送達者為準。但聲明撤銷前意思表示者，不在此限（公一七七之二 I）。股東以書面或電子方式行使表決權後，欲親自出席股東會者，應於股東會開會二日前，以與行使表決權相同之方式撤銷前項行使表決權之意思表示；逾期撤銷者，以書面或電子方式行使之表決權為準（公一七七之二 II）。股東以書面或電子方式行使表決權，並以委託書委託代理人出席股東會者，以委託代理人出席行使之表決權為準（公一七七之二III）。

股東會由董事會召集者，其主席依第二百零八條第三項規定辦理（即以董事長為主席）；由董事會以外之其他召集權人召集者，主席由該召集權人擔任之，召集權人有二人以上時，應互推一人擔任之（公一八二之一 I）。

又公司應訂定議事規則。股東會開會時，主席違反議事規則，宣告散

會者，得以出席股東表決權過半數之同意推選一人擔任主席，繼續開會（公一八二之一 II）。以免主席恣意散會而損及大多數股東之權益。

五、股東會之表決權

㈠公司各股東，除有本法第一百五十七條第三款情形（特別股）外，每股有一表決權（公一七九 I）。又鑑於從屬公司就其對控制公司之持股，在控制公司之股東會中行使表決權時，實際上與控制公司本身就自己之股份行使表決權無異，故於有下列情形之一者，其股份無表決權（公一七九 II）：1.公司依法持有自己之股份。2.被持有已發行有表決權之股份總數或資本總額超過半數之從屬公司，所持有控制公司之股份。3.控制公司及其從屬公司直接或間接持有他公司已發行有表決權之股份總數或資本總額合計超過半數之他公司，所持有控制公司及其從屬公司之股份。

㈡除信託事業或經證券主管機關核准之股務代理機構外，一人同時受二人以上股東委託時，其代理之表決權不得超過已發行股份總數表決權之百分之三，超過時其超過之表決權，不予計算（公一七七 II）。以免發生收購委託書，操縱股東會之情事。

㈢股東對於會議之事項，有自身利害關係致有害於公司利益之虞時，不得加入表決，並不得代理他股東行使其表決權（公一七八）。

㈣政府或法人為股東時，其代表人不限於一人。但其表決權之行使，仍以其所持有之股份綜合計算。如代表人有二人以上時，其代表人行使表決權，應共同為之。公開發行公司之股東係為他人持有股份時，股東得主張分別行使表決權。前項分別行使表決權之資格條件、適用範圍、行使方式、作業程序及其他應遵行事項之辦法，由證券主管機關定之（公一八一）。

六、股東會決議之方法

股東會之決議，對無表決權股東之股份數，不算入已發行股份之總數。又股東會之決議，對依本法第一百七十八條規定，不得行使表決權之股份數，不算入已出席股東之表決權數（公一八〇）。蓋為期決議方法計算之正

確也。茲就股東會決議之方法，分述如下：

(一)普通決議

　　股東會之決議，除本法另有規定外，應有代表已發行股份總數過半數股東之出席，以出席股東表決權過半數之同意行之（公一七四）。

(二)假決議

　　於行普通決議時，因出席股東不足法定數額，而有代表已發行股份總數三分之一以上股東出席時，得以出席股東表決權過半數之同意，為假決議，並將假決議通知各股東，於一個月內再行召集股東會，其發有無記名股票者，並應將假決議公告之。再行召集之股東會，對於假決議，如仍有已發行股份總數三分之一以上股東出席，並經出席股東表決權過半數之同意，視同前述之普通決議（公一七五）。

(三)特別決議

　　特別決議，與普通決議相對，即指本法第一百七十四條所謂本法另有規定者而言。蓋本法對於公司重大事項之決議，諸如公司解散、合併或分割之決議（公三一六）、變更章程之決議（公二七七）、董事解任之決議（公一九九）、董事競業許可之決議（公二〇九）、以股份分派股利之決議（公二四〇）、公積撥充資本之決議（公二四一）、公司轉投資限額之決議（公十三）及全部營業或財產變更之決議（公一八五）等，因事關重大，故另行規定其特別之決議方法而不依普通決議之方法行之。關於特別決議之方法，容於各該相關章節分別述明，於此僅就全部營業或財產變更之特別決議有關規定，說明如下：

1.決議之方法

　　公司為下列行為，應有代表已發行股份總數三分之二以上股東出席之股東會，以出席股東表決權過半數之同意行之（公一八五 I）：(1)締結、變更或終止關於出租全部營業，委託經營或與他人經常共同經營之契約。(2)讓與全部或主要部分之營業或財產。(3)受讓他人全部營業或財產，對公司營運有重大影響者。公開發行股票之公司，出席股東之股份總數不足上述法定額數者，得以有代表已發行股份總數過半數股東之出席，出席股東表

決權三分之二以上之同意行之（公一八五 II）。前述出席股東股份總數及表決權數，章程有較高之規定者，從其規定（公一八五 III）。

又上列行為之要領，應記載於股東會之通知及公告（公一八五 IV）。且該項行為之議案，應由有三分之二以上董事出席之董事會，以出席董事過半數之決議提出之（公一八五 V）。

2.股份收買請求權之取得

股東於股東會為上述行為之決議前，已以書面通知公司反對該項行為之意思表示，並於股東會已為反對者，得請求公司以當時公平價格，收買其所有之股份。但股東會如係為讓與全部或主要部分之營業或財產之決議，同時決議解散時，不在此限（公一八六）。是亦少數股東權之一種，用以保護少數反對股東之利益。

3.股份收買請求權之行使

上述股份收買之請求，應自本法第一百八十五條決議日起二十日內，提出記載股份種類及數額之書面為之（公一八七 I）。股東與公司間協議決定股份價格者，公司應自決議日起九十日內支付價款，自本法第一百八十五條決議日起六十日內未達協議者，股東應於此期間經過後三十日內，聲請法院為價格之裁定（公一八七 II）。公司對法院裁定之價格，自本法第一百八十七條第二項之期間屆滿日（決議日起九十日）起，應支付法定利息。股份價款之支付，應與股票之交付同時為之，股份之移轉於價款支付時生效（公一八七 III）。

4.股份收買請求權之喪失

本法第一百八十六條股東之請求，於公司取銷本法第一百八十五條第一項所列之行為時，失其效力。又股東於前述法定期間內，不為請求時，亦同（公一八八）。

七、股東會盈餘分派之決議

股東會得查核董事會造具之表冊、監察人之報告，並決議盈餘分派或虧損撥補。執行此項查核時，股東會得選任檢查人。對於股東會或檢查人

之查核有妨礙、拒絕或規避之行為者，各處新臺幣二萬元以上十萬元以下罰鍰（公一八四）。

八、股東會之議事錄

股東會之議決事項，應作成議事錄，由主席簽名或蓋章，並於會後二十日內，將議事錄分發各股東（公一八三 I）。前項議事錄之製作及分發，得以電子方式為之（公一八三 II）。第一項議事錄之分發，公開發行股票之公司，得以公告方式為之（公一八三 III）。議事錄應記載會議之年、月、日、場所、主席姓名、決議方法、議事經過之要領及其結果，在公司存續期間，應永久保存（公一八三 IV）。出席股東之簽名簿及代理出席之委託書，其保存期限至少為一年。但經股東依第一百八十九條提起訴訟者，應保存至訴訟終結為止（公一八三 V）。代表公司之董事，違反本條第一項、第四項或前項規定者，處新臺幣一萬元以上五萬元以下罰鍰（公一八三 VI）。

九、股東會決議之瑕疵

股東會之決議，如程序上有瑕疵時，可構成撤銷之原因，如內容有瑕疵時，則決議應為無效。茲分述之：

㈠決議之撤銷

股東會之召集程序或其決議方法，違反法令或章程時，股東得自決議之日起三十日內，訴請法院撤銷其決議（公一八九）。法院對於前條撤銷決議之訴，認為其違反之事實非屬重大且於決議無影響者，得駁回其請求（公一八九之一）。以兼顧大多數股東之權益。決議事項已為登記者，經法院為撤銷決議之判決確定後，主管機關經法院之通知或利害關係人之申請時，應撤銷其登記（公一九〇）。

㈡決議之無效

股東會決議之內容，違反法令或章程者，無效（公一九一）。既曰無效，則不待撤銷，自始當然的不發生效力。

第二項　董事及董事會

　　董事者,依民法之規定,乃法人必要常設之代表及執行機關(民二七)。惟股份有限公司,由於股東人數眾多,董事為數亦不少,本法為強化事權,明確責任,特規定股份有限公司必須設置董事會,由三人以上之董事組織,以執行公司業務,並以董事長為公司對外之代表。公司與董事間之關係,除本法另有規定外依民法關於委任之規定(公一九二I、IV)。茲將董事及董事會有關之規定,分述如次:

一、董　事

㈠董事之資格

　　董事由股東會就有行為能力之人選任之。惟公開發行股票之公司依前項選任之董事,其全體董事合計持股比例,證券管理機關另有規定者,從其規定(公一九二I、II)。法定代理人允許限制行為能力人獨立營業者,限制行為能力人,關於其營業,雖有行為能力,惟仍不能選任其為董事(公一九二III)。又本法第三十條關於經理人消極資格之規定,對董事準用之(公一九二V)。

㈡董事之選任

　　董事除政府或法人股東一人所組織之股份有限公司,由政府或法人股東指派(公一二八之一II)外,應由股東會選任之,惟於公司設立之初,尚無所謂股東會,故公司如為發起設立者,應由發起人選任之(公一三一I),如為募股設立者,則應由創立會選任之(公一四六I)。至其選任之方法,本法採累積投票法,規定股東會選任董事時,除公司章程另有規定外,每一股份有與應選出董事人數相同之選舉權,得集中選舉一人,或分配選舉數人,由所得選票代表選舉權較多者,當選為董事(公一九八I)。使少數派股東亦有當選董事之機會。又本法第一百七十八條之規定,對於此項選舉權,不適用之(公一九八II),亦即股東不妨票選自己為董事。

又公開發行股票之公司，因股東人數眾多，為健全公司發展及保障股東權益，推動公司治理，宜建立董事候選人提名制度，茲就本法所設規定說明如後：

公開發行股票之公司董事選舉，採候選人提名制度者，應載明於章程，股東應就董事候選人名單中選任之（公一九二之一I）。

公司應於股東會召開前之停止股票過戶日前，公告受理董事候選人提名之期間、董事應選名額、其受理處所及其他必要事項，受理期間不得少於十日（公一九二之一II）。

持有已發行股份總數百分之一以上股份之股東，得以書面向公司提出董事候選人名單，提名人數不得超過董事應選名額；董事會提名董事候選人之人數，亦同（公一九二之一III）。

前項提名股東應檢附被提名人姓名、學歷、經歷、當選後願任董事之承諾書、無第三十條規定情事之聲明書及其他相關證明文件；被提名人為法人股東或其代表人者，並應檢附該法人股東登記基本資料及持有之股份數額證明文件（公一九二之一IV）。

董事會或其他召集權人召集股東會者，對董事被提名人應予審查，除有下列情事之一者外，應將其列入董事候選人名單（公一九二之一V）：

1.提名股東於公告受理期間外提出。

2.提名股東於公司依第一百六十五條第二項或第三項停止股票過戶時，持股未達百分之一。

3.提名人數超過董事應選名額。

4.未檢附第四項規定之相關證明文件。

前項審查董事被提名人之作業過程應作成紀錄，其保存期限至少為一年。但經股東對董事選舉提起訴訟者，應保存至訴訟終結為止（公一九二之一VI）。公司應於股東常會開會四十日前或股東臨時會開會二十五日前，將董事候選人名單及其學歷、經歷、持有股份數額與所代表之政府、法人名稱及其他相關資料公告，並將審查結果通知提名股東，對於提名人選未列入董事候選人名單者，並應敘明未列入之理由（公一九二之一VII）。

公司負責人違反第二項或前二項規定者，處新臺幣一萬元以上五萬元以下罰鍰（公一九二之一Ⅷ）。

㈢董事之解任

董事解任之原因如下：

1.當然解任

董事經選任後，應向主管機關申報其選任當時所持有之公司股份數額，在任期中公開發行股票之公司董事轉讓超過選任當時所持有公司股份數額二分之一時，其董事當然解任（公一九七Ⅰ），故董事在任期中其股份有增減時，應向主管機關申報並公告之（公一九七Ⅱ）。公開發行股票之公司董事當選後，於就任前轉讓超過選任當時所持有之公司股份數額二分之一時，或於股東會召開前之停止股票過戶期間內，轉讓持股超過二分之一時，其當選失其效力（公一九七Ⅲ）。

董事之股份設定或解除質權者，應即通知公司，公司應於質權設定或解除後十五日內，將其質權變動情形，向主管機關申報並公告之。但公開發行股票之公司，證券管理機關另有規定者，不在此限。公開發行股票之公司董事以股份設定質權超過選任當時所持有之公司股份數額二分之一時，其超過之股份不得行使表決權，不算入已出席股東之表決權數（公一九七之一）。

2.決議解任

董事得由股東會之決議，隨時解任；如於任期中無正當理由將其解任時，董事得向公司請求賠償因此所受之損害（公一九九Ⅰ）。股東會為前項解任之決議，應有代表已發行股份總數三分之二以上股東之出席，以出席股東表決權過半數之同意行之。公開發行股票之公司，出席股東之股份總數不足前項定額者，得以有代表已發行股份總數過半數股東之出席，出席股東表決權三分之二以上之同意行之。前二項出席股東股份總數及表決權數，章程有較高之規定者，從其規定（公一九九Ⅱ、Ⅲ、Ⅳ）。

又股東會於董事任期未屆滿前，經決議改選全體董事者，如未決議董事於任期屆滿始為解任，視為提前解任。前項改選，應有代表已發行股份

總數過半數股東之出席 (公一九九之一)。即以新任董事就任日視為提前解任，設本條規定，俾釐清董事與公司之權益關係。

3.裁判解任

董事執行業務，有重大損害公司之行為或違反法令或章程之重大事項，股東會未為決議將其解任時，得由持有已發行股份總數百分之三以上股份之股東，於股東會後三十日內，訴請法院裁判之 (公二〇〇)。

4.其他解任原因

除上述原因外，董事亦因自行辭職或有本法第三十條消極資格情事而解任。又董事與公司之關係為委任，故民法第五百五十條所規定委任終止事由 (當事人死亡、破產或喪失行為能力) 之發生，董事自亦解任。

㈣董事之任期

董事任期依章程規定，惟不得逾三年，但得連選連任。董事任期屆滿而不及改選時，延長其執行職務至改選董事就任時為止。但主管機關得依職權限期令公司改選；屆期仍不改選者，自限期屆滿時，當然解任 (公一九五)。以免公司因經營權之爭遲不改選，致影響公司正常經營，有損股東權益。

㈤董事之報酬

董事之報酬，章程中有規定者，自應依章程之所定，如未經章程訂明者，應由股東會議定，不得事後追認 (公一九六Ⅰ)。本法第二十九條第二項發給經理人報酬之規定，對董事準用之 (公一九六Ⅱ)。

㈥董事之人數

董事之人數，至少三人，最多法無限制，其人數應訂明於章程 (公一二九 5)。至董事缺額達三分之一時，董事會應於三十日內召開股東臨時會補選之。但公開發行股票之公司，董事會應於六十日內召開股東臨時會補選之 (公二〇一)。

㈦董事競業之限制

董事為自己或他人為屬於公司營業範圍內之行為，雖非絕對禁止，惟應對股東會說明其行為之重要內容，並取得其許可 (公二〇九Ⅰ) 以防止與公司爭利。股東為此項許可之決議，屬於特別決議，應有代表已發行股

份總數三分之二以上股東之出席,以出席股東表決權過半數之同意行之(公二○九II)。公開發行股票之公司,出席股東之股份總額不足上述法定額數者,得以有代表已發行股份總數過半數股東之出席,出席股東表決權三分之二以上之同意行之(公二○九III)。前述出席股東股份總數,章程有較高之規定者,從其規定(公二○九IV)。董事違反上述規定,為自己或他人為該行為時,股東會得以決議,將該行為之所得視為公司之所得,以保障公司之利益,是為公司之歸入權,但自所得產生後逾一年者,不在此限(公二○九V)。

㈧對於董事之訴訟

1.公司提起訴訟

股東會決議對於董事提起訴訟時,公司應自決議之日起三十日內提起之(公二一二)。公司與董事間訴訟,除法律另有規定外,由監察人代表公司,股東會亦得另選代表公司為訴訟之人(公二一三)。

2.股東提起訴訟

除股東會決議對董事起訴外,如繼續一年以上,持有已發行股份總數百分之三以上之股東,亦得以書面請求監察人為公司對董事提起訴訟(公二一四I)。監察人自有前項之請求日起,三十日內不提起訴訟時,前項股東,得為公司提起訴訟,以保護少數股東之權益。惟為防止少數股東濫訴,故股東提起訴訟時,法院因被告之聲請,得命起訴之股東,提供相當擔保,如因敗訴,致公司受有損害時,起訴之股東,對於公司負賠償之責(公二一四II)。且股東提起訴訟所依據之事實,顯屬虛構,經終局判決確定時,提起此項訴訟之股東,對於被訴之董事,因此訴訟所受之損害,負賠償責任。如提起此項訴訟所依據之事實,顯屬實在,經終局判決確定時,被訴之董事,對於起訴之股東,因此訴訟所受之損害,負賠償責任(公二一五)。

二、董事會

㈠董事會及常務董事會之組織

依現行公司法之規定,董事會乃由董事所組織,而為股份有限公司必

設之執行業務及決議股東會權限以外事項之機關，董事會係由三人以上之董事所組織。因董事會並非經常集會，故又有常務董事會之設。常務董事會係由常務董事所組織。

董事會未設常務董事者，應由三分之二以上董事之出席，及出席董事過半數之同意，互選一人為董事長，並得依章程規定，以同一方式互選一人為副董事長（公二○八 I）。董事會設有常務董事者，其常務董事依前項選舉方式互選之，名額至少三人，最多不得超過董事人數三分之一。董事長或副董事長由常務董事依前項選舉方式互選之（公二○八 II）。

董事長對內為股東會、董事會及常務董事會主席，對外代表公司。董事長請假或因故不能行使職權時，由副董事長代理之；無副董事長或副董事長亦請假或因故不能行使職權時，由董事長指定常務董事一人代理之；其未設常務董事者，指定董事一人代理之；董事長未指定代理人者，由常務董事或董事互推一人代理之（公二○八 III）。

又為免公司業務停頓，影響股東權益及國內經濟秩序，本法規定董事會不為或不能行使職權，致公司受有損害之虞時，法院因利害關係人或檢察官之聲請，得選任一人以上之臨時管理人，代行董事長及董事會之職權。但不得為不利於公司之行為。前項臨時管理人，法院應囑託主管機關為之登記。臨時管理人解任時，法院應囑託主管機關註銷登記（公二○八之一）。

㈡董事會及常務董事會之召集

董事會由董事長召集之。但每屆第一次董事會，由所得選票代表選舉權最多之董事召集之（公二○三 I）。每屆第一次董事會，應於改選後十五日內召開之。但董事於上屆董事任滿前改選，並決議自任期屆滿時解任者，應於上屆董事任滿後十五日內召開之（公二○三 II）。董事係於上屆董事任期屆滿前改選，並經決議自任期屆滿時解任者，其董事長、副董事長、常務董事之改選得於任期屆滿前為之，不受前項之限制（公二○三 III）。俾利新舊任交接得以銜接視事。第一次董事會之召集，出席之董事未達選舉常務董事或董事長之最低出席人數時，原召集人應於十五日內繼續召集，並得適用本法第二百零六條之決議方法選舉之（公二○三 IV），即以過半數董

事之出席,出席董事過半數之同意選舉之。得選票代表選舉權最多之董事,未在上述規定限期內召集董事會時,得由五分之一以上當選之董事報經地方主管機關許可,自行召集之(公二〇三Ⅴ)。董事會之召集,應載明事由,於七日前通知各董事及監察人。但有緊急情事時,得隨時召集之。前項召集之通知,經相對人同意者,得以電子方式為之(公二〇四)。

常務董事,於董事會休會時,依法令、章程、股東會決議及董事會決議,以集會方式,經常執行董事會職權,由董事長隨時召集之(公二〇八Ⅳ前段)。所謂以集會方式,即指常務董事會而言。

㈢董事會及常務董事會決議之方法

董事會開會時,董事應親自出席。但公司章程訂定得由其他董事代理者,不在此限。由於電傳科技之發達,董事會開會時,如以視訊會議為之,其董事以視訊參與會議者,視為親自出席。董事委託其他董事代理出席董事會時,應於每次出具委託書,並列舉召集事由之授權範圍。且此項代理人以受一人之委託為限。又董事居住國外者,得以書面委託居住國內之其他股東,經常代理出席董事會,惟此項代理,應向主管機關申請登記,變更時亦同(公二〇五)。

董事會之決議,除本法另有規定外,應有過半數董事之出席,出席董事過半數之同意行之(公二〇六Ⅰ),是為普通決議之方法。本法第一百七十八條、第一百八十條第二項之規定,於此項之決議準用之(公二〇六Ⅲ)。亦即董事對於會議之事項,有自身利害關係,致有害於公司利益之虞時,不得加入表決,並不得代理他董事行使其表決權(準用公一七八)。董事會之決議,對於上述不得行使表決權之董事,不算入已出席董事之人數(準用公一八〇Ⅱ)。至所謂本法另有規定者,即指特別決議而言,諸如全部營業或財產變更之提案(公一八五),董事長、副董事長、常務董事之選任(公二〇八),公司債之募集(公二四六),新股之發行(公二六六)及公司重整之聲請(公二八二)等,均應由三分之二以上董事之出席及出席董事過半數之同意行之。

常務董事會之決議,則以半數以上常務董事之出席,及出席過半數之

決議行之（公二〇八Ⅳ後段）。

㈣董事會及常務董事會之職權及義務

1.董事會之職權

⑴執行業務

公司業務之執行，除本法或章程規定應由股東會決議之事項外，均應由董事會決議行之（公二〇二）。

董事會執行業務，應依照法令章程及股東會之決議。董事會之決議，違反此項規定，致公司受損害時，參與決議之董事，對於公司負賠償之責。但經表示異議之董事，有紀錄或書面聲明可證者，免其責任（公一九三）。又董事會決議，為違反法令或章程之行為時，繼續一年以上持有股份之股東，得請求董事會停止其行為（公一九四）。

⑵代表公司

股份有限公司以董事長對外代表公司（公二〇八Ⅲ）。代表公司之董事長，關於公司營業上一切事務，有辦理之權。又公司對於董事長代表權所加之限制，不得對抗善意第三人（公二〇八Ⅴ，準用公五七、五八）。董事長請假或因故不能行使職權時，依本法第二百零八條規定或由副董事長或常務董事或董事一人代理時，其代表權自亦從同。

2.董事會之義務

⑴製作並保存董事會之議事錄

董事會之議事，應作成議事錄（公二〇七Ⅰ）。此項議事錄準用本法第一百八十三條關於股東會議事錄之規定（公二〇七Ⅱ）。

⑵備置章程及簿冊

除證券管理機關另有規定外，董事會應將章程及歷屆股東會議事錄、財務報表備置於本公司，並將股東名簿及公司債存根簿備置於本公司或股務代理機構。此項章程及簿冊、股東及公司之債權人得檢具利害關係證明文件，指定範圍，隨時請求查閱或抄錄。代表公司之董事，違反上述規定，不備置章程、簿冊，或無正當理由而拒絕查閱或抄錄者，處新臺幣一萬元以上五萬元以下罰鍰（公二一〇）。

(3)虧損報告及破產聲請

公司虧損達實收資本額二分之一時，董事會應即召集股東會報告（公二一一I）。公司資產顯有不足抵償其所負債務時，除得依本法第二百八十二條規定辦理公司重整者外，董事會應即聲請宣告破產（公二一一II）。代表公司之董事，違反上述規定時，處新臺幣二萬元以上十萬元以下罰鍰（公二一一III）。

3.常務董事會之職權及義務

常務董事於董事會休會時，依法令、章程、股東會決議及董事會決議，以集會方式，經常執行董事會職權，由董事長隨時召集，以半數以上常務董事之出席，及出席過半數之決議行之（公二〇八IV）。

第三項　監察人

監察人者，乃股份有限公司必要常設之監察機關也。其與公司間之關係，從民法關於委任之規定（公二一六III）。因其職司監察，故監察人不得兼任公司董事、經理人或其他職員（公二二二）。茲將本法有關監察人之規定，述之如下：

(一)監察人之資格

公司監察人，由股東會就有行為能力之人選任之，監察人中至少須有一人在國內有住所。公開發行股票之公司依前項選任之監察人須有二人以上，其全體監察人合計持股比例，證券管理機關另有規定者，從其規定。限制行為能力人，雖得其法定代理人允許獨立營業，亦不得充任監察人。本法第三十條關於經理人消極資格之規定，對監察人亦準用之（公二一六，準用公三〇及一九二I、III）。

(二)監察人之選任解任及報酬

本法第一百九十六條至第二百條及第二百零八條之一關於董事選任、解任及報酬之規定，於監察人準用之（公二二七本文前段），其詳已如前述，於茲不贅。惟監察人如全體均解任時，董事會應於三十日內召開股東臨時

會選任之。但公開發行股票之公司，董事會應於六十日內召開股東臨時會選任之（公二一七之一）。至於公開發行股票之公司監察人選舉，依章程規定採候選人提名制度者，準用本法第一百九十二條之一董事候選人提名制度之規定（公二一六之一）。

又政府或法人股東一人所組織之股份有限公司，其監察人由政府或法人股東指派（公一二八之一 II）。

㈢**監察人之任期**

監察人之任期，應載明於章程（公一二九 5），最長不得逾三年，但連選得連任（公二一七 I）。監察人任期屆滿不及改選時，延長其執行職務至改選監察人就任時為止。但主管機關得依職權，限期令公司改選；屆期仍不改選者，自限期屆滿時，當然解任（公二一七 II）。

㈣**監察人之人數**

監察人之人數，本法無明文規定，應自行訂定，載明於公司章程（公一二九 5）。監察人定為一人或數人，均無不可，監察人如有數人，各得單獨行使監察權（公二二一）。惟公開發行股票之公司，其監察人則須有二人以上（公二一六 II）。此因公開發行股票之公司，其資本額大，股東多，監察人之監督功能需要二人以上較能兼顧並發揮。

㈤**監察人之監察權**

1.監察人應監督公司業務之執行，並得隨時調查公司業務及財務狀況，查核簿冊文件，並得請求董事會或經理人提出報告。監察人辦理此項業務，得代表公司委託律師、會計師審核之。違反上述規定，妨礙、拒絕或規避監察人檢查行為者，各處新臺幣二萬元以上十萬元以下罰鍰（公二一八）。

2.監察人對於董事會編造提出於股東會之各種表冊，應予查核並報告意見於股東會。監察人違反此項規定，而為虛偽之報告者，各科新臺幣六萬元以下罰金。監察人辦理上述事務，得委託會計師審核之（公二一九）。

3.董事發現公司有受重大損害之虞時，應立即向監察人報告（公二一八之一）。

4.監察人得列席董事會陳述意見（公二一八之二 I）。使能較早發覺董

事等之瀆職行為。

5.董事會或董事執行業務有違反法令、章程或股東會決議之行為者，監察人應即通知董事會或董事停止其行為（公二一八之二II）。

6.監察人除董事會不為召集或不能召集股東會外，得為公司利益，於必要時，召集股東會（公二二〇）。

7.董事為自己或他人與公司為買賣、借貸或其他法律行為時，由監察人為公司之代表（公二二三）。

㈥監察人之責任

監察人執行職務違反法令、章程或怠忽職務，致公司受有損害者，對公司負賠償責任（公二二四）。監察人對公司或第三人負損害賠償責任，而董事亦負其責任時，該監察人及董事為連帶債務人（公二二六）。

㈦對於監察人之訴訟

1.公司提起訴訟

股東會決議，對於監察人提起訴訟時，公司應自決議之日起，三十日內提起之。此項起訴之代表，股東會得於董事外另行選任（公二二五）。

2.股東提起訴訟

繼續一年以上，持有已發行股份總數百分之三以上股東，得以書面請求董事會為公司對監察人提出訴訟。董事會自有前項之請求日起，三十日內不提起訴訟時，前項之股東，得為公司提起訴訟。股東提起訴訟時，法院因被告之聲請，得命起訴之股東，提供相當擔保。如因敗訴，致公司受有損害時，起訴之股東，對於公司負賠償之責。且股東提起訴訟所依據之事實，顯屬虛構，經終局判決確定時，提起此項訴訟之股東，對於被訴之監察人，因此訴訟所受之損害，負賠償責任。反之，提起訴訟所依據之事實，顯屬實在，經終局判決確定時，被訴之監察人，對於起訴之股東，因此訴訟所受之損害，負賠償責任（公二二七，準用公二一四及二一五），凡此均與前述股東對於董事提起訴訟者相同。

第八節　股份有限公司之會計

第一項　會計之查核

一、決算表冊之編造與查閱

每會計年度終了，董事會應編造下列表冊，於股東常會開會三十日前交監察人查核：(1)營業報告書。(2)財務報表。(3)盈餘分派或虧損撥補之議案（公二二八Ⅰ）。前項表冊，應依中央主管機關規定之規章編造（公二二八Ⅱ）。

上述表冊，監察人得請求董事會提前交付查核（公二二八Ⅲ）。董事會所造具之各項表冊與監察人之報告書，應於股東常會開會十日前，備置於本公司，股東得隨時查閱，並得偕同其所委託之律師或會計師查閱（公二二九）。

二、決算表冊之承認與公示

董事會應將其所造具之各項表冊，提出於股東常會請求承認，經股東常會承認後，董事會應將財務報表及盈餘分派或虧損撥補之決議，分發各股東。前項財務報表及盈餘分派或虧損撥補決議之分發，公開發行股票之公司，得以公告方式為之。第一項表冊及決議，公司債權人得要求給予或抄錄。代表公司之董事，違反第一項規定不為分發者，處新臺幣一萬元以上五萬元以下罰鍰（公二三〇）。

各項表冊經股東會決議承認後,視為公司已解除董事及監察人之責任。但董事或監察人有不法行為者，不在此限（公二三一）。

又公司為彌補虧損，於會計年度終了前，有減少資本及增加資本之必要者，董事會應將財務報表及虧損撥補之議案，於股東會開會三十日前交

監察人查核後，提請股東會決議（公一六八之一I）。使股份有限公司得於年度期中為彌補虧損，同時辦理增資及減資，以改善財務結構，便利企業運作。其依前項規定提請股東會決議者，包括股東臨時會，故本法第二百二十九條至第二百三十一條之規定，於依前項規定提請股東臨時會決議時，準用之（公一六八之一II）。

三、業務之檢查

繼續一年以上，持有已發行股份總數百分之三以上之股東，得聲請法院選派檢查人，檢查公司業務帳目及財產情形（公二四五I）。使股東於股東會外，對於公司營業，仍得加以相當監督，並可防範監察人之溺職。法院對於檢查人之報告認為必要時，得命監察人召集股東會（公二四五II）。對於檢查人之檢查有妨礙、拒絕或規避行為者，或監察人不遵法院命令召集股東會者，處新臺幣二萬元以上十萬元以下罰鍰（公二四五III）。

第二項　股息及紅利之分派

一、股息及紅利之意義

股息及紅利合稱為股利，乃股東依其股份由公司分得之利潤。其依固定之比率所分派者為股息，其於股息外增加分派者為紅利。

二、股息紅利分派之限制

公司非彌補虧損及依本法規定提出法定盈餘公積後，不得分派股息及紅利（公二三二I）。公司無盈餘時，不得分派股息及紅利（公二三二II）。

公司負責人違反上述規定分派股息及紅利時，各處一年以下有期徒刑、拘役或科或併科新臺幣六萬元以下罰金（公二三二III）。公司違反前述規定分派股息及紅利時，公司之債權人，得請求退還，並得請求賠償因此所受之損害（公二三三）。

三、股息紅利分派之比例

股息及紅利之分派，除章程另有規定外，以各股東持有股份之比例為準（公二三五 I）。章程應訂明員工分配紅利之成數，以資鼓勵員工，此乃勞資協調之具體措施。但經目的事業中央主管機關專案核定者，不在此限（公二三五 II）。惟公營事業除經該公營事業之主管機關專案核定，並於章程訂明員工分配紅利之成數外，不適用前項前段規定（公二三五 III）。又因經營管理之需要，企業常設立研發、生產或行銷等各種功能之從屬公司，為使此類從屬公司員工得與控制公司員工同享股票分紅權益，章程得訂明員工分配股票紅利之對象，包括符合一定條件之從屬公司員工（公二三五 IV）。

四、建設股息

公司無盈餘時，原則上不得分派股息，故股份有限公司之股東，於公司未營業前，本不得分派股息。惟大企業有須經相當時日籌備，始能開始營業者，為便於吸引大眾游資起見，特設變例規定，公司依其業務之性質，自設立登記後，如需二年以上之準備，始能開始營業者，經主管機關之許可，得依章程之規定於開始營業前分派股息（公二三四 I）。前項分派股息之金額，應以預付股息列入資產負債表之股東權益項下，公司開始營業後，每屆分派股息及紅利超過實收資本額百分之六時，應以其超過之金額扣抵沖銷之（公二三四 II）。

五、股息紅利分派之方法

㈠現金分派

股息及紅利之分派，以現金為之為原則。

㈡股份分派

公司得由有代表已發行股份總數三分之二以上股東出席之股東會，以出席股東表決權過半數之決議，將應分派股息及紅利之全部或一部，以發行新股方式為之。不滿一股之金額，以現金分派之（公二四〇 I）。公開發

行股票之公司，出席股東之股份總數不足前項定額者，得以有代表已發行股份總數過半數股東之出席，出席股東表決權三分之二以上之同意行之(公二四〇II)。上述出席股東股份總數及表決權數，章程有較高規定者，從其規定(公二四〇III)。如決議以紅利轉作資本時，依章程員工應分派之紅利，得發給新股或以現金支付之（公二四〇IV）。

公開發行股票之公司，其股息及紅利之分派，章程訂明定額或比率並授權董事會決議辦理者，得以董事會三分之二以上董事之出席，及出席董事過半數之決議，依前述規定，將應分派股息及紅利之全部或一部，以發行新股之方式為之，並報告股東會（公二四〇VI）。

以應分派之股息及紅利發行新股時，除公開發行股票之公司，應依證券管理機關之規定辦理者外，於決議之股東會終結時，即生效力。董事會應即分別通知各股東或記載於股東名簿之質權人；其發行無記名股票者，並應公告之（公二四〇V）。

第三項　公積之提存

一、公積之概念

股份有限公司之財產，乃為公司債權人唯一之擔保，法律為保護債權人，特設公積制度，以求公司資本之充實。公積之種類，可分為：

㈠法定盈餘公積

法定盈餘公積，又稱強制公積，乃法律強制提存之公積也。亦即公司於完納一切稅捐後，分派盈餘時，應先提存百分之十為法定盈餘公積。但法定盈餘公積，已達資本總額時，不在此限（公二三七I）。公司負責人違反上述規定，不提法定盈餘公積時，各科新臺幣六萬元以下罰金（公二三七III）。

㈡特別盈餘公積

特別盈餘公積，又稱任意公積，乃除法定盈餘公積外，公司得以章程

訂定或股東會議決，特別提出之盈餘公積也（公二三七II）。

㈢**資本公積**

　　資本公積，乃盈餘外之財源所提出，其積存之金額，並無最高之限制。何種金額應累積為資本公積，係屬商業會計處理問題，應依商業會計法及相關法令規定，本法不予規定。

二、公積撥充資本

　　公司無虧損者，得依本法第二百四十條規定股東會決議（特別決議）之方法，將法定盈餘公積及下列資本公積之全部或一部撥充資本，按股東原有股份之比例發給新股或現金（公二四一I）：⑴超過票面金額發行股票所得之溢額。⑵受領贈與之所得。惟以法定盈餘公積發給新股或現金者，以該項公積超過實收資本額百分之二十五之部分為限（公二四一III），以免有失提存法定盈餘公積之本旨。

　　又前述本法第二百四十條第五項、第六項（股份分派通知及董事會決議辦理）之規定，於本項公積撥充資本準用之（公二四一II），其詳請參照前述說明，於茲不贅。

三、公積使用之限制

　　法定盈餘公積及資本公積，除填補公司虧損外，不得使用之。但本法第二百四十一條規定之情形（公積撥充資本）或法律另有規定（如公二三二II但書）者，不在此限（公二三九I）。如動用公積時，應先盈餘公積而後資本公積，公司非於盈餘公積填補資本虧損，仍有不足時，不得以資本公積補充之（公二三九II）。

第九節　股份有限公司之公司債

第一項　公司債之概念

公司債者,乃股份有限公司,以發行債券之方式,向社會大眾募集資金而負擔之債務也。股份有限公司籌措資金,固得以發行新股之方式為之,惟以發行新股,程序繁複,緩不濟急,且因資本增加,公司組織擴大,如將來因情勢變遷,無需該項資金時,又不得任意減資,缺乏彈性。如以借貸之方式為之,則因借貸期限不長,利息較高且金額不大。故法律乃有公司債制度之設,以利公司籌措資金。

第二項　公司債之種類

㈠記名公司債與無記名公司債

公司債之債券,記載債權人之姓名者,為記名公司債。反之,如未記載債權人之姓名者,為無記名公司債。

㈡有擔保公司債與無擔保公司債

公司債之發行,係以公司全部或部分資產為償還本息之擔保者,為有擔保公司債。如僅以公司信用保證,無特定之擔保品者,為無擔保公司債。

㈢轉換公司債與非轉換公司債

公司債得轉換為股份者,為轉換公司債。反之,如不能轉換為股份者,為非轉換公司債。

第三項　公司債之發行

公司債之發行,攸關應募人及股東之利害,法律為保護其利益起見,

乃就公司債之發行設有限制及禁止之規定如下：

一、發行之限制

㈠有擔保公司債

公司債之總額，不得逾公司現有全部資產減去全部負債及無形資產後之餘額（公二四七 I）。

㈡無擔保公司債

無擔保公司債之總額，不得逾前述餘額二分之一（公二四七 II）。蓋無擔保公司債，於債權人之保障較差，故法律更縮小其限額，以加強保護。

二、發行之禁止

㈠有擔保公司債

公司有下列情形之一者，不得發行公司債（公二五〇）：

1.對於前已發行之公司債或其他債務有違約或遲延支付本息之事實，尚在繼續中者。

2.最近三年或開業不及三年之開業年度課稅後之平均淨利，未達原定發行之公司債應負擔年息總額之百分之一百者。但經銀行保證發行之公司債，不受限制。

㈡無擔保公司債

公司有下列情形之一者，不得發行無擔保公司債（公二四九）：

1.對於前已發行之公司債或其他債券，曾有違約或遲延支付本息之事實已了結，自了結之日起三年內。

2.最近三年或開業不及三年之開業年度課稅後之平均淨利，未達原定發行之公司債應負擔年息總額之百分之一百五十者。

第四項 公司債之募集

一、董事會之決議

公司經董事會決議後，得募集公司債，而毋庸經由股東會決議，以便利公司籌措資金，但須將募集公司債之原因及有關事項報告股東會。董事會為此項決議，應由三分之二以上董事之出席，及出席董事過半數之同意行之（公二四六），以示慎重。

二、信託契約之訂立

股份有限公司之公司債，係向社會大眾公開募集，其人數多、金額大、期限長，法律為直接確保債權人權利，間接維護公益起見，乃規定公司於募集公司債前，應與第三人訂立信託契約（公二四八I12），藉第三人之介入，以代表全體債權人之利益。此受託之第三人，以金融或信託事業為限，由公司於申請發行時，約定之，並負擔其報酬（公二四八VI）。

董事會在向各應募人請求繳足其所認金額前，應將全體記名債券應募人之姓名、住所或居所，暨其所認金額，開列清冊，連同本法第二百四十八條第一項各款（詳見下述）所定之文件，送交公司債債權人之受託人。受託人為應募人之利益，有查核及監督公司履行公司債發行事項之權（公二五五）。受託人得為公司債債權人之共同利害關係事項，召集同次公司債債權人會議（公二六三I）。

公司為發行公司債所設定之抵押權或質權，得由受託人為債權人取得，並得於公司債發行前先行設定。受託人對於此項之抵押權或質權或其擔保品，應負責實行或保管之（公二五六）。

三、募集之申請

公司發行公司債時，應載明下列事項，向證券管理機關辦理之（公二

四八 I)：

㈠公司名稱。

㈡公司債總額及債券每張之金額。

㈢公司債之利率。

㈣公司債償還方法及期限。

㈤償還公司債款之籌集計畫及保管方法。

㈥公司債募得價款之用途及運用計畫。

㈦前已募集公司債者，其未償還之數額。

㈧公司債發行價格或最低價格。

㈨公司股份總數與已發行股份總數及其金額。

㈩公司現有全部資產減去全部負債及無形資產後之餘額。

(十一)證券管理機關規定之財務報表。

(十二)公司債權人之受託人名稱及其約定事項。

(十三)代收款項之銀行或郵局名稱及地址。

(十四)有承銷或代銷機構者，其名稱及約定事項。

(十五)有發行擔保者，其種類、名稱及證明文件。

(十六)有發行保證人者，其名稱及證明文件。

(十七)對於前已發行之公司債或其他債務，曾有違約或遲延支付本息之事實或現況。

(十八)能轉換股份者，其轉換辦法。

(十九)附認股權者，其認購辦法。

(二十)董事會之議事錄。

(二十一)公司債其他發行事項，或證券管理機關規定之其他事項。

又公司於發行公司債時，得約定其受償順序次於公司其他債權（公二四六之一）。

公司就前述各款事項有變更時，應即向證券管理機關申請更正。公司負責人不為申請更正時，由證券管理機關各處新臺幣一萬元以上五萬元以下罰鍰（公二四八IV）。

上列第七款、第九款至第十一款、第十七款，應由會計師查核簽證。第十二款至第十六款，應由律師查核簽證（公二四八V）。

上列第十二款之受託人，以金融或信託事業為限，由公司於申請發行時約定之，並負擔其報酬（公二四八VI）。

上列第十八款之可轉換股份數額或第十九款之可認購股份數額加計已發行股份總數、已發行轉換公司債可轉換股份總數、已發行附認股權公司債可認購股份總數、已發行附認股權特別股可認購股份總數及已發行認股權憑證可認購股份總數，如超過公司章程所定股份總數時，應先完成變更章程增加資本額後，始得為之（公二四八VII）。

公司債之私募，由於應募者只限於少數之特定人，在規範上可予鬆綁，投資風險由各應募人自行評估及負擔，不需硬性規定平均淨利百分比，亦不必於發行前向主管機關申請或事前審查，只需於發行後備查。故公司債之私募可不受本法第二百四十九條第二款及第二百五十條第二款之限制，並於發行後十五日內檢附發行相關資料，向證券管理機關報備即可（公二四八II前段）。惟前項私募人數不得超過三十五人。但金融機構應募者，不在此限（公二四八III）。又公司股票是否公開發行係企業自治事項，是以私募之發行不以上市、上櫃、公開發行股票之公司為限（公二四八II後段）。

四、撤銷核准

公司發行公司債經核准後，如發現其申請事項有違反法令或虛偽情形時，證券管理機關得撤銷核准（公二五一I）。

為前項撤銷核准時，未發行者，停止募集；已發行者，即時清償。其因此所發生之損害，公司負責人對公司及應募人負連帶賠償責任（公二五一II）。

五、募集之公告及應募書之備置

公司發行公司債之申請經核准後，董事會應於核准通知到達之日起三十日內，備就公司債應募書，附載本法第二百四十八條第一項各款事項，

加記核准之證券管理機關與年、月、日、文號，並同時將其公告，開始募集。但本法第二百四十八條第一項第十一款之財務報表，第十二款及第十四款之約定事項，第十五款及第十六款之證明文件，第二十款之議事錄等事項，得免予公告（公二五二 I）。超過上項期限未開始募集而仍須募集者，應重行申請（公二五二 II）。

代表公司之董事，違反前述規定，不備應募書者，由證券管理機關處新臺幣一萬元以上五萬元以下罰鍰（公二五二 III）。

六、應募及繳款

應募人應在應募書上填寫所認金額及其住所或居所，簽名或蓋章，並照所填應募書負繳款之義務。應募人以現金當場購買無記名公司債券者，免填前項應募書（公二五三）。

公司債應募人認定後，董事會應向未交款之各應募人，請求繳足其所認金額（公二五四）。

第五項　公司債之債券

一、債券之製作及發行

公司債之債券，乃表彰公司債權利之有價證券。須具備法定方式，並記載一定事項。依本法規定公司債之債券，應編號載明發行之年、月、日及下列事項：(1)公司名稱。(2)公司債總額及債券每張之金額。(3)公司債之利率。(4)公司債償還方法及期限。(5)能轉換股份者，其轉換辦法。(6)附認股權者，其認購辦法。有擔保、轉換或可認購股份者，載明擔保、轉換或可認購字樣，由董事三人以上簽名或蓋章，並經證券管理機關或其核定之發行登記機構簽證後發行之（公二五七 I）。

有擔保之公司債除前項應記載事項外，應於公司債正面列示保證人名稱，並由其簽名或蓋章（公二五七 II）。

　　為發揮有價證券集中保管功能，簡化公司債發行成本及交付作業，避免實體交易所帶來之手續繁複及流通過程風險，本法引入「無實體交易」及「無實體發行」制度，規定公司發行公司債時，其債券就該次發行總額得合併印製。依前項規定發行之公司債，應洽證券集中保管事業機構保管。且不適用本法第二百四十八條第一項第二款、第二百五十七條、第二百五十八條及第二百六十條有關債券每張金額、編號及背書轉讓之規定（公二五七之一）。又公司發行之公司債，得免印製債券，並應洽證券集中保管事業機構登錄（公二五七之二）。

二、公司債存根簿

　　公司債存根簿，應將所有債券依次編號，並載明下列事項（公二五八 I）：

　　　㈠公司債債權人之姓名或名稱及住所或居所。

　　　㈡本法第二百四十八條第一項第二款至第四款之事項，第十二款受託人之名稱，第十五款、第十六款之發行擔保及保證，及第十八款之轉換及第十九款之可認購事項。

　　　㈢公司債發行之年、月、日。

　　　㈣各債券持有人取得債券之年、月、日。

　　無記名債券，應以載明無記名字樣，替代前列第一款之記載（公二五八II）。

三、債券之轉讓

　　公司債之債券為一種有價證券，公司債以發行債券之方式為之，旨在強化流通之機能，故公司債之轉讓，應屬自由，至其轉讓之方法因記名公司債或無記名公司債而有不同，茲分述如下：

㈠記名公司債

　　記名式之公司債券，得由持有人以背書轉讓之。但非將受讓人之姓名或名稱，記載於債券，並將受讓人之姓名或名稱及住所或居所記載於公司

債存根簿，不得以其轉讓對抗公司（公二六○）。

㈡**無記名公司債**

　　無記名式之公司債券，其轉讓方法，本法無明文規定，應依一般無記名證券之轉讓方法，以交付為之。其轉讓一經交付，即生效力。惟債券為無記名式者，債權人得隨時請求改為記名式（公二六一）。

第六項　轉換公司債及附認股權公司債

　　公司發行轉換公司債或附認股權公司債時，應載明其轉換辦法或認購辦法，向證券管理機關辦理之（公二四八Ｉ18、19）。本法第二百四十八條第一項第十八款（轉換公司債）之可轉換股份數額或第十九款（附認股權公司債）之可認購股份數額加計已發行股份總數、已發行轉換公司債可轉換股份總數、已發行附認股權公司債可認購股份總數、已發行附認股權特別股可認購股份總數及已發行認股權憑證可認購股份總數，如超過公司章程所定股份總數時，應先完成變更章程增加資本額後，始得為之（公二四八Ⅶ）。

　　公司債規定得轉換股份者，公司有依其規定之轉換辦法核給股份之義務。但公司債債權人有選擇權（公二六二Ｉ）。公司債附認股權者，公司有依其認購辦法核給股份之義務。但認股權憑證持有人有選擇權（公二六二Ⅱ）。

第七項　公司債用途之變更

　　公司債募得價款之用途，亦應申請證券管理機關審核（公二四八Ｉ6）。經核准後即不得擅自變更用途。公司募集公司債款後，未經申請核准變更，而用於規定事項以外者，處公司負責人一年以下有期徒刑、拘役或科或併科新臺幣六萬元以下罰金。如公司因此受有損害時，對於公司並負賠償責任（公二五九）。

第八項　公司債債權人會議

一、債權人會議之召集

發行公司債之公司、公司債債權人之受託人或有同次公司債總數百分之五以上之公司債債權人，得為公司債債權人之共同利害關係事項，召集同次公司債債權人會議（公二六三 I）。

二、債權人會議決議之方法

公司債債權人會議之決議，應有代表公司債債權總額四分之三以上債權人之出席，以出席債權人表決權三分之二以上之同意行之，並按每一公司債券最低票面金額有一表決權（公二六三 II）。

無記名公司債債權人，出席公司債債權人會議者，準用股份有限公司無記名股票之股東出席股東會之規定（公二六三 III）。

三、決議之認可與效力

公司債債權人會議之決議，應製成議事錄，由主席簽名，經申報公司所在地之法院認可並公告後，對全體公司債債權人發生效力，由公司債債權人之受託人執行之，但債權人會議另有指定者，從其指定（公二六四）。

公司債債權人會議之決議，有下列情事之一者，法院不予認可（公二六五）：

㈠召集公司債債權人會議之手續或其決議方法，違反法令或應募書之記載者。

㈡決議不依正當方法達成者。

㈢決議顯失公正者。

㈣決議違反債權人一般利益者。

第十節　股份有限公司之發行新股

第一項　發行新股之概念

發行新股者，乃股份有限公司於成立後，再度發行股份之謂也。新股之發行可分類如下：

一、非增資發行與增資發行

(一)非增資發行

於授權資本制下，股份總數雖應載明於章程，但得分次發行（公一五六II），其在第二次以下發行新股時，公司股份總數依舊不變，故謂非增資發行。

(二)增資發行

公司將章程已規定之股份總數，全數發行後，因增加資本再發行新股者是（公二七八II）。增資發行之情形有二：(1)於確定資本制下，因公司成立之初，股份已全部發行，如欲再發行新股，則非增加資本不可。(2)於授權資本制下，因累次發行新股之結果，致章程規定之股份總數，已全數發行完畢，如欲再發行新股，亦非增加資本不可。

公司依本法第一百五十六條第二項分次發行新股，或依本法第二百七十八條第二項發行增資後之新股，均依本節之規定（公二六六I）。故本節關於發行新股之規定，於非增資發行及增資發行，均有適用。

至二者區別之實益，在於非增資發行，僅由董事會逕行決議即可，不須變更章程。而增資發行，因致章程所定股份總數增加，故須先經股東會決議變更章程後，董事會始得決議之。

二、不公開發行與公開發行

㈠不公開發行

公司發行新股，由員工及股東全部認足或其餘額洽由特定人認購，而不向大眾公開募集者是。

㈡公開發行

公司發行新股，除由員工承購及股東認購外，其餘額向大眾公開募集者是。

二者區別之實益，在於公開發行因事關公眾，故須申請證券管理機關核准，且其發行法律設有限制（公二六九、二七〇）。不公開發行，則否。

三、通常發行與特殊發行

㈠通常發行

以籌措資金為目的而發行新股者是。一般所謂發行新股，即指此而言。

㈡特殊發行

不以籌措資金為目的，乃因其他作用而發行新股者是。例如以公積撥充資本發給新股或現金（公二四一）及以轉換公司債轉換為股份而增發新股（公二六二）。

二者區別之實益，在於通常發行，適用本法第二百六十六條以下所定發行新股之規定，而特殊發行則多不適用此項規定（公二六七Ⅴ、Ⅶ）。

第二項　新股認購權

公司發行新股時，除經目的事業中央主管機關專案核定者外，應保留原發行新股總額百分之十至十五之股份由員工承購，以促進勞資合作。公營事業經公營事業之主管機關專案核定者，得保留發行新股由員工承購；其保留股份，不得超過發行新股總額百分之十。公司發行新股時，除依前二項規定保留者外，應公告及通知原有股東，按照原有股份比例儘先分認，

並聲明逾期不認購者，喪失其權利；原有股東持有股份按比例有不足分認一新股者，得合併共同認購或歸併一人認購；原有股東未認購者，得公開發行或洽由特定人認購（公二六七 I、II、III）。惟於公司設立後，如經董事會以三分之二董事出席，出席董事過半數決議發行新股作為受讓他公司股份之對價時，不受本法第二百六十七條第一項至第三項之限制（公一五六Ⅷ）。此因股份交換取得新股東之有利資源，對公司整體之營運有所助益。然於股份交換時，受讓公司發行新股，造成原股東股份稀釋，股東權益減少，故需經董事會特別決議。又公司設立後，為改善財務結構或回復正常營運，而參與政府專案核定之紓困方案時，得發行新股轉讓於政府，作為接受政府財務上協助之對價；其發行程序不受本法有關發行新股規定之限制，其相關辦法由中央主管機關定之（公一五六Ⅸ）。

前三項新股認購權利，除保留由員工承購者外，得與原有股份分離而獨立轉讓（公二六七Ⅳ）。蓋限由員工本人承購始不悖於法律為促進勞資合作而賦予員工新股承購權之本旨。至於此項保留員工承購之股份，公司得限制在一定期間內不得轉讓。但其期間最長不得超過二年（公二六七Ⅵ），免失分紅入股促進勞資合作之本旨。

上述保留員工承購股份之規定，於以公積抵充，核發新股予原有股東者，不適用之（公二六七Ⅴ）。蓋以公積抵充，核發新股，係屬無償配股，本於股東資格當然取得，不生承購或認購問題，故員工固無承購權，而股東亦無須認購。

又本法第二百六十七條關於新股認購權之規定，對於因合併他公司、分割、公司重整或依第一百六十七條之二（員工認股權憑證）、第二百六十二條（公司債得轉換股份或附認股權）、第二百六十八條之一第一項（公司發行認股權憑證或附認股權特別股）而增發新股時，不適用之（公二六七Ⅶ）。此亦因其為特殊發行，非員工所得承購，亦非股東所得認購故也。

公司負責人違反本條第一項規定時，各處新臺幣二萬元以上十萬元以下罰鍰（公二六七Ⅺ）。

第三項　公開發行新股之限制及禁止

公開發行因向社會大眾公開募集，與公眾利害攸關，法律乃設有限制與禁止之規定。

一、公開發行新股之限制

公司有下列情形之一者，不得公開發行具有優先權利之特別股（公二六九）：

㈠最近三年或開業不及三年之開業年度課稅後之平均淨利，不足支付已發行及擬發行之特別股股息者。

㈡對於已發行之特別股約定股息，未能按期支付者。

二、公開發行新股之禁止

公司有下列情形之一者，不得公開發行新股（公二七〇）：

㈠最近連續二年有虧損者。但依其事業性質，須有較長準備期間或具有健全之營業計畫，確能改善營利能力者，不在此限。

㈡資產不足抵償債務者。

第四項　發行新股之程序

一、董事會特別決議

公司發行新股時，應由董事會以董事三分之二以上之出席，及出席董事過半數同意之決議行之（公二六六Ⅱ）。

二、申請核准與撤銷核准

㈠申請核准

公司發行新股時，除由原有股東及員工全部認足或由特定人協議認購

而不公開發行者外，應將下列事項，申請證券管理機關核准，公開發行 (公二六八 I)：

　　1.公司名稱。

　　2.原定股份總數，已發行數額及金額。

　　3.發行新股總數、每股金額及其他發行條件。

　　4.證券管理機關規定之財務報表。

　　5.增資計畫。

　　6.發行特別股者，其種類、股數、每股金額及本法第一百五十七條各款事項。

　　7.發行認股權憑證或附認股權特別股者，其可認購股份數額及其認股辦法。

　　8.代收股款之銀行或郵局名稱及地址。

　　9.有承銷或代銷機構者，其名稱及約定事項。

　　10.發行新股決議之議事錄。

　　11.證券管理機關規定之其他事項。

　　公司就前項各款事項有變更時，應即向證券管理機關申請更正。公司負責人不為申請更正者，由證券管理機關各處新臺幣一萬元以上五萬元以下罰鍰 (公二六八 II)。

　　上列第二款至第四款及第六款，由會計師查核簽證；第八款、第九款由律師查核簽證 (公二六八 III)。

　　公司發行新股，由原有股東及員工全部認足或由特定人協議認購而不公開發行者，固無須申請證券管理機關核准，其以公積或資產增值抵充，核發新股予原有股東者，亦無須經此申請核准之程序 (公二六八 IV)。

　　前項發行新股之股數、認股權憑證或附認股權特別股可認購股份數額加計已發行股份總數、已發行轉換公司債可轉換股份總數、已發行附認股權公司債可認購股份總數、已發行附認股權特別股可認購股份總數及已發行認股權憑證可認購股份總數，如超過公司章程所定股份總數時，應先完成變更章程增加資本額後，始得為之 (公二六八 V)。

又公司發行認股權憑證或附認股權特別股者，有依其認股辦法核給股份之義務，不受本法第二百六十九條及二百七十條規定之限制，此因附認股權方式發行新股，尚非現金發行新股，自不受其限制。但認股權憑證持有人有選擇權（公二六八之一I）。至於本法第二百六十六條第二項（發行新股之決議）、第二百七十一條第一項、第二項（撤銷核准）、第二百七十二條（出資種類）及二百七十三條第二項、第三項（公開發行新股之公告）等發行新股之相關規定，於公司發行認股權憑證時，仍有準用（公二六八之一II）。

㈡撤銷核准

公司公開發行新股經核准後，如發現其申請事項，有違反法令或虛偽情形時，證券管理機關得撤銷其核准（公二七一I）。

為前項撤銷核准時，未發行者，停止發行；已發行者，股份持有人，得於撤銷時起，向公司依股票原定發行金額加算法定利息，請求返還；因此所發生之損害，並得請求賠償（公二七一II）。

三、公告及認股

公司公開發行新股時，董事會應備置認股書，載明下列事項，由認股人填寫所認股數、種類、金額及其住所或居所、簽名或蓋章（公二七三I）。惟認股人以現金當場購買無記名股票者，免填此項認股書（公二七三IV）：

㈠本法第一百二十九條第一項第一款至第六款及本法第一百三十條之事項（即公司章程法定記載事項）。

㈡原定股份總數，或增加資本後股份總數中已發行之數額及其金額。

㈢本法第二百六十八條第一項第三款至第十一款之事項。

㈣股款繳納日期。

公司公開發行新股時，除在前項認股書加記證券管理機關核准文號及年、月、日外，並應將前項各款事項，於證券管理機關核准通知到達後三十日內，加記核准文號及年、月、日，公告並發行之。但營業報告書、財產目錄、議事錄、承銷或代銷機構約定事項，得免予公告（公二七三II）。

超過上項期限，仍須公開發行時，應重行申請（公二七三III）。

代表公司之董事，違反上述規定，不備置認股書者，由證券管理機關處新臺幣一萬元以上五萬元以下罰鍰（公二七三V）。

公司發行新股，而依本法第二百七十二條但書不公開發行時（由原有股東認購或由特定人協議認購），仍應依前述規定備置認股書；如以現金以外之財產抵繳股款者，並應於認股書中加載其姓名或名稱及其財產之種類、數量、價格或估價之標準及公司核給之股數（公二七四 I）。

四、繳納股款

公司公開發行新股時，應以現金為股款。但由原有股東認購或由特定人協議認購，而不公開發行者，得以公司事業所需之財產為出資（公二七二）。此項財產出資實行後，董事會應送請監察人查核加具意見，報請主管機關核定之（公二七四II）。又股東之出資除現金外，得以對公司所有之貨幣債權，或公司所需之技術抵充之，其抵充之數額需經董事會通過，不受本法第二百七十二條之限制（公一五六VII）。因以債權作股，可改善公司財務狀況，降低負債比例。以公司所需之技術作股，技術之輸入能增強企業之競爭力，有利公司發展。

新股認足時，公司應即向各認股人催繳股款，以超過票面金額發行新股時，其溢額應與股款同時繳納（公二六六III，準用公一四一）。認股人延欠應繳之股款時，公司應定一個月以上之期限，催告該認股人照繳，並聲明逾期不繳失其權利。公司已為此項催告，認股人不照繳者，即失其權利，所認股份另行募集。如有損害，仍得向認股人請求賠償（公二六六III，準用公一四二）。

發行新股超過股款繳納期限，而仍有未經認購或已認購而撤回或未繳股款者，其已認購而繳款之股東，得定一個月以上之期限，催告公司使認購足額並繳足股款；逾期不能完成時，得撤回認股，由公司返還其股款，並加給法定利息。有行為之董事，對於因此項情事所致公司之損害，應負連帶賠償責任（公二七六）。

第十一節 股份有限公司之變更章程

第一項 變更章程之決議

　　章程為關於公司組織及活動之基本準則，不宜輕易變更，惟因情事變遷，為應現實之需，有時亦須加以變更。法律為慎重其事，乃規定公司非經股東會決議，不得變更章程。此項股東會之決議，應有代表已發行股份總數三分之二以上之股東出席，以出席股東表決權過半數之同意行之（公二七七 I、II）。可見章程之變更，須經股東會特別決議始可。

　　又公開發行股票之公司，出席股東之股份總數不足前項定額者，得以有代表已發行股份總數過半數股東之出席，出席股東表決權三分之二以上之同意行之（公二七七III）。

　　上述出席股東股份總數及表決權數，章程有較高之規定者，從其規定（公二七七IV）。

第二項 增加資本

　　增加資本，簡稱增資，乃增加章程中所定之股份總數。股份總數為章程絕對必要記載之事項，故公司增加資本，必須變更章程。

　　公司非將已規定之股份總數，全數發行後，不得增加資本（公二七八 I）。蓋原定股份總數，尚未全數發行完畢，自可就其餘額發行新股，並無增加資本之必要。因採授權資本制故增加資本後之股份總數，得分次發行（公二七八II）。

第三項　減少資本

　　減少資本，簡稱減資。減少資本使股份總數減少，故減資亦須先經股東會特別決議變更章程而後始可為之（公二七七）。惟減資因有悖於股份有限公司資本不變之原則，故法律嚴定其程序，將本法第七十三條及第七十四條關於無限公司合併之規定，準用於減資，以保護債權人。

　　公司決議減少資本時，應即編造資產負債表及財產目錄。公司為減少資本之決議後，應即向各債權人分別通知及公告，並指定三十日以上期限，聲明債權人得於期限內提出異議（公二八一，準用公七三）。

　　公司不為前述之通知及公告，或對於在指定期限內提出異議之債權人不為清償，或不提供相當擔保者，不得以其減資對抗債權人（公二八一，準用公七四）。

　　因減少資本換發新股票時，公司應於減資登記後，定六個月以上之期限，通知各股東換取，並聲明逾期不換取者，喪失其股東之權利；發行無記名股票者，並應公告之（公二七九 I）。股東於前項期限內不換取者，即喪失其股東之權利，公司得將其股份拍賣，以賣得之金額，給付該股東（公二七九 II）。公司負責人違反上述通知或公告期限之規定時，各處新臺幣三千元以上一萬五千元以下罰鍰（公二七九 III）。

　　因減少資本而合併股份時，其不適於合併之股份（例如決議以三股併為一股減資，而有十股之股東，可換取新股三股，尚餘舊股一股無法合併），公司亦得將此股份拍賣，以賣得之金額，給付該股東（公二八〇，準用公二七九 II）。

第十二節　股份有限公司之重整

第一項　重整之概念

公司重整者,乃公開發行股票或公司債之股份有限公司,因財務困難,暫停營業或有停業之虞者,經法院裁定准予重整,使其得以維持與更生之制度也(公二八二 I)。

股份有限公司為公司之典型,其資本大,規模宏,股東多,員工眾,債權人亦夥,公司之興衰,攸關社會大眾之利害,法律乃特設公司重整之制度,使陷於困境而預料有重建可能之股份有限公司,調整其債權人、股東及其他利害關係人之權利與義務,使之重整旗鼓,趨向復興,避免因公司之解體或破產而影響社會秩序之安定。故公司重整之目的有二,一為清理債務,一為維持企業。其與破產、和解、強制執行等程序,均不相同。

公司重整之性質屬於非訟事件,故除就公司重整之管轄及聲請、通知、送達、公告、裁定或抗告等,應履行之程序,本法明定準用民事訴訟法之規定(公三一四)外,應適用非訟事件法之規定。

第二項　重整之聲請

一、聲請之要件

公開發行股票或公司債之公司,因財務困難,暫停營業或有停業之虞而有重建更生之可能者,得由公司或下列利害關係人之一向法院聲請重整(公二八二):

㈠繼續六個月以上持有已發行股份總數百分之十以上股份之股東。

㈡相當於公司已發行股份總數金額百分之十以上之公司債權人。

　　公司為前項聲請，應經董事會以董事三分之二以上之出席及出席董事過半數同意之決議行之。

二、聲請之程序

　　公司重整之聲請，應由聲請人以書狀連同副本五份載明下列事項向法院為之（公二八三 I）：

　　㈠聲請人之姓名、住所或居所；聲請人為法人、其他團體或機關者，其名稱及公務所、事務所或營業所。

　　㈡有法定代理人、代理人者，其姓名、住所或居所，及法定代理人與聲請人之關係。

　　㈢公司名稱、所在地、事務所或營業所及代表公司之負責人姓名、住所或居所。

　　㈣聲請之原因及事實。

　　㈤公司所營事業及業務狀況。

　　㈥公司最近一年度依第二百二十八條規定所編造之表冊；聲請日期已逾年度開始六個月者，應另送上半年之資產負債表。

　　㈦對於公司重整之具體意見。

　　前項第五款至第七款之事項，得以附件補充之（公二八三 II）。公司為聲請時，應提出重整之具體方案（公二八三 III）。股東或債權人為聲請時，應檢同釋明其資格之文件，對第一項第五、第六兩款之事項，得免予記載（公二八三 IV）。

第三項　重整之裁定

一、重整裁定前之措施

㈠徵詢意見

　　法院對於重整之聲請，除依本法第二百八十三條之一之規定裁定駁回

者外，應即將聲請書狀副本，檢送主管機關、目的事業中央主管機關、中央金融主管機關及證券管理機關，並徵詢其關於應否重整之具體意見（公二八四 I）。法院對於重整之聲請，並得徵詢本公司所在地之稅捐稽徵機關及其他有關機關、團體之意見（公二八四 II）。前二項被徵詢意見之機關，應於三十日內提出意見（公二八四 III）。

㈡通知公司

聲請人為股東或債權人時，法院應檢同聲請書狀副本，通知該公司（公二八四 IV）。

㈢選任檢查人

法院除為前述之徵詢外，並得就對公司業務具有專門學識、經營經驗而非利害關係人者，選任為檢查人，就下列事項於選任後三十日內，調查完畢報告法院：⑴公司業務、財務狀況及資產估價。⑵依公司業務、財務、資產及生產設備之分析，是否尚有重建更生之可能。⑶公司以往業務經營之得失及公司負責人執行業務有無怠忽或不當情形。⑷聲請書狀所記載事項有無虛偽不實情形。⑸聲請人為公司者，其所提重整方案之可行性。⑹其他有關重整之方案。檢查人對於公司業務或財務有關之一切簿冊、文件及財產，得加以檢查。公司之董事、監察人、經理人或其他職員，對於檢查人關於業務財務之詢問，有答覆之義務。公司之董事、監察人、經理人或其他職員，拒絕前項檢查，或對前項詢問無正當理由不為答覆，或為虛偽陳述者，處新臺幣二萬元以上十萬元以下罰鍰（公二八五）。

㈣命造報名冊

法院於裁定重整前，得命公司負責人，於七日內就公司債權人及股東，依其權利之性質，分別造報名冊，並註明住所或居所及債權或股份總金額（公二八六）。

㈤裁定前之處分

法院為公司重整之裁定前，得因公司或利害關係人之聲請或依職權，以裁定為下列各款之處分，法院為此項裁定時，應將裁定通知證券管理機關及相關之目的事業中央主管機關：⑴公司財產之保全處分。⑵公司業務

之限制。(3)公司履行債務及對公司行使債權之限制。(4)公司破產、和解或強制執行等程序之停止。(5)公司記名式股票轉讓之禁止。(6)公司負責人，對於公司損害賠償責任之查定及其財產之保全處分。上項處分，除法院准予重整外，其期間不得超過九十日。必要時，法院得由公司或利害關係人之聲請或依職權以裁定延長之，其延長期間不得超過九十日。前項期間屆滿前，重整之聲請駁回確定者，上列各款緊急處分之裁定失其效力（公二八七）。

二、駁回重整之聲請

法院受理重整之聲請後，應先為形式上之審查，如有下列情形之一者，應裁定駁回，以節省人力、物力（公二八三之一）：(1)聲請程序不合者。但可以補正者，應限期命其補正。(2)公司未依本法公開發行股票或公司債者。(3)公司經宣告破產已確定者。(4)公司依破產法所為之和解決議已確定者。(5)公司已解散者。(6)公司被勒令停業限期清理者。

重整聲請經過形式上審查後，始為實質上審查。法院依檢查人之報告，並參考目的事業中央主管機關、證券管理機關、中央金融主管機關及其他有關機關、團體之意見，應於收受重整聲請後一百二十日內，為准許或駁回重整之裁定，並通知各有關機關（公二八五之一 I）。前項一百二十日之期間，法院得以裁定延長之，每次延長不得超過三十日。但以二次為限（公二八五之一 II）。有下列情形之一者，法院應裁定駁回重整之聲請（公二八五之一 III）：(1)聲請書狀所記載事項有虛偽不實者。(2)依公司業務及財務狀況無重建更生之可能者。法院依公司業務及財務狀況無重建更生之可能而裁定駁回時，其合於破產規定者，得依職權宣告破產，以節省程序（公二八五之一 IV）。

三、重整裁定後之措施

(一)選任重整監督人

法院為重整裁定時，應就對公司業務，具有專門學識及經營經驗者或

金融機構，選任為重整監督人，並決定下列事項：(1)債權及股東權之申報期日及場所，其期間應在裁定之日起十日以上，三十日以下。(2)所申報之債權及股東權之審查期日及場所，其期間應在前款申報期間屆滿後十日以內。(3)第一次關係人會議期日及場所，其期日應在第一款申報期間屆滿後三十日以內。前項重整監督人，應受法院監督，並得由法院隨時改選。重整監督人有數人時，關於重整事務之監督執行，以其過半數之同意行之（公二八九）。

(二)選派重整人

公司重整人由法院就債權人、股東、董事、目的事業中央主管機關或證券管理機關推薦之專家中選派之。第三十條之規定，於前項公司重整人準用之。又關係人會議，依本法第三百零二條分組行使表決權之結果（詳後述），有二組以上主張另行選定重整人時，得提出候選人名單，聲請法院選派之（公二九○I、II、III）。

重整人有數人時，關於重整事務之執行，以其過半數之同意行之。重整人執行職務，應受重整監督人之監督，其有違法或不當情事者，重整監督人得聲請法院解除其職務，另行選派之。重整人為下列行為時，應於事前徵得重整監督人之許可：(1)營業行為以外之公司財產之處分。(2)公司業務或經營方法之變更。(3)借款。(4)重要或長期性契約之訂立或解除，其範圍由重整監督人定之。(5)訴訟或仲裁之進行。(6)公司權利之拋棄或讓與。(7)他人行使取回權、解除權或抵銷權事件之處理。(8)公司重要人事之任免。(9)其他經法院限制之行為（公二九○IV、V、VI）。

前述之檢查人、重整監督人或重整人，應以善良管理人之注意，執行其職務，其報酬由法院依其職務之繁簡定之。檢查人、重整監督人或重整人，執行職務違反法令，致公司受有損害時，對於公司應負賠償責任。其對於職務上之行為，有虛偽陳述時，各處一年以下有期徒刑、拘役或科或併科新臺幣六萬元以下罰金（公三一三）。

(三)重整裁定之公告及送達

法院為重整裁定後，應即公告下列事項：(1)重整裁定之主文及其年、

月、日。(2)重整監督人、重整人之姓名或名稱、住址或處所。(3)本法第二百八十九條第一項所定期間、期日及場所。(4)公司債權人及持有無記名股票之股東怠於申報權利時，其法律效果。法院對於重整監督人、重整人、公司、已知之公司債權人及股東，仍應將前項裁定及所列各事項，以書面送達之。法院於前項裁定送達公司時，應派書記官於公司帳簿，記明截止意旨，簽名或蓋章，並作成節略，載明帳簿狀況（公二九一）。

(四)重整開始之登記

法院為重整裁定後，應檢同裁定書，通知主管機關，為重整開始之登記，並由公司將裁定書影本黏貼於該公司所在地公告處（公二九二）。

四、重整裁定之效力

(一)對於公司之效力

重整裁定送達公司後，公司業務之經營及財產之管理處分權，移屬於重整人，由重整監督人監督交接，並聲報法院。公司股東會、董事及監察人之職權，應予停止。前項交接時，公司董事及經理人，應將有關公司業務及財務之一切帳冊、文件與公司之一切財產，移交重整人。公司之董事、監察人、經理人或其他職員，對於重整監督人或重整人所為關於業務或財務狀況之詢問，有答覆之義務。公司之董事、監察人、經理人或其他職員，有下列行為之一者，各處一年以下有期徒刑、拘役或科或併科新臺幣六萬元以下罰金：(1)拒絕移交。(2)隱匿或毀損有關公司業務或財務狀況之帳冊文件。(3)隱匿或毀棄公司財產或為其他不利於債權人之處分。(4)無故對前項詢問不為答覆。(5)捏造債務或承認不真實之債務（公二九三）。

(二)對於法院之效力

1.各項程序之當然停止

裁定重整後，公司之破產、和解、強制執行及因財產關係所生之訴訟程序，當然停止（公二九四）。

2.裁定後之處分

法院依本法第二百八十七條第一、第二、第五及第六各款所為之處分，

不因裁定重整失其效力，其未為各該款處分者，於裁定重整後，仍得依利害關係人或重整監督人之聲請或依職權裁定之（公二九五）。

(三)對於公司債權人及股東之效力

1.債權之種類及行使之限制

對公司之債權，在重整裁定前成立者，為重整債權。其依法享有優先受償權者（如海商法第二十四條之債權是），為優先重整債權；其有抵押權、質權或留置權為擔保者，為有擔保重整債權；無此項擔保者，為無擔保重整債權。各該債權，非依重整程序，均不得行使權利（公二九六 I）。

破產法破產債權節之規定，於前項債權準用之；但其中有關別除權及優先權之規定，不在此限（公二九六 II）。亦即有別除權及優先權之債權人，在破產程序本得不依破產程序而行使其權利（破產一○八），惟公司重整之目的與破產之目的不同，故在重整程序上，仍非依重整程序，不得行使權利，因而或稱為有擔保重整債權，或稱為優先重整債權，已如前述。

有別除權或優先權之債權，雖不得不依重整程序而行使，但有取回權、解除權或抵銷權者，仍得不依重整程序行使之，惟其行使應向重整人為之（公二九六III）。而重整人對於他人行使取回權、解除權或抵銷權事件之處理，則應於事前徵得重整監督人之許可（公二九○VI 7）。所謂取回權者，乃不依重整程序，由重整人取回不屬於公司財產之權利也（公二九六II，準用破產一一○）。蓋重整程序中應移屬於重整人管理及處分之財產，應以公司所有者為限，如財產屬於他人所有，其權利人自可不依重整程序，逕向重整人取回之。又出賣人已將買賣標的物發送，為買受人之公司尚未收到，亦未付清全價而受重整之裁定者，出賣人得解除契約，並取回其標的物，是為出賣人之解除權與特殊取回權（公二九六II，準用破產一一一）。至抵銷權者，乃重整債權人於重整裁定時，對於公司負有債務者，無論給付種類是否相同，得不依重整程序而為抵銷之權利也。重整債權人之債權為附期限或附解除條件者，亦均得為抵銷（公二九六II，準用破產一一三），以求公允。

2.債權及股東權之申報

重整債權人，應提出足資證明其權利存在之文件，向重整監督人申報。經申報者，其時效中斷；未經申報者，不得依重整程序受清償。公司記名股東之權利，依股東名簿之記載。無記名股東之權利，應準用前項規定申報，未經申報者，不得依重整程序，行使其權利。上述應為申報之人，因不可歸責於自己之事由，致未依限申報者，得於事由終止後十五日內補報之。但重整計畫已經關係人會議可決時，不得補報（公二九七）。

3.債權及股東權之審查及確定

重整監督人，於權利申報期間屆滿後，應依初步審查之結果，分別製作優先重整債權人，有擔保重整債權人，無擔保重整債權人及股東清冊，載明權利之性質、金額及表決權數額，於本法第二百八十九條第一項第二款期日（權利審查期日）之三日前，聲報法院及備置於適當處所，並公告其開始備置日期及處所，以供重整債權人、股東及其他利害關係人查閱。重整債權人之表決權，以其債權之金額比例定之；股東表決權，依公司章程之規定（公二九八）。

法院審查重整債權及股東權之期日，重整監督人、重整人及公司負責人，應到場備詢。重整債權人、股東及其他利害關係人，得到場陳述意見。有異議之債權或股東權，由法院裁定之；就債權或股東權有實體上之爭執者，應由有爭執之利害關係人，於前項裁定送達後二十日內，提起確認之訴，並應向法院為起訴之證明。經起訴後在判決確定前，仍依前項裁定之內容及數額行使其權利。但依重整計畫受清償時，應予提存。

重整債權或股東權，在法院宣告審查終結前，未經異議者，視為確定，對公司及全體股東、債權人有確定判決同一之效力（公二九九IV）。

4.重整債務

為便利重整工作之進行，下列各款，為公司之重整債務，優先於重整債權而為清償：⑴維持公司業務繼續營運所發生之債務。⑵進行重整程序所發生之費用。此項優先受償權之效力，不因裁定終止重整而受影響（公三一二）。

第四項　關係人會議

一、關係人會議之組成

公司重整之目的與破產之目的，並不相同，破產程序著重保障債權人之利益，而公司重整則兼顧公司股東之利益，雙方合作共謀公司之更生，是以重整債權人及股東，為公司重整之關係人，出席關係人會議，因故不能出席時，得委託他人代理出席（公三○○ I）。

關係人會議，由重整監督人為主席（公三○○ II 前段）。關係人會議開會時，重整人及公司負責人應列席備詢。公司負責人無正當理由對前項詢問不為答覆或為虛偽之答覆者，各處一年以下有期徒刑、拘役或科或併科新臺幣六萬元以下罰金（公三○○IV、V）。

二、關係人會議之召集

第一次關係人會議期日及場所，由法院為重整裁定時，決定之。其期日應在權利申報期間屆滿後三十日以內（公二八九 I 3），並應公告之，對於已知之公司債權人及股東，仍應以書面送達之（公二九一 I、II）。

第一次以外之關係人會議，則由重整監督人召集之（公三○○ II 後段）。重整監督人，召集此項會議時，於五日前訂明會議事由，以通知及公告為之。一次集會未能結束，經重整監督人當場宣告連續或展期舉行者，得免為通知及公告（公三○○III）。

三、關係人會議之決議

關係人會議，應分別按本法第二百九十八條第一項規定之權利人，分組行使其表決權（公三○二 I 本文前段）。即應分優先重整債權人組、有擔保重整債權人組、無擔保重整債權人組及股東組是。如有特別股者，則解釋上股東組更分為普通股股東組及特別股股東組。蓋各組權利性質相異，

利害關係不同，自宜分組行使其表決權，以資公允。

關係人會議之決議以經各組表決權總額二分之一以上之同意行之（公三○二 I 本文後段），是為普通決議。又公司無資本淨值時，股東權已成有名無實，故此時股東組不得行使表決權（公三○二 II）。

四、關係人會議之任務

關係人會議之任務如下（公三○一）：

㈠聽取關於公司業務與財務狀況之報告及對於公司重整之意見。

㈡審議及表決重整計畫。

㈢決議其他有關重整之事項。

第五項　重整計畫

一、重整計畫之擬定

重整人應擬定重整計畫，連同公司業務及財務報表，提請第一次關係人會議審查。重整人經依本法第二百九十條之規定另選者，重整計畫應由新任重整人於一個月內提出之（公三○三）。

二、重整計畫之內容

公司重整如有下列事項，應訂明於重整計畫（公三○四 I）：

㈠全部或一部重整債權人或股東權利之變更。

㈡全部或一部營業之變更。

㈢財產之處分。

㈣債務清償方法及其資金來源。

㈤公司資產之估價標準及方法。

㈥章程之變更。

㈦員工之調整或裁減。

⑻新股或公司債之發行。

⑼其他必要事項。

前項重整計畫之執行，除債務清償期限外，自法院裁定認可確定之日起算不得超過一年；其有正當理由，不能於一年內完成時，得經重整監督人許可，聲請法院裁定延展期限；期限屆滿仍未完成者，法院得依職權或依關係人之聲請裁定終止重整（公三○四II）。

三、重整計畫之認可

重整計畫經關係人會議可決者，重整人應聲請法院裁定認可後執行之，並報經主管機關備查（公三○五I）。法院於認可前，應徵詢主管機關、目的事業中央主管機關及證券管理機關之意見（公三○七I）。

前項法院認可之重整計畫，對於公司及關係人均有拘束力，其所載之給付義務，適於為強制執行之標的者，並得逕予強制執行（公三○五II）。

四、法律規定之變通

公司重整中，下列各條規定，如與事實確有扞格時，為求迅赴事功，達成公司更生之目的，經重整人聲請法院，得裁定另作適當之處理（公三○九）：⑴本法第二百七十七條變更章程之規定。⑵本法第二百七十八條增資之規定。⑶本法第二百七十九條及第二百八十一條減資之通知公告期間及限制之規定。⑷本法第二百六十八條至第二百七十條及第二百七十六條發行新股之規定。⑸本法第二百四十八條至第二百五十條，發行公司債之規定。⑹本法第一百二十八條、第一百三十三條、第一百四十八條至第一百五十條及第一百五十五條設立公司之規定。⑺本法第二百七十二條出資種類之規定。

五、重整計畫之再予審查

重整計畫未得關係人會議有表決權各組之可決時，重整監督人應即報告法院，法院得依公正合理之原則，指示變更方針，命關係人會議，在一

個月內再予審查（公三〇六Ⅰ）。

　　前項重整計畫經指示變更再予審查，仍未獲關係人會議可決時，應裁定終止重整。但公司確有重整之價值者，法院就其不同意之組，得以下列方法之一，修正重整計畫裁定認可之（公三〇六Ⅱ）：

　　㈠有擔保重整債權人之擔保財產，隨同債權移轉於重整後之公司，其權利仍存續不變。

　　㈡有擔保重整債權人，對於擔保之財產；無擔保重整債權人，對於可充清償其債權之財產；股東對於可充分派之賸餘財產，均得分別依公正交易價額，各按應得之份，處分清償或分派承受或提存之。

　　㈢其他有利於公司業務維持及債權人權利保障之公正合理方法。

　　法院為前述各項處理時，應徵詢主管機關、目的事業中央主管機關及證券管理機關之意見（公三〇七Ⅰ）。

六、重整計畫之重行審查

　　重整計畫或經修正之重整計畫於認可後，如因情事變遷或有正當理由致不能或無須執行時，法院得因重整監督人、重整人或關係人之聲請，以裁定命關係人會議重行審查。其顯無重整之可能或必要者，得裁定終止重整（公三〇六Ⅲ）。前項重行審查可決之重整計畫，仍應聲請法院裁定認可（公三〇六Ⅳ）。關係人會議，未能於重整裁定送達公司後一年內可決重整計畫者，法院得依聲請或依職權裁定終止重整；其經法院依第三項裁定命重行審查，而未能於裁定送達後一年內可決重整計畫者，亦同（公三〇六Ⅴ）。「重行審查」與前述之「再予審查」不同，重行審查係對已經法院裁定認可之重整計畫，重加審查；而再予審查乃對未得關係人會議可決之重整計畫，再加審查，二者不可混為一談。

　　又法院為上述各項處理時，亦應徵詢主管機關、目的事業中央主管機關及證券管理機關之意見（公三〇七Ⅰ）。

七、重整之終止

㈠重整終止之原因

重整之終止，有下列三種原因：

1.重整計畫未得關係人會議之可決，經法院命再予審查，仍未獲關係人會議可決而又無重整之價值時，應裁定終止重整（公三〇六II本文）。

2.經認可之重整計畫，因情事變遷或有正當理由致不能或無須執行，而又顯無重整之可能或必要者，得裁定終止重整（公三〇六III）。

3.重整計畫經關係人會議可決者，重整人應聲請法院裁定認可後執行之（公三〇五I）。如法院裁定不予認可時，重整當然終止。

4.關係人會議，未能於重整裁定送達公司後一年內可決重整計畫者，法院得依聲請或依職權裁定終止重整；其經法院依第三百零六條第三項裁定命重行審查，而未能於裁定送達後一年內可決重整計畫者，亦同（公三〇六V）。

㈡重整終止之登記

法院為終止重整之裁決，應檢同裁定書通知主管機關；裁定確定時，主管機關應即為終止重整之登記；其合於破產規定者，法院得依職權宣告其破產（公三〇七II）。

㈢重整終止之效力

法院裁定終止重整，除依職權宣告公司破產者，依破產法之規定外，有下列效力（公三〇八）：

1.依本法第二百八十七條、第二百九十四條、第二百九十五條或第二百九十六條所為之處分或所生之效力，均失效力。

2.因怠於申報權利，而不能行使權利者，恢復其權利。

3.因裁定重整，而停止之股東會、董事及監察人之職權，應即恢復。

第六項　重整之完成

公司重整人，應於重整計畫所定期限內完成重整工作；重整完成時，

應聲請法院為重整完成之裁定，並於裁定確定後，召集重整後之股東會選任董事、監察人。重整後之公司董事、監察人於就任後，應會同重整人向主管機關申請登記或變更登記（公三一〇）。

公司重整完成後，有下列效力（公三一一 I）：

㈠已申報之債權未受清償部分，除依重整計畫處理，移轉重整後之公司承受者外，其請求權消滅；未申報之債權亦同。

㈡股東股權經重整而變更或減除之部分，其權利消滅；未申報之無記名股票之權利亦同。

㈢重整裁定前，公司之破產、和解、強制執行及因財產關係所生之訴訟等程序，即行失其效力。

公司債權人對公司債務之保證人及其他共同債務人之權利，不因公司重整而受影響（公三一一 II）。

第十三節　股份有限公司之解散、合併及分割

第一項　股份有限公司之解散

股份有限公司之解散，除適用本法總則之一般規定外，其特殊之規定，如下所述。

一、解散之事由

股份有限公司，有下列情事之一者，應予解散（公三一五 I）：

㈠章程所定解散事由。

㈡公司所營事業已成就或不能成就。

㈢股東會為解散之決議。

㈣有記名股票之股東不滿二人。但政府或法人股東一人者，不在此限。

㈤與他公司合併。

㈥分割。

㈦破產。

㈧解散之命令或裁判。

上列第一款得經股東會議變更章程後，繼續經營；第四款得增加有記名股東繼續經營（公三一五II）。

二、解散之決議

股東會對於公司解散之決議，應有代表已發行股份總數三分之二以上股東之出席，以出席股東表決權過半數之同意行之（公三一六I）。

公開發行股票之公司，出席股東之股份總數不足前項定額者，得以有代表已發行股份總數過半數股東之出席，出席股東表決權三分之二以上之同意行之（公三一六II）。

上述出席股東股份總數及表決權數，章程有較高之規定者，從其規定（公三一六III）。

三、解散之通知及公告

公司解散時，除破產外，董事會應即將解散之要旨，通知各股東，其有發行無記名股票者，並應公告之（公三一六IV）。

第二項　股份有限公司之合併及分割

公司之合併，因合併而擴大規模，用以提升企業之競爭力；公司之分割，則因分割而縮小規模，以求企業經營之專業化及效率化，各有其不同之作用。惟為加強公司大眾化及財務之健全化，股份有限公司相互間合併，或股份有限公司與有限公司合併者，其存續或新設公司以股份有限公司為限。股份有限公司分割者，其存續公司或新設公司以股份有限公司為限（公三一六之一）。茲將股份有限公司之合併、分割之程序及其相關規定說明如

下：

一、合併契約及分割計畫書

公司分割或與他公司合併時，董事會應就分割、合併有關事項，作成分割計畫、合併契約，提出於股東會（公三一七I前段），以待決議。合併契約應以書面為之，並記載下列事項（公三一七之一I）：

㈠合併之公司名稱，合併後存續公司之名稱或新設公司之名稱。

㈡存續公司或新設公司因合併發行股份之總數、種類及數量。

㈢存續公司或新設公司因合併對於消滅公司股東配發新股之總數、種類及數量與配發之方法及其他有關事項。

㈣對於合併後消滅之公司，其股東配發之股份不滿一股應支付現金者，其有關規定。

㈤存續公司之章程需變更者或新設公司依本法第一百二十九條應訂立之章程。

前項之合併契約書，應於發送合併承認決議股東會之召集通知時，一併發送於股東（公三一七之一II）。

分割計畫應以書面為之，並記載下列事項（公三一七之二I）：

㈠承受營業之既存公司章程需變更事項或新設公司章程。

㈡被分割公司讓與既存公司或新設公司之營業價值、資產、負債、換股比例及計算依據。

㈢承受營業之既存公司發行新股或新設公司發行股份之總數、種類及數量。

㈣被分割公司或其股東所取得股份之總數、種類及數量。

㈤被分割公司或其股東配發之股份不滿一股應支付現金者，其有關規定。

㈥既存公司或新設公司承受被分割公司權利義務及其相關事項。

㈦被分割公司之資本減少時，其資本減少有關事項。

㈧被分割公司之股份銷除所需辦理事項。

(九)與他公司共同為公司分割者，分割決議應記載其共同為公司分割有關事項。

前項分割計畫書，應於發送分割承認決議股東會之召集通知時，一併發送於股東（公三一七之二II）。

二、合併、分割之決議

(一)特別決議

股東會對於公司合併或分割之決議，應有代表已發行股份總數三分之二以上股東之出席，以出席股東表決權過半數之同意行之（公三一六I）。

公開發行股票之公司，出席股東之股份總數不足前項定額者，得以有代表已發行股份總數過半數股東之出席，出席股東表決權三分之二以上之同意行之（公三一六II）。

上述出席股東股份總數及表決權數，章程有較高之規定者，從其規定（公三一六III）。

(二)股份收買請求權

股東在股東會集會前或集會中，對於公司之合併或分割，以書面表示異議，或以口頭表示異議經紀錄者，得放棄表決權，而請求公司按當時公平價格，收買其持有之股份（公三一七I），此亦係少數股東權之一。此項權利之行使，準用本法第一百八十七條及第一百八十八條之規定（公三一七III）。

(三)簡易合併

控制公司持有從屬公司百分之九十以上已發行股份者，得經控制公司及從屬公司之董事會以董事三分之二以上出席，及出席董事過半數之決議，與其從屬公司合併。其合併之決議，不適用本法第三百十六條第一項至第三項有關股東會決議之規定（公三一六之二I）。因此種合併，對股東權益影響不大，為節省勞費得行簡易合併，經董事會特別決議即可，不必召開股東會。惟控制公司因合併而修正其公司章程者，仍應依本法第二百七十七條規定（股東會特別決議）辦理（公三一六之二VI）。

　　為保障從屬公司少數股東之權益，從屬公司為前項決議後，應即通知其股東，並指定三十日以上期限，聲明其股東得於期限內提出書面異議，請求從屬公司按當時公平價格，收買其持有之股份（公三一六之二II）。從屬公司股東與從屬公司間依前項規定協議決定股份價格者，公司應自董事會決議日起九十日內支付價款；其自董事會決議日起六十日內未達協議者，股東應於此期間經過後三十日內，聲請法院為價格之裁定（公三一六之二III）。上述從屬公司股東收買股份之請求，於公司取銷合併之決議時，失其效力。股東於上述規定期間內不為請求或聲請時，亦同（公三一六之二IV）。

　　又上述從屬公司股東股份收買請求權之規定於控制公司之股東並不適用，且本法第三百十七條有關收買異議股東所持股份之規定，於控制公司亦不適用之（公三一六之二V）。此因行簡易合併對控制公司股東權益影響較少，不必召開股東會，亦無所謂異議股東股份收買請求權。

三、無限公司合併規定之準用

　　本法第七十三條至第七十五條關於無限公司合併之規定，於股份有限公司之合併或分割準用之（公三一九），即：

　　㈠公司決議合併或分割時，應即編造資產負債表及財產目錄。公司為合併或分割決議後，應即向各債權人分別通知及公告，並指定三十日以上期限，聲明債權人得於期限內提出異議（公三一九，準用公七三）。

　　㈡公司不為前述之通知及公告，或對於在指定期限內提出異議之債權人，不為清償，或不提供相當擔保者，不得以其合併對抗債權人（公三一九，準用公七四）。

　　㈢因合併而消滅之公司，其權利義務，應由合併後存續或另立之公司承受（公三一九，準用公七五）。

　　㈣被分割公司之權利義務，應由分割後之既存公司或新設公司承受（公三一九，準用公七五）。為免過度擴大受讓營業之既存公司或新設公司之債務責任，分割後受讓營業之既存公司或新設公司，應就分割前公司所負債務於其受讓營業之出資範圍負連帶清償責任。但債權人之連帶清償責任請

求權，自分割基準日起二年內不行使而消滅（公三一九之一）。

四、合併、分割後之程序

公司合併後，存續公司之董事會，或新設公司之發起人，於完成催告債權人程序後，其因合併而有股份合併者，應於股份合併生效後，其不適於合併者，應於該股份為處分後，分別循下列程序行之（公三一八 I）：

㈠存續公司，應即召開合併後之股東會，為合併事項之報告，其有變更章程之必要者，並為變更章程。

㈡新設公司，應即召開發起人會議，訂立章程。

上述變更或訂立之章程，不得違反合併契約之規定（公三一八 II）。

又於公司分割時，新設公司應即召開發起人會議，訂立章程。為使新設公司得以順利設立，於公司分割時，他公司為新設公司者，被分割公司之股東會視為他公司之發起人會議，得同時選舉新設公司之董事及監察人（公三一七 II）。

第十四節　股份有限公司之清算

第一項　清算之概念

清算云者，乃清理及結算已解散公司之法律關係，以消滅公司法人人格之程序也。解散之公司，除因合併、分割或破產而解散者外，應行清算（公二四）。蓋因合併或分割而消滅之公司，其權利義務由合併或分割後存續或另立之公司承受（公三一九，準用公七五），無清算之必要；而破產者，則應依破產程序加以清算故也。

股份有限公司係典型之資合公司，其股東人數眾多，且僅負有限責任，法律為保護廣大之投資大眾及公司債權人之利益起見，對於其清算，特別課以嚴格之程序。

本法就股份有限公司之清算,分為普通清算程序與特別清算程序二種。前者,係依法定之程序,由公司自行清算;後者,係因清算之實行,發生顯著之障礙,或公司負債超過資產有不實之嫌疑,經法院命令所為之清算。二者均受法院之監督,惟特別清算有債權人會議之參與,並非僅由公司自行清算,且法院之監督,亦較為嚴格。特別清算未規定事項,準用普通清算之規定(公三五六)。

第二項　普通清算

一、清算人之任免

股份有限公司之清算,以董事為清算人;但本法或章程另有規定或股東會另選清算人時不在此限(公三二二 I)。不能依前項之規定定清算人時,法院得因利害關係人之聲請,選派清算人(公三二二 II)。

清算人除由法院選派者外,得由股東會決議解任(公三二三 I)。不論何種清算人,法院均得因監察人或繼續一年以上持有已發行股份總數百分之三以上股份股東之聲請,得將清算人解任(公三二三 II)。

清算人就任及解任之聲報或公告,準用本法第八十三條之規定(公三三四),詳見前述,茲不贅言。

二、清算人之權利及義務

清算人於執行清算事務範圍內,除本節有規定外,其權利義務與董事同(公三二四)。公司與清算人之關係,除本法另有規定外,依民法關於委任之規定(公一九二IV參照)。清算人之報酬,非由法院選派者,由股東會議定,其由法院選派者,由法院決定之。清算費用及清算人之報酬,由公司現存財產中儘先給付(公三二五)。

三、清算人之職務及權限

清算人之職務如下（公三三四，準用公八四 I）：

㈠了結現務。

㈡收取債權，清償債務。

㈢分派盈餘或虧損。

㈣分派賸餘財產。

清算人執行前項職務，有代表公司為訴訟上或訴訟外一切行為之權；但將公司營業包括資產負債轉讓於他人時，應得股東會之同意（公三三四，準用公八四II）。清算人有數人時，得推定一人或數人代表公司，如未推定時，各有對於第三人代表公司之權。關於清算事務之執行，取決於過半數之同意。推定代表公司之清算人，應準用本法第八十三條第一項之規定，向法院聲報（公三三四，準用公八五）。又對於清算人代表權所加之限制，不得對抗善意第三人（公三三四，準用公八六）。

四、清算事務之執行

㈠造報表冊

清算人就任後，應即檢查公司財產情形，造具財務報表及財產目錄，送經監察人審查，提請股東會承認後，並即報法院。前項表冊送交監察人審查，應於股東會集會十日前為之。妨礙、拒絕或規避清算人之檢查行為者，各科新臺幣二萬元以上十萬元以下罰鍰（公三二六）。

㈡催報債權

清算人於就任後，應即以三次以上之公告，催告債權人於三個月內申報其債權，並應聲明逾期不申報者，不列入清算之內，但為清算人所明知者，不在此限，其債權人為清算人所明知者，並應分別通知之（公三二七）。

㈢清償債務

清算人不得於前述之債權申報期限內，對債權人為清償；但對於有擔保之債權，經法院許可者，不在此限。公司對前項未為清償之債權，仍應

負遲延給付之損害賠償責任。惟公司資產顯足抵償其負債者，對於足致上述損害賠償責任之債權，得經法院許可後，先行清償（公三二八）。

不列入清算內之債權人，就公司未分派之賸餘財產，有清償請求權；但賸餘財產已依本法第三百三十條分派，且其中全部或一部已經領取者，不在此限（公三二九）。

㈣分派財產

清償債務後，賸餘之財產應按各股東股份比例分派；但公司發行特別股，而章程中另有訂定者，從其訂定（公三三〇）。又清算人非清償公司債務後，不得將公司財產分派於各股東。清算人違反此項規定，分派公司財產時，各處一年以下有期徒刑、拘役或科或併科新臺幣六萬元以下罰金（公三三四，準用公九〇）。

㈤聲請破產

公司財產不足清償其債務時，清算人應即聲請宣告破產。清算人違反此項規定，不即聲請宣告破產者，各科新臺幣二萬元以上十萬元以下罰鍰。清算人移交其事務於破產管理人時，職務即為終了（公三三四，準用公八九）。

五、清算之完結

㈠清算完結之期限

清算人應於六個月內完結清算。不能於六個月內完結清算時，清算人得申敘理由，向法院聲請展期。清算人不於前項規定期限內清算完結者，各處新臺幣一萬元以上五萬元以下罰鍰（公三三四，準用公八七III、IV）。

㈡清算表冊之造報

清算完結時，清算人應於十五日內，造具清算期內收支表、損益表、連同各項簿冊，送請監察人審查，並提請股東會承認。股東會得另選檢查人，檢查前項簿冊是否確當。對於此項檢查有妨礙、拒絕或規避行為者，各科新臺幣二萬元以上十萬元以下罰鍰。簿冊經股東會承認後，視為公司已解除清算人之責任。但清算人有不法行為者，不在此限。又上述清算期內之收支表及損益表，應於股東會承認後十五日內，向法院聲報。清算人

違反此項聲報期限之規定時，各處新臺幣一萬元以上五萬元以下罰鍰（公三三一）。

㈢簿冊文件之保存

公司應自清算完結聲報法院之日起，將各項簿冊及文件，保存十年。其保存人，由清算人及其利害關係人聲請法院指定之（公三三二）。

㈣財產之重行分派

清算完結後，如有可以分派之財產，法院因利害關係人之聲請，得選派清算人重行分派（公三三三）。

第三項　特別清算

一、特別清算之開始

清算之實行發生顯著障礙時，法院依債權人或清算人或股東之聲請或依職權，得命令公司開始特別清算；公司負債超過資產有不實之嫌疑者，亦同。但其聲請，以清算人為限（公三三五 I）。

本法第二百九十四條關於破產、和解及強制執行程序當然停止之規定，於特別清算準用之（公三三五 II）。

二、開始前之保全處分

法院依前述聲請人之聲請，或依職權於命令開始特別清算前，得提前為本法第三百三十九條之處分（公三三六）。該條之處分即：⑴公司財產之保全處分。⑵記名式股份轉讓之禁止。⑶因基於發起人、董事、監察人、經理人或清算人責任所生之損害賠償請求權，對於其財產為保全處分。

三、特別清算之機關

㈠清算人

清算人之任免，大抵與普通清算相同。惟在特別清算，有重要事由時，

法院得解任清算人。清算人缺額或有增加人數之必要時，由法院選派之（公三三七）。

(二)債權人會議

1.債權人會議之召集

清算人於清算中，認為有必要時，得召集債權人會議。占有公司明知之債權總額百分之十以上之債權人，得以書面載明事由，請求清算人召集債權人會議。依法得行使優先受償權或別除權之債權，不列入前項債權總額（公三四一Ⅰ、Ⅱ、Ⅳ）。前項請求提出後十五日內，清算人不為召集之通知時，債權人得報經法院許可，自行召集（公三四一，準用一七三Ⅱ）。

債權人會議之召集程序，準用本法第一百七十二條第二項、第三項及第六項關於臨時股東會召集程序之規定（公三四三），亦即債權人會議之召集，應於十日前通知各債權人，對於持有無記名公司債或其他有價證券（如無記名本票）之債權人，應於十五日前公告之。公開發行股票之公司股東常會之召集，應於三十日前通知各股東，對於持有無記名股票者，應於四十五日前公告之；公開發行股票之公司股東臨時會之召集，應於十五日前通知各股東，對於持有無記名股票者，應於三十日前公告之。召集人違反上開通知期限之規定時，處新臺幣一萬元以上五萬元以下罰鍰（公三四三，準用公一七二Ⅱ、Ⅲ、Ⅵ）。

2.債權人會議之出席

無記名公司債或其他有價證券之債權人，非於債權人會議開會五日前，將其證券交存公司，不得出席（公三四三，準用公一七六）。債權人會議之召集人，對於有優先受償權或別除權之債權，得通知其列席債權人會議徵詢意見，無表決權（公三四二）。

3.債權人會議之決議

債權人會議之決議，除本法另有規定外（如後述協定之可決），應有出席債權人過半數，而其所代表之債權額超過總債權額之半數者之同意（公三四三，準用破產一二三）。債權人之表決權，以其債權之金額比例定之（公三四三，準用公二九八Ⅱ）。

4.債權人會議之議事錄

債權人會議之議決事項，應作成議事錄，由主席簽名或蓋章，並於會後二十日內，將議事錄分發各債權人。議事錄應記載會議之年、月、日、場所、主席姓名及決議方法、議事經過之要領及其結果，在公司存續期間應永久保存。出席債權人之簽名簿及代理出席之委託書其保存期限至少為一年。公司負責人違反上述規定，不保存議事錄、債權人出席簽名簿及代理出席委託書者，處新臺幣一萬元以上五萬元以下罰鍰。凡此均係準用股東會之議事錄有關規定（公三四三，準用公一八三）。

㈢監理人

監理人乃為債權人全體之利益，監督並輔助清算人執行特別清算事務之人。債權人會議，得經決議選任監理人，並得隨時解任之。前項決議應得法院之認可（公三四五）。故監理人非必要機關，其設置與否，由債權人會議自由酌定之。

四、清算人之權限

特別清算人之權限，亦準用普通清算之規定。惟清算人為下列各款行為之一者，應得監理人之同意，不同意時，應召集債權人會議議決之；但其標的在資產總值千分之一以下者，不在此限（公三四六Ⅰ）：

㈠公司財產之處分。

㈡借款。

㈢訴之提起。

㈣成立和解或仲裁契約。

㈤權利之拋棄。

應由債權人會議決議之事項，如迫不及待時，清算人經法院之許可，亦得為上列之行為（公三四六Ⅱ）。

清算人違反上述之規定時，應與公司對於善意第三人，連帶負其責任（公三四六Ⅲ）。

又清算人將公司營業包括資產負債轉讓於他人時，本應得全體股東之

同意（公八四II但書），惟在特別清算，因有監理人同意或債權人會議之決議，故無須再經股東會之同意（公三四六IV）。

五、清算事務之執行

(一)造具表冊

清算人應造具公司業務及財產狀況之調查書、資產負債表及財產目錄，提交債權人會議，並就清算實行之方針與預定事項，陳述其意見（公三四四）。

(二)清償債務

公司對於其債務之清償，應依其債權額比例為之；但依法得行使優先受償權或別除權之債權，不在此限（公三四〇）。

六、法院之特別監督

(一)清算事務及財產狀況之報告

法院得隨時命令清算人，為清算事務及財產狀況之報告，並得為其他清算監督上必要之調查（公三三八）。法院認為對清算監督上有必要時，得為本法第三百五十四條第一項第一款、第二款或第六款之處分（公三三九）。亦即法院得為(1)公司財產之保全處分。(2)記名式股份轉讓之禁止。(3)因基於發起人、董事、監察人、經理人或清算人責任所生之損害賠償請求權，而對於其財產為保全處分。

(二)公司業務及財產之檢查

1.檢查命令

依公司財產之狀況有必要時，法院得據清算人或監理人，或繼續六個月以上持有已發行股份總數百分之三以上之股東，或曾為特別清算聲請之債權人，或占有公司明知之債權總額百分之十以上債權人之聲請，或依職權命令檢查公司之業務及財產（公三五二 I）。

2.檢查人之選任與報告

前述檢查準用本法第二百八十五條關於公司重整中檢查人之規定（公

三五二II)。亦即法院得就對公司業務具有專門學識、經營經驗而非利害關係人者，選任為檢查人，就下列事項，於選任後三十日內調查完畢，報告法院：(1)公司業務及財務狀況。(2)公司負責人執行業務有無怠忽或不當情形。(3)聲請書狀所記載事項有無虛偽不實情形。至於資產估價以及公司營業狀況，依合理財務費用負擔標準，是否尚有經營價值等事項，因僅與公司重整有關，故於此無準用餘地，自不在調查之列。檢查人對於公司業務或財務有關之一切簿冊、文件及財產，得加以檢查。公司之董事、監察人、經理人或其他職員，對於檢查人關於業務財務之詢問，有答覆之義務。前項人員如拒絕檢查，或對詢問無正當理由不為答覆，或為虛偽陳述者，處新臺幣二萬元以上十萬元以下罰鍰（公三五二II，準用公二八五）。

除上述之準用規定外，本法於第三百五十三條更規定，檢查人應將下列檢查結果之事項，報告於法院：(1)發起人、董事、監察人、經理人或清算人依本法第三十四條（經理人之損害賠償責任）、第一百四十八條（發起人之連帶認繳股款義務）、第一百五十五條（發起人之連帶責任）、第一百九十三條（董事之損害賠償責任）及第二百二十四條（監察人之損害賠償責任）應負責任與否之事實。(2)有無為公司財產保全處分之必要。(3)為行使公司之損害賠償請求權，對於發起人、董事、監察人、經理人或清算人之財產，有無為保全處分之必要。

3.保全處分

法院據檢查人之報告，認為必要時，得為下列之處分（公三五四）：(1)公司財產之保全處分。(2)記名式股份轉讓之禁止。(3)發起人、董事、監察人、經理人或清算人責任解除之禁止。(4)發起人、董事、監察人、經理人或清算人責任解除之撤銷；但於特別清算開始起一年前已為解除，而非出於不法之目的者，不在此限。(5)基於發起人、董事、監察人、經理人或清算人責任所生之損害賠償請求權之查定。(6)因前款之損害賠償請求權，對於發起人、董事、監察人、經理人或清算人之財產為保全處分。

七、特別清算之協定

㈠協定之意義

協定者，乃特別清算中之公司與債權人團體間所成立之一種和解契約也。其性質與破產程序中之調協相類似。蓋公司開始特別清算，必係財務狀況不良，為避免進入破產程序計，債權人與公司間，乃相互讓步，成立協定，以終結清算程序。

㈡協定之建議

清算人得徵詢監理人之意見，對於債權人會議提出協定之建議（公三四七）。

㈢協定之條件

協定之條件，在各債權人間應屬平等；但依法得行使優先受償權或別除權之債權，不在此限（公三四八）。惟清算人認為作成協定有必要時，得請求有優先受償權或別除權之債權人參加（公三四九），蓋該項債權人如自願讓步，自亦可列入協定而同受拘束也。

㈣協定之可決及認可

協定之可決，因攸關債權人之利害，應有得行使表決權之債權人過半數之出席，及得行使表決權之債權總額四分之三以上之同意行之（公三五〇 I）。此項決議，應得法院之認可（公三五〇 II）。協定經法院認可後，對於構成債權人會議之全體債權人，均有效力（公三五〇 III，準用破產一三六）。

㈤協定條件之變更

協定在實行上遇有必要時，得變更其條件，其變更準用前述本法第三百四十七條至第三百五十條之規定（公三五一）。

㈥破產之宣告

法院於命令特別清算開始後，而協定不可能時，應依職權依破產法為破產之宣告。協定實行上不可能時，亦同（公三五五）。

習 題

一、大陸法系國家對於股份有限公司採取資本三大原則，試述其詳。

二、股份有限公司登記設立之程序如何？

三、股份有限公司之創立會有何權限？試說明之。

四、股份有限公司設立登記之效力如何？

五、試述股份有限公司發起人之責任。

六、股份有限公司之特別股與普通股有何差別？

七、現行公司法對於股份有限公司股份之收取與銷除如何規定？

八、股份有限公司股東股份之轉讓有無限制？

九、試述股份有限公司股票轉讓之方法。

十、試述股份有限公司股東會召集之程序及決議之方法。

十一、股份有限公司股東會決議之方法或內容違反法令或章程時，其效力如何？

十二、現行法對於股份有限公司董事競業禁止之規定如何？

十三、股份有限公司之董事及董事長如何產生？

十四、試述股份有限公司股息紅利分派之限制。

十五、試述股份有限公司股息紅利分派之方法。

十六、股份有限公司公積之種類有幾？試述其詳。

十七、現行法對於股份有限公司公積使用之限制如何？

十八、公司法對於股份有限公司發行公司債有何限制及禁止之規定？

十九、股份有限公司發行新股有何限制及禁止之規定？

二十、股份有限公司關於員工分紅入股及新股認購權之規定如何？

二十一、股份有限公司變更章程時應如何決議？

二十二、試述公司重整之意義及目的。

二十三、試述股份有限公司普通清算人之職務及權限。

第六章 關係企業

第一節 關係企業之概念

　　關係企業在現今我國經濟發展上具有舉足輕重之地位，業已取代單一企業而成為企業經營之主流。本法為維護大眾交易之安全，保障從屬公司少數股東及債權人之權益，促進關係企業健全營運，以配合經濟發展，達成商業現代化之目標，乃增設「關係企業」專章為之規範。

　　由於關係企業之立法係屬草創，為免規定過於複雜，致使企業界適應困難，特界定關係企業之範圍為獨立存在而相互間具有下列關係之企業(公三六九之一)：

　　㈠有控制與從屬關係之公司。

　　㈡相互投資之公司。

　　茲將本法對於「控制與從屬關係之公司」與「相互投資之公司」認定之標準，分述如下：

一、控制與從屬關係之公司

　　公司持有他公司有表決權之股份或出資額，超過他公司已發行有表決權之股份總數或資本總額半數者為控制公司，該他公司為從屬公司（公三六九之二 I）。除前項外，公司直接或間接控制他公司之人事、財務或業務者亦為控制公司，該他公司為從屬公司（公三六九之二 II）。一公司對他公司之控制主要見之於人事、財務或業務經營之控制，而控制關係之形成，又多藉由表決權之行使以達成，故將股份限於有表決權之股份。

二、控制與從屬關係之推定

有下列情形之一者，推定為有控制與從屬關係（公三六九之三）：

㈠公司與他公司之執行業務股東或董事有半數以上相同者。

㈡公司與他公司之已發行有表決權之股份總數或資本總額有半數以上為相同之股東持有或出資者。

上述二種情形，均易產生控制與從屬關係，故推定為有控制與從屬關係。

三、相互投資公司

公司與他公司相互投資各達對方有表決權之股份總數或資本總額三分之一以上者，為相互投資公司（公三六九之九 I）。

四、互為控制公司與從屬公司

相互投資公司各持有對方已發行有表決權之股份總數或資本總額超過半數者，或互可直接或間接控制對方之人事、財務或業務經營者，互為控制公司與從屬公司（公三六九之九 II）。此類型之公司彼此互相控制對方公司之經營，與單方之控制與從屬關係有所不同。

第二節　關係企業之損害賠償請求權

一、控制公司之損害賠償責任

關係企業彼此之間固有互補互利之作用，惟從屬公司既在控制公司控制之下，則從屬公司股東及債權人易受到控制公司之侵害，為防範不當之利益輸送，保障從屬公司之股東與債權人之權益，並進而加強投資大眾信心計，本法規定控制公司直接或間接使從屬公司為不合營業常規或其他不利益之經營，而未於會計年度終了時為適當補償，致從屬公司受有損害者，

應負賠償責任（公三六九之四 I）。蓋於會計年度終了前既已補償，則不生損害問題。反之，如未補償則從屬公司為直接被害人，其對控制公司應有損害賠償請求權。至於控制公司負責人使從屬公司為前項之經營者，應與控制公司就前項損害負連帶賠償責任（公三六九之四 II），所以加重控制公司負責人之責任也。

　　惟為避免從屬公司對於前項損害賠償請求權怠於行使，甚或拋棄或為不當之和解，致有損於從屬公司之少數股東及債權人，故規定控制公司未為第一項之賠償，從屬公司之債權人或繼續一年以上持有從屬公司已發行有表決權股份總數或資本總額百分之一以上之股東，得以自己名義行使前二項從屬公司之權利，請求對從屬公司為給付。前項權利之行使，不因從屬公司就該請求賠償權利所為之和解或拋棄而受影響（公三六九之四 III、IV）。就股東持股之期間及數額加以限制者，乃為防止少數股東之濫訴也。

二、他從屬公司之損害賠償責任

　　控制公司使從屬公司為前條第一項之經營，致他從屬公司受有利益，受有利益之該他從屬公司於其所受利益限度內，就控制公司依前條規定應負之賠償，負連帶責任（公三六九之五）。此乃一方面為保護受害從屬公司股東及債權人之權益，他方面亦須兼顧受利益之他從屬公司股東及債權人之利益，故其賠償範圍僅以所受利益為限。

三、關係企業損害賠償請求權之消滅時效

　　對於關係企業之損害賠償請求權，設有短期時效，規定前二條所規定之損害賠償請求權，自請求權人知控制公司有賠償責任及知有賠償義務人時起，二年間不行使而消滅。自控制公司賠償責任發生時起，逾五年者亦同（公三六九之六），以免賠償責任久懸不決。

第三節　控制公司對其從屬公司行使債權之限制

為保護從屬公司之股東及債權人，本法特就控制公司對於從屬公司行使債權，設有如下之限制：

㈠控制公司直接或間接使從屬公司為不合營業常規或其他不利益之經營者，如控制公司對從屬公司有債權，在控制公司對從屬公司應負擔之損害賠償限度內，不得主張抵銷（公三六九之七I）。因恐控制公司運用其控制力製造債權主張抵銷，致使從屬公司對控制公司之損害賠償請求權落空。

㈡前項債權無論有無別除權或優先權，於從屬公司依破產法之規定為破產或和解，或依本法之規定為重整或特別清算時，應次於從屬公司之其他債權受清償（公三六九之七II）。蓋為避免控制公司利用其債權參與從屬公司破產財團之分配或於設立從屬公司時濫用有限責任之原則，儘量壓低從屬公司資本，增加負債而規避責任，損及其他債權人之利益，故設此規定加以防範。

第四節　投資狀況公開化及相互投資公司行使表決權之限制

一、投資狀況公開化

相互投資公司常有虛增資本及董監事永久把持職位等弊端，為防杜此等弊病及保障公司小股東及債權人之權益計，公司投資狀況應公開化，故課公司負責人如下述通知及公告之義務：

㈠公司持有他公司有表決權之股份或出資額，超過該他公司已發行有表決權之股份總數或資本總額三分之一者，應於事實發生之日起一個月內以書面通知該他公司（公三六九之八I）。此種情形雖未構成本法第三百六

十九條之二第一項之控制與從屬公司之規定，但對他公司亦有潛在之控制力量，故應通知該他公司。

㈡公司為前項通知後，有下列變動之一者，應於事實發生之日起五日內以書面再為通知（公三六九之八 II）：

⑴有表決權之股份或出資額低於他公司已發行有表決權之股份總數或資本總額三分之一時。

⑵有表決權之股份或出資額超過他公司已發行有表決權之股份總數或資本總額二分之一時。

⑶前款之有表決權之股份或出資額再低於他公司已發行有表決權之股份總數或資本總額二分之一時。

上述情形持股比例既發生變動，或已不受本章之規範或已形成有控制與從屬關係或消失控制與從屬關係，影響效果頗大，故課以再為通知之義務。

㈢受通知之公司，應於收到前二項通知五日內公告之，公告中應載明通知公司名稱及其持有股份或出資額之額度（公三六九之八 III）。所以貫徹公開原則，以達保護公司小股東及債權人之目的。

公司負責人如違反前三項通知或公告之規定者，各處新臺幣六千元以上三萬元以下罰鍰。主管機關並應責令限期辦理；期滿仍未辦理者，得責令限期辦理，並按次連續各處新臺幣九千元以上六萬元以下罰鍰至辦理為止（公三六九之八 IV）。

二、相互投資公司行使表決權之限制

為避免相互投資可能發生之弊端及相互投資現象之擴大，本法規定相互投資公司知有相互投資之事實者，其得行使之表決權，不得超過被投資公司已發行有表決權股份總數或資本總額之三分之一。但以盈餘或公積增資配股所得股份，仍得行使表決權（公三六九之十 I）。以盈餘或公積轉為資本所得之股份，性質屬無償配股，非股東所得決定，故不受行使表決權之限制，以免矯枉過正妨礙公司正常營運。

又公司依本法第三百六十九條之八規定通知他公司後，於未獲他公司相同之通知，亦未知有相互投資之事實者，其股權之行使不受前項限制（公三六九之十II）。否則於公司行使表決權後，始獲他公司通知或始知有互相投資之事實，而仍須受前項行使股權之限制，勢將徒增公司之困擾。

第五節　持有他公司股份或出資額之計算方式

為防止公司以迂迴間接之方法持有股份，以規避相互投資之規範，並為能正確掌握關係企業之形成，乃規定計算本章公司持有他公司之股份或出資額，應連同下列各款之股份或出資額一併計入（公三六九之十一）：

㈠公司之從屬公司所持有他公司之股份或出資額。

㈡第三人為該公司而持有之股份或出資額。

㈢第三人為該公司之從屬公司而持有之股份或出資額。

第六節　關係報告書及合併財務報表之編製

為明瞭控制公司與從屬公司之法律行為（如業務交易行為或不動產買賣行為）及其他關係，以確定控制公司對從屬公司之責任，且為便於主管機關管理及保護少數股東與債權人計，本法乃參照德國立法例，規定公開發行股票公司之從屬公司應於每會計年度終了，造具其與控制公司間之關係報告書，載明相互間之法律行為、資金往來及損益情形。公開發行股票公司之控制公司應於每會計年度終了，編製關係企業合併營業報告書及合併財務報表（公三六九之十二I、II）。前二項書表之編製準則，由證券管理機關定之（公三六九之十二III）。

第七章　外國公司

第一節　外國公司之概念

　　公司國籍之認定標準，學者多採準據法說，即以公司設立所依據之法律為準，凡依本國法律組織登記而設立之公司，為本國公司。如依外國法律組織登記而設立之公司，則為外國公司。依本法第四條規定：「本法所稱外國公司，謂以營利為目的，依照外國法律組織登記，並經中華民國政府認許，在中華民國境內營業之公司」，是亦採準據法說。惟雖依照外國法律組織登記而設立之公司，如未經中華民國政府認許或未在中華民國境內營業者，仍非本法所稱之外國公司。

　　外國公司之名稱，應譯成中文，除標明其種類外，並應標明其國籍（公三七〇）。蓋外國公司如僅用原文名稱而不譯成中文，於使用時必然不便。至於標明國籍，乃以示其與本國公司有別，例如美商某某股份有限公司是。

第二節　外國公司之認許

一、認許之要件

㈠積極要件

　　外國公司非在其本國設立登記營業者，不得申請認許。非經認許，並辦理分公司登記者，不得在中華民國境內營業（公三七一）。故外國公司必先在其本國設立登記營業而後始得申請認許。

㈡消極要件

外國公司有下列情形之一者，不予認許（公三七三）：

　1.其目的或業務，違反中華民國法律、公共秩序或善良風俗者。

　2.公司之認許事項或文件，有虛偽情事者。

二、認許之效力

　㈠經認許之外國法人，於法令限制內與同種類之我國法人有同一之權利能力，其服從我國法律之義務，與我國法人同（民總施十二）。本法更規定，外國公司經認許後，其法律上權利義務及主管機關之管轄，除法律另有規定外，與中華民國公司同（公三七五）。因而本法第九條、第十條、第十二條至第二十五條，於外國公司準用之（公三七七）。其準用條文已詳述於前列各章，茲不贅述。

　㈡外國公司非經認許並辦理分公司登記者，不得在中華民國境內營業（公三七一II）。換言之，如經認許並辦理分公司登記者，即得在中華民國境內營業。

第三節　外國公司之負責人

　外國公司應在中華民國境內指定其訴訟及非訴訟之代理人，並以之為在中華民國境內之公司負責人（公三七二II）。

　前項代理人，在更換或離境前，外國公司應另指定代理人，並將其姓名、國籍、住所或居所申請主管機關登記（公三八五）。

第四節　外國公司之監督

一、章程之備置

　外國公司應於認許後，將章程備置於中華民國境內指定之訴訟及非訴訟代理人處所，或其分公司，如有無限責任股東者，並備置其名冊。公司

負責人違反此項規定，不備置章程或無限責任股東名冊，各處新臺幣一萬元以上五萬元以下罰鍰。連續拒不備置者，並按次連續各處新臺幣二萬元以上十萬元以下罰鍰（公三七四）。

二、資金之限制

外國公司應專撥其在中華民國境內營業所用之資金，並應受主管機關對其所營事業最低資本額之限制（公三七二 I）。

三、簿冊之查閱

外國公司經認許後，主管機關於必要時，得查閱其有關營業之簿冊文件（公三八四）。

第五節　外國公司認許之撤回、撤銷及清算

一、外國公司認許之撤回

外國公司經認許後，無意在中華民國境內繼續營業者，應向主管機關申請撤回認許。但不得免除申請撤回以前所負之責任或債務（公三七八）。如已在中華民國境內設立分公司者，自應為分公司消滅之登記（公三七七，準用公十二）。

二、外國公司認許之撤銷

外國公司有下列情事之一者，主管機關應撤銷或廢止其認許（公三七九 I）：

㈠申請認許時所報事項或所繳文件，經查明有虛偽情事者。

㈡公司已解散者。

㈢公司已受破產之宣告者。

前項撤銷或廢止認許，不得影響債權人之權利及公司之義務（公三七

九II)。

三、外國公司之清算

撤回、撤銷或廢止認許之外國公司，應就其在中華民國境內營業，或分公司所生之債權債務清算了結，所有清算未了之債務，仍由該外國公司清償之。此項清算，以外國公司在中華民國境內之負責人或分公司經理人為清算人，並依外國公司性質，準用本法有關各種公司之清算程序（公三八〇）。

外國公司在中華民國境內之財產，在清算時期中，不得移出中華民國國境，除清算人為執行清算外，並不得處分（公三八一）。

外國公司在中華民國境內之負責人或分公司經理人，違反前述本法第三百八十條及第三百八十一條規定時，對於外國公司在中華民國境內營業，或分公司所生之債務，應與該外國公司負連帶責任（公三八二）。

第六節　未認許外國公司之備案

外國公司因無意在中華民國境內設立分公司營業，未經申請認許而派其代表人在中華民國境內為業務上之法律行為時，應報明下列各款事項，申請主管機關備案（公三八六 I）：

　㈠公司名稱、種類、國籍及所在地。

　㈡公司股本總額及在本國設立登記之年、月、日。

　㈢公司所營之事業及其代表人在中華民國境內所為業務上之法律行為。

　㈣在中華民國境內指定之訴訟及非訴訟代理人之姓名、國籍、住所或居所。

前項代表人如須經常留駐中華民國境內者，應設置代表人辦事處，並報明辦事處所在地，依前項規定向主管機關申請備案（公三八六II）。外國公司非經申請指派代表人報備者，不得在中華民國境內設立代表人辦事處

（公三八六IV）。

又上述申請備案之文件，應由其本國主管機關或其代表人業務上法律行為行為地，或其代表人辦事處所在地之中華民國使領館、代表處、辦事處或其他外交部授權機構驗證（公三八六III）。

習 題

一、試述外國公司認許之要件及效力。

二、外國公司認許之撤回及撤銷，現行公司法設有如何之規定？

第八章　公司之登記及認許

第一節　公司登記與認許之概念

一、公司登記

公司登記者，乃公司依照公司法所定程序，將其營業與資產狀況及其他法定事項，申請主管機關登記，以為公示之謂。公司登記具有公示作用，乃以保護交易之安全為目的也。又公司登記與營業登記不同，營業登記乃營利事業依照營業稅法向該管稽徵機關所為之登記，其目的在於便利營業稅之課徵。

二、公司認許

公司認許者，乃外國公司依照公司法所定程序，向我國主管機關申請承認其法人人格之謂。外國公司除依法向主管機關備案，得臨時為業務上之法律行為外（公三八六），非經認許，並辦理分公司登記者，不得在中華民國境內營業（公三七一II）。

第二節　公司登記及認許之共通程序

一、登記及認許之申請

公司之登記或認許，應由代表公司之負責人備具申請書，連同應備之文件一份，向中央主管機關申請（公三八七I前段）。前項代表公司之負責

人有數人時，得由一人申辦之（公三八七Ⅱ）。

公司之登記或認許，如由代理人申請時，應加具委託書（公三八七Ⅰ後段）。且此項代理人以會計師、律師為限（公三八七Ⅲ）。

公司之登記或認許事項及其變更，其辦法，由中央主管機關定之（公三八七Ⅳ）。前項辦法，包括申請人、申請書表、申請方式、申請期限及其他相關事項（公三八七Ⅴ）。

代表公司之負責人違反上述中央主管機關所定辦法規定之申請期限者，處新臺幣一萬元以上五萬元以下罰鍰（公三八七Ⅵ）。代表公司之負責人不依上述中央主管機關所定辦法規定之申請期限辦理登記者，除由主管機關責令限期改正外，處新臺幣一萬元以上五萬元以下罰鍰；期滿未改正者，繼續責令限期改正，並按次連續處新臺幣二萬元以上十萬元以下罰鍰，至改正為止（公三八七Ⅶ）。

二、登記申請之改正

主管機關對於公司登記之申請，認為有違反本法或不合法定程式者，應令其改正，非俟改正合法後，不予登記（公三八八）。

三、登記之更正

公司登記，申請人於登記後，確知其登記事項有錯誤或遺漏時，得申請更正（公三九一）。

四、抄閱及證明之請求

登記之目的，既在於公示社會，以保護交易之安全，故公司登記文件，公司負責人或利害關係人，得聲敘理由請求查閱或抄錄。但主管機關認為必要時，得拒絕抄閱或限制其抄閱之範圍（公三九三Ⅰ）。公司下列登記事項，主管機關應予公開，任何人得向主管機關申請查閱或抄錄（公三九三Ⅱ）：㈠公司名稱。㈡所營事業。㈢公司所在地。㈣執行業務或代表公司之股東。㈤董事、監察人姓名及持股。㈥經理人姓名。㈦資本總額或實收資

本額。㈧公司章程。前項第一款至第七款，任何人得至主管機關之資訊網站查閱（公三九三Ⅲ）。又請求證明登記事項，主管機關得核給證明書（公三九二）。

五、解散登記

公司之解散，不向主管機關申請解散登記者，主管機關得依職權或據利害關係人之申請，廢止其登記。主管機關對於此項之廢止，除命令解散或裁定解散外，應定三十日之期間，催告公司負責人聲明異議；逾期不為聲明或聲明理由不充分者，即廢止其登記（公三九七）。

第三節　規　費

依本法受理公司名稱及所營事業預查、登記、查閱、抄錄及各種證明書等，應收取審查費、登記費、查閱費、抄錄費及證照費；其費額由中央主管機關以命令定之（公四三八）。上述各種規費不以法律明文規定，而授權中央主管機關以行政命令訂定，以便賦予中央主管機關得視實際情況，隨時調整之彈性。

第九章 附 則

一、罰鍰之強制執行

本法所定之罰鍰，拒不繳納者，依法移送強制執行（公四四八）。

二、施行日期

本法除中華民國八十六年六月二十五日修正公布之第三百七十三條、第三百八十三條之施行日期由行政院定之，及九十八年五月五日修正之條文自九十八年十一月二十三日施行外，自公布日施行（公四四九）。

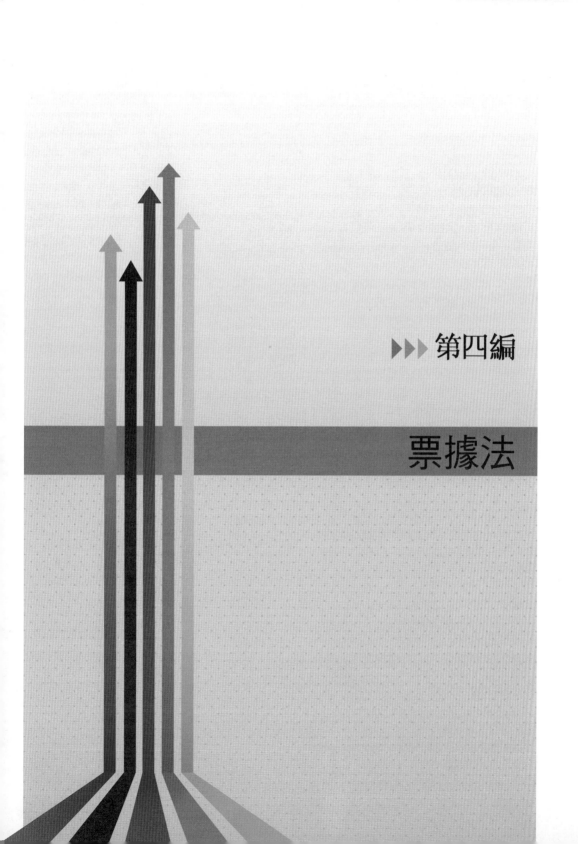

▶▶▶ 第四編

票據法

第一章 通 則

第一節 票據之概念

票據有廣狹二義。廣義之票據，汎指商業上之一切憑證，諸如鈔票、發票、提單等均屬之；狹義之票據，僅指以支付一定金額為目的之特種證券。通常所稱之票據，係指狹義而言，票據法第一條規定，本法所稱票據，為匯票、本票及支票（票一），即指狹義之票據。故匯票、本票及支票以外之證券，均非本法所謂之票據。茲依本法之規定分述票據之種類及其定義如下：

一、匯 票

稱匯票者，謂發票人簽發一定之金額，委託付款人於指定之到期日，無條件支付與受款人或執票人之票據（票二）。簡言之，即委託他人支付一定金額之證券。因匯票有到期日，並委託他人為支付，故學理上又稱為信用證券或委託證券。

二、本 票

稱本票者，謂發票人簽發一定之金額，於指定之到期日，由自己無條件支付與受款人或執票人之票據（票三）。簡言之，即由自己支付一定金額之證券。因本票有到期日，並由自己為支付，故學理上又稱為信用證券或自付證券。

三、支　票

稱支票者，謂發票人簽發一定之金額，委託金融業者於見票時，無條件支付與受款人或執票人之票據。前項所稱金融業者，係指經財政部核准辦理支票存款業務之銀行、信用合作社、農會及漁會（票四）。簡言之，即委託金融業者支付一定金額之證券。因支票無到期日，乃作為支付之工具，並委託金融業者為支付，故學理上又稱為支付證券或委託證券。惟依六十二年修正票據法第一百二十八條第二項規定，支票在票載發票日前，執票人不得為付款之提示。以是支付證券之性質已有變更，而為兼具信用證券之性質。

第二節　票據之性質

票據之性質，就其委託他人為支付，或由自己為支付而言，固與民法上之指示證券（民七一○）或無記名證券（民七一九）相同。又就其得以票據為證據方法，對於票據債務人行使追索權而言，亦具有債權證書之性質。惟票據因依票據法之特別規定，遂具有如下之性質：

一、票據為有價證券

有價證券者，乃表彰財產權之證券也。票據乃表彰一定金額之證券，為有價證券且為完全的有價證券，票據權利之發生，必須作成證券，票據權利之移轉，必須交付證券，票據權利之行使，必須提示票據，證券與權利有不可分離之關係，此與公司記名股票於對公司行使股東權時，有時得不提示股票之不完全的有價證券情形不同。

二、票據為設權證券

票據所表彰之權利，係由於票據行為而創設，故票據為設權證券，與一般之證據證券，證券上之權利，係先於證券而存在，證券之作成，乃在證明已存在之權利者不同。

三、票據為要式證券

要式證券者，乃證券之作成，必須依法定方式為之。票據欠缺本法所規定票據上應記載事項之一者，除本法別有規定者外，其票據無效（票十一 I），故票據為要式證券。

四、票據為無因證券

為保護交易之安全，加強票據之流通，凡占有票據者，即得主張票據之權利，對於票據行為之原因關係，是否有效，在所不問，可與票據行為之原因關係分離而獨立存在，故票據為無因證券。

五、票據為文義證券

文義證券者，乃證券上之權利與義務，悉依記載於證券上之文義定之。凡在票據上簽名者，依票上所載文義負責（票五），故票據為文義證券。

六、票據為債權證券

占有票據之票據權利人，得就票據上所載一定之金額，向特定票據債務人行使其權利，故票據為債權證券。此與物權證券如提單之持有人，占有證券即與享有物權之情形不同（民六二九）。

七、票據為金錢證券

金錢證券者，即以金錢為給付標的物之證券。票據上所表彰之財產權，限定為金錢之給付，故票據為金錢證券。

八、票據為流通證券

流通證券者，乃得依背書或交付之方法轉讓其權利之證券。票據除發票人有禁止轉讓之記載外，得依背書或交付而轉讓（票三〇、三二），故票據為流通證券。此與一般債權讓與以通知為對債務人生效之要件者（民二

九七）不同。

九、票據為提示證券

提示證券者，乃以證券之提示，為請求給付之條件。票據債權人，以占有證券為必要，為證明其有占有之事實，自應提示證券，始得行使其權利。票據執票人，欲行使票據權利，須於法定期限內，為付款之提示（票六九），故票據為提示證券。

十、票據為繳回證券

繳回證券，乃以證券之繳回（返還），為請求給付之條件，又稱返還證券。占有票據者，得行使票據權利，於受領給付後，自應將票據繳回於為給付之人，俾消滅票據關係，或向前手再行追索，故票據為繳回證券。以是債權人如不繳回票據，債務人得拒絕給付票款。

第三節　票據行為

第一項　票據行為之概念

票據行為者,乃以發生票據上一定權利義務關係為目的之要式行為也。通常所稱之票據行為係指發票、背書、承兌、參加承兌及保證五者而言。發票為創設票據權利之原始行為，乃基本之票據行為，稱為主票據行為；至於背書、承兌、參加承兌及保證等行為，則須俟發票後方得為之，乃附屬之票據行為，稱為從票據行為。各種票據均有發票之基本票據行為。至於附屬之票據行為除背書行為為各種票據所同有者外，承兌及參加承兌行為，僅匯票有之，保證行為亦僅匯票與本票有之。至於學者間所稱廣義之票據行為，尚包括付款、參加付款、見票及保付等行為。

票據行為學者通說認係單獨行為，即依票據行為人一方之意思表示即

可成立。本法第五條規定，在票據上簽名者，依票上所載文義負責。二人以上共同簽名，應連帶負責（票五）。是凡於具備形式要件之票據上簽名者，即應負擔票據債務。由此可知，本法亦採單獨行為說。果如此，則限制行為人未得法定代理人之允許所為之票據行為，除非符合民法第七十七條但書、第八十三條、第八十四條及第八十五條之規定外，原則上應屬無效（民七八）。其主張已得法定代理人之允許者，應負舉證之責任。

第二項　票據行為之方式

法律行為有要式行為與不要式行為之分，票據為要式證券，欠缺本法所規定票據上應記載事項之一者，其票據無效；但本法別有規定者，不在此限（票十一Ⅰ），故票據行為為要式行為。茲依本法有關規定，分述於下：

一、應記載事項

分絕對必要記載事項及相對必要記載事項。

㈠絕對必要記載事項

絕對必要記載事項，例如金額、表明票據種類之文字及發票年月日等是。各種票據行為之絕對必要事項不同，同一票據行為，亦因票據種類之不同而有異，應依票據法各有關規定決之。

欠缺絕對必要記載事項，其票據原則上固為無效，惟票據發票人預行簽名於票據，而將票據上其他應記載之事項之全部或一部，授權他人補充完成之空白授權票據，依本法規定，執票人善意取得已具備本法規定應記載事項之票據者，得依票據文義行使權利；票據債務人不得以票據原係欠缺應記載事項為理由，對於執票人，主張票據無效（票十一Ⅱ）。以維善意執票人之權利，而保交易之安全。

㈡相對必要記載事項

相對必要記載事項，例如匯票未載到期日者，視為見票即付（票二四Ⅱ），未載受款人者，以執票人為受款人（票二四Ⅳ），其票據並非無效，

乃法律另行擬制其效果。

二、得記載事項

得記載事項，亦稱任意記載事項，例如匯票發票人得記載對於票據金額支付利息及其利率（票二八 I）是。此類事項記載與否，悉聽當事人之自由，如未記載，不影響票據之效力，但一經記載亦發生票據上之效力。

三、不得記載事項

此類事項，如記載者，其效果如下：

㈠不生票據上效力之事項

票據上記載本法所不規定之事項，不生票據上之效力（票十二）。例如支票並無保證之規定，如在支票上為保證行為，即不生票據保證之效力，但仍生民法上保證之效力，其票據本身則仍有效。

㈡記載無效之事項

即雖記載於票據上，該記載不生任何效力之事項。凡票據法中規定其記載無效或視為無記載者，均屬之，又稱為記載無益之事項。例如背書附記條件者，其條件視為無記載（票三六），票據本身仍然有效。

㈢票據無效事項

此類事項一經記載，則票據無效。例如票據應為無條件之支付，而發票人竟於票據上記載附有條件之支付，則該票據本身為無效，又稱記載有害事項。

㈣票據金額之確定

票據上記載金額之文字與號碼不符時，以文字為準（票七）。與民法規定，應先決定何者為當事人之原意，必法院不能決定何者為當事人之原意，應以文字為準者（民四）不同，蓋為免阻礙票據之流通也。

第三項　票據行為之簽名

各種票據行為其法定記載事項，雖互有不同，然行為人之簽名，則為其共同之要件。本法規定在票據上簽名者，依票上所載文義負責（票五 I）。所謂簽名，指係親自書寫本人姓名於票據上而言，所簽者為本名或別號，或僅署名而不加姓，均屬有效。惟票據上之簽名，得以蓋章代之（票六）。蓋章雖不以本人自蓋為限，惟須出自本人之意思，如係被他人盜用，則屬票據偽造問題，不生簽名之效力。印章係真正，但被盜用，應由主張被盜用之票據債務人負舉證責任，否則，仍應就票載文義負責。印章是否真正，如有爭執，應由主張真正之票據債權人負舉證之責。所謂依票上所載文義負責，指票據當事人依票據上所記載享受權利或負擔義務之謂。蓋票據為文義證券，應以票上所載文義，決定當事人之權利義務關係，所以維持票據之信用，保護交易之安全也。

同一票據行為如由二人以上共同為之時，自應共同簽名，以示負責。二人以上共同簽名時，應連帶負責（票五 II），亦即共同簽名之票據債務人，對於票據債權人各負全部給付之責任（民二七二）。

第四項　票據行為之獨立

無行為能力人之票據行為無效（民七五）。限制行為能力人未得法定代理人之允許，所為之票據行為無效（民七八）。惟票據上雖有無行為能力人或限制行為能力人之簽名，不影響其他簽名之效力（票八），是為票據行為之獨立性，旨在保護交易之安全，避免妨礙票據之流通。例如無行為能力人甲，發行一票據與乙，乙以背書讓與丙，丙再背書讓與丁，是某甲之發票行為固屬無效，惟乙、丙之背書行為，仍為有效，不因某甲之發票行為無效而受影響。

第五項　票據行為之代理

票據行為為法律行為，得由他人代理為之。其代理必須為顯名代理，亦即應載明為本人代理之旨，始由本人負責。若代理人未載明為本人代理之旨而簽名於票據者，應自負票據上之責任（票九）。惟所謂載明為本人代理之旨，票據法並未就此設有規定方式，故代理人於其代理權限內，以本人名義蓋本人名章，並自行簽名於票據者，縱未載有代理人字樣，而由票據全體記載之趣旨觀之，如依社會觀念足認有為本人之代理關係存在者，仍難謂非已有為本人代理之旨之載明（四一年臺上字第七六四號判例）。又代理人亦有不表明自己之名，僅表明本人之名而為行為，即代理人任意記明本人之姓名，蓋其印章，而成為本人名義之票據行為者，所在多有，此種行為只須有代理權，即不能不認為代理之有效形式（五三年臺上字第二七一六號判例）。

無代理權人以代理人之名義所為之法律行為，非經本人承認，對於本人不生效力（民一七〇I）。本人不承認時，無代理權人，對於善意之相對人，負損害賠償之責（民一一〇）。無權代理之票據行為，雖亦得因本人之承認而生效，惟本人如不予承認時，為保護交易之安全，以免妨礙票據之流通起見，本法乃規定無代理權而以代理人名義簽名於票據者，應自負票據上之責任。代理人逾越權限時，就其權限外之部分，亦應自負票據上之責任（票十）。

第四節　票據之抗辯

債權人行使請求權時，債務人如有正當理由時，得拒絕給付，稱為抗辯。本法為保護票據債權人，對於票據債務人之抗辯事由，特加限制，故規定票據債務人不得以自己與發票人或執票人之前手間所存抗辯之事由對抗執票人。但執票人取得票據出於惡意者，不在此限（票十三）。茲分述

如下：

　　㈠票據債務人不得以自己與發票人間所存抗辯之事由，對抗執票人。例如匯票經承兌後，承兌人不得以未收到發票人之資金為由，對抗執票人。蓋票據債務人與發票人間為基礎關係，票據債務人與執票人間之關係，始為票據關係，而票據係無因證券，其基礎關係如何，在所不問。

　　㈡票據債務人不得以自己與執票人之前手間所存抗辯之事由，對抗執票人。例如甲因支付買賣價金簽發本票與乙，乙再轉讓與丙，丙到期向甲請求付款，則甲不得以丙之前手乙未依約交貨為由，主張同時履行抗辯以對抗執票人丙。蓋甲乙間之關係為基礎關係而甲丙之關係始為票據關係，票據係無因證券，票據關係可與基礎關係分離故也。

　　上述不得對抗之限制，係為保護善意之執票人而設，若執票人之取得票據係出於惡意者，則不受法律之保護，亦即票據債務人仍得以自己與發票人或執票人之前手間所存抗辯之事由對抗執票人。

第五節　票據權利之取得

　　票據權利之取得，其方法與一般權利之取得無異，可分為原始取得及繼受取得二者。前者如因發票行為而創設取得或自無處分票據權利人善意受讓票據而善意取得是；後者如因自正當處分權人依背書或交付方法受讓或因繼承取得是。本法對於票據權利之取得，設有如下之規定：

　　㈠以惡意或重大過失取得票據者，不得享有票據上之權利（票十四 I）。反言之，如以善意並無重大過失取得票據者，即得享有票據上之權利。此即票據之善意取得，乃物權法上之制度（民八〇一、九四八），移植於票據法上，藉以保護善意取得人，俾利票據之流通。例如甲偷乙之支票轉讓與知情之丙，丙即為惡意取得票據者，不得享有票據之權利。反之，如丙不知情且其不知並無重大過失，即受法律之保護，仍得享有票據之權利，並不因其前手甲無權利而受影響。其權利之取得係基於法律之規定，而非基於前手而來，故善意取得屬於原始取得而非繼受取得。

㈡無對價或以不相當之對價取得票據者，不得享有優於其前手之權利（票十四Ⅱ）。通常票據權利之受讓人，大都付出相當之對價與讓與人，此相當之對價或係勞務之供給，或係買賣之價金，或係債務之抵銷，均無不可。至於相當與否，應就票載金額，依一般交易上之觀念以決之。

第六節　票據權利之行使及保全

一、行使及保全之處所

為行使或保全票據上權利，對於票據關係人應為之行為，應在票據上指定之處所為之，無指定之處所者，在其營業所為之，無營業所者，在其住所或居所為之。票據關係人之營業所、住所或居所不明時，因作成拒絕證書得請求法院公證處、商會或其他公共會所調查其人之所在，若仍不明時，得在該法院公證處、商會或其他公共會所作成之（票二〇）。

二、行使及保全之時間

為行使或保全票據上權利，對於票據關係人應為之行為，應於其營業日之營業時間內為之，如其無特定營業日或未訂有營業時間者，應於通常營業日之營業時間內為之（票二一）。

第七節　票據之偽造及變造

第一項　票據之偽造

票據之偽造，其情形有二：一為票據本身之偽造，一為票上簽名之偽造。假冒他人名義為發票人，為原始的創設票據行為，為票據本身之偽造，亦即發票之偽造，假冒他人名義為發票以外之票據行為，為票上簽名之偽

造，如背書、保證或承兌之偽造是。票上簽名之偽造，以有發票行為為前提，發票行為雖亦須於票上簽名，惟因其簽名係創設票據之行為，故應屬於票據之偽造。票據上之簽名，得以蓋章代之，故偽刻印章或盜用印章，亦屬於簽名之偽造。

票據之偽造或票據上簽名之偽造，不影響於真正簽名之效力(票十五)，此乃票據行為之獨立性也。蓋同一票據，恆有多數票據行為，其中一票據行為偽造，如影響其他票據行為，則不足保護交易之安全，故真正簽名者，不論其真正簽名係在偽造簽名之前或後，均仍就票據文義負責，且得就該項票據，更為各種有效之票據行為。至被偽造人因非自己之簽名，自不須依票上所載文義負責，而偽造人亦未簽名於票據上，除應負刑事偽造有價證券及民事損害賠償責任外，亦不須負票據上責任。

第二項　票據之變造

票據之變造，指不法變更票據上簽名以外之記載事項，例如變更金額、到期日等事項是。若變更簽名，則為票據之偽造或票上簽名之偽造，非此所謂之變造，又依法有變更權者之變更，亦不生變造問題。

票據經變造時，簽名在變造前者，依原有文義負責；簽名在變造後者，依變造文義負責；不能辨別前後時，推定簽名在變造前（票十六Ⅰ）。例如發票人甲發行壹萬元之本票，支付於受款人乙，乙改為拾萬元，再以背書轉讓於丙，此時甲之簽名係在變造之前，應負壹萬元之責任，而乙之簽名係在變造之後，應負拾萬元之責任。如不能辨別前後時，推定簽名在變造前，亦即主張簽名在變造前者，無庸舉證，而主張簽名在變造後者，應就變造後始簽名之事實，負舉證責任。惟前項票據變造，其參與或同意變造者，不論簽名在變造前後，均依變造文義負責（票十六Ⅱ）。

無權變更票據文義之人變更票載內容者，為票據之變造，有權變更票據文義之人於票據交付前變更票載內容者，謂之改寫。票據之改寫依本法規定，票據上之記載，除金額外，得由原記載人於交付前改寫之。但應於

改寫處簽名（票十一III）。是票據金額不得改寫，如發票人於票據交付前改寫票據金額者，其票據應為無效。至交付後變更票據金額者，則屬前述票據之變造問題。

第八節　票據之塗銷

票據之塗銷者，乃將票據上之簽名或其他記載事項，予以塗抹銷除之行為。例如塗抹票上之一定金額，或銷除背書人之簽名等是。其塗銷或由於有權利人所為者，或由於無權利人所為者。依本法規定，票據上之簽名或記載被塗銷時，非由票據權利人故意為之者，不影響於票據上之效力（票十七）。蓋票據上之權利，既已有效發生，尚無法定消滅或變更之原因，自不能使之失其效力。惟如係由於票據權利人故意塗銷者，則屬於權利拋棄之意思表示，其塗銷部分之權利義務自應歸於消滅。至於由無權利人所為之塗銷，則屬票據之變造問題。

第九節　票據之喪失

票據之喪失，不僅指物質上之滅失，且包括被盜或遺失之情形。票據權利之行使，以提示票據為必要，如喪失票據，則無法行使權利，且有被他人冒領或落於善意第三人之手中致喪失權利之虞，法律為謀補救之道，設有如下之規定：

一、止付通知

票據喪失時，票據權利人得為止付之通知。但應於提出止付通知後五日內，向付款人提出已為聲請公示催告之證明。否則，止付通知失其效力（票十八）。止付通知之目的，在防止他人冒領票款，經止付通知後，付款人即不得再行付款，否則，應由受款人自負其責。

二、公示催告

止付通知僅能阻止他人取款，而票據權利人因自己喪失票據，仍無法請求付款，故票據喪失時，票據權利人，得為公示催告之聲請（票十九 I）。於公示催告後，如無人申報權利，可經法院除權判決，宣告該票據為無效（民訴五四五、五六四），依該判決據以請求付款（民訴五六五 I）。惟自公示催告以迄除權判決，須俟相當時日，為保護票據權利人起見，乃規定公示催告程序開始後，其經到期之票據，聲請人得提供擔保，請求票據金額之支付；不能提供擔保時，得請求將票據金額依法提存。其尚未到期之票據，聲請人得提供擔保，請求給與新票據（票十九 II）。

第十節　票據之消滅時效

第一項　消滅時效之期間

票據為流通證券，其權利之行使貴乎迅速，故本法對於票據權利特別規定其短期消滅時效如下：

一、執票人對承兌人或發票人之付款請求權

票據上之權利：對匯票承兌人及本票發票人，自到期日起算；見票即付之本票，自發票日起算；三年間不行使，因時效而消滅。對支票發票人自發票日起算，一年間不行使，因時效而消滅（票二二 I）。

二、執票人對前手之追索權

匯票、本票之執票人，對前手之追索權，自作成拒絕證書日起算，一年間不行使，因時效而消滅。支票之執票人，對前手之追索權，四個月間不行使，因時效而消滅。其免除作成拒絕證書者：匯票、本票自到期日起

算；支票自提示日起算（票二二 II）。

三、背書人對前手之追索權

匯票、本票之背書人，對於前手之追索權，自為清償之日或被訴之日
起算，六個月間不行使，因時效而消滅。支票之背書人，對前手之追索權，
二個月間不行使，因時效而消滅（票二二 III）。

由上所述，可知票據權利之時效期間，匯票與本票相同，而與支票相
異，亦即匯票與本票之時效期間，較支票之時效期間為長，二者恰為三與
一之比。蓋匯票與本票係信用證券，而支票係支付證券，故支票之時效期
間自應較短於匯票、本票之時效期間。

第二項　利得償還請求權

票據上之債權，雖依本法因時效或手續之欠缺而消滅，執票人對於發
票人或承兌人，於其所受利益之限度，得請求償還（票二二 IV）。是為利得
償還請求權。蓋以發票人或承兌人發行票據，通常均受有對價，執票人取
得票據亦付有對價。票據債權如因前述法定短期時效或手續之欠缺而消滅，
致使發票人或承兌人享受分外利益，執票人受有損失，顯非公平之道，故
有利得償還請求權之設。此項請求權，雖為票據法上之權利，惟非因票據
行為而生，並非票據上之權利，與一般債權無異，故應適用民法一般消滅
時效之規定，即十五年之長期時效。

此項利得償還請求權，其義務人以發票人或承兌人為限。至於背書人
或其他票據債務人則不負此義務。又其成立須以發票人或承兌人受有利益
為必要。此所謂之受利益，並非指票據上責任之免除而言，而係因票據上
權利消滅之結果，致於票據基本關係上受有利益，例如支票之發票人取得
對價，而發行支票，其後支票因時效完成致未付款，該發票人所取得之對
價，即係受益是。

第十一節　票據之黏單

票據行為非僅發票行為，尤其背書行為之次數，法無限制。故票據餘白不敷記載時，得黏單延長之（票二三 I）。黏單既為票據之延長，故於黏單上所為之票據行為，與於原票據上所為者，其效力相同。惟為防黏單與票據分離，致使票據權利義務關係不明確，故黏單後第一記載人，應於騎縫上簽名（票二三 II）。

習　題

一、票據法將票據分為幾種？試分述其意義。

二、欠缺票據法所規定應記載事項之一者或票據上記載票據法所不規定之事項者，其效力各如何？

三、何謂票據行為之獨立性？試舉例說明之。

四、票據行為之代理，我票據法有何特別規定？

五、試述我國票據法關於票據抗辯之限制。

六、何謂票據之善意取得？其效果如何？

七、票據之偽造與變造如何區別？又偽造及變造之效力各如何？

八、票據喪失時，現行法設有如何補救之規定？

九、票據權利之消滅時效，票據法有何特別規定？

十、何謂利得償還請求權？其成立要件如何？

第二章 匯 票

第一節 發票及款式

匯票為要式證券，法律嚴定其方式，茲依本法規定，分述如下：

一、匯票應記載事項

匯票應記載下列事項，由發票人簽名（票二四）：

㈠絕對必要記載事項

欠缺此項記載，票據應為無效。

1.表明其為匯票之文字

即須於票據上以文字表明其係匯票，以示與他種證券之區別。

2.一定之金額

票據為金錢證券，故必須有金額之記載。且其金額必須一定，所以確定票據債權債務之範圍。

3.無條件支付之委託

票據為流通證券，為保護交易之安全，對於支付之委託，不得附有任何條件，如在票上記載「資金到達後付款」等字樣，票據即為無效。

4.發票年月日

即匯票發行時，形式上記載之年月日。其記載之年月日是否真實，與匯票之效力無關，應以票據文義所載之年月日為準，亦即著重於外觀，形式具備，即屬有效。

㈡相對必要記載事項

欠缺此項記載，法律另設有補充之規定，匯票並不因之而無效。

1.付款人之姓名或商號

付款人者乃受發票人之委託而支付匯票金額之人。付款人通常為發票人以外之第三人，惟發票人亦得以自己為付款人（票二五），此即學者所謂對己匯票或己付匯票。例如甲地之總行為發票人而以乙地之分行為付款人所發行之匯票是。如匯票未載付款人者，以發票人為付款人。

2.受款人之姓名或商號

受款人為匯票之第一債權人，通常為發票人及付款人以外之第三人，惟亦得以發票人或付款人為受款人（票二五I）。以發票人為受款人者，稱指己匯票或為己受匯票。以付款人為受款人者，稱付受匯票。又本法承認無記名式之票據，匯票如未載受款人者，以執票人為受款人。

3.發票地

即發票人發行匯票之處所。匯票未載發票地者，以發票人之營業所、住所或居所所在地為發票地。

4.付款地

乃匯票金額之支付地，亦即執票人請求付款及作成拒絕證書之處所。匯票未載付款地者，以付款人之營業所、住所或居所所在地為付款地。

5.到期日

乃匯票金額支付之期日。匯票未載到期日者，視為見票即付。

二、匯票得記載事項

亦稱任意記載事項，其記載與否，悉依票據行為人之自由，無記載者，固不影響票據之效力，如有記載，則亦發生票據之效力。

1.擔當付款人

乃代付款人實際付款之人。發票人得於付款人外，記載一人，為擔當付款人（票二六I）。付款人於承兌時，亦得指定擔當付款人（票四九I）。匯票上載有擔當付款人者，其付款之提示應向擔當付款人為之（票六九II）。

2.預備付款人

乃為加強票據之信用，指定付款地之第三人，使其在付款人拒絕承兌

或付款時，為參加承兌或參加付款之人。發票人得於付款人外，記載在付款地之一人為預備付款人（票二六II）。背書人亦得記載在付款地之一人為預備付款人（票三五）。

3.付款處所

付款地通常係指某一行政區域言，而付款處所則具體指定地點，如某街某號是。發票人得記載在付款地之付款處所（票二七）。付款人於承兌時，亦得於匯票上記載付款地之付款處所（票五〇）。票據上如載明有付款處所者，則票據上權利之行使或保全，應於該處所為之（票二〇）。

4.利息及利率

發票人得記載對於票據金額支付利息及其利率。利率未經載明時定為年利六釐。利息自發票日起算。但有特約者不在此限（票二八）。

5.免除擔保承兌責任

發票人應照匯票文義擔保承兌及付款。但得依特約免除擔保承兌之責（票二九I）。所謂擔保承兌者，乃匯票於到期前，如付款人拒絕承兌，執票人即可作成拒絕證書，向發票人行使追索權，請求其清償票款。所謂擔保付款者，乃匯票於到期時，如不獲付款，執票人行使追索權時，發票人應負責清償。承兌僅為付款人義務之確定，免除擔保責任，亦祇執票人於到期日前不得行使追索權而已，故發票人擔保承兌之責任，得依特約免除之。惟此項特約，應載明於匯票（票二九II），此乃票據為文義證券所當然也。至於擔保付款之責任，則不得以特約免除。蓋以其與票據之本質有違，為保持票據之信用，匯票上如有免除擔保付款之記載者，其記載無效（票二九III）。

匯票之任意記載事項，非僅上述五項，其他散見於本法第二章各節，諸如禁止轉讓之記載（票三〇II）、承兌期限之記載（票四四）、承兌或付款提示期限縮短或延長之記載（票四五、六六）、指定應給付金種之記載（票七五I但書）、免除通知之記載（票九〇）、免除作成拒絕證書之記載（票九四I）及不得發行回頭匯票之記載（票一〇二I但書）等是，容於有關章節詳述之，於茲不贅。

第二節　背　書

第一項　背書之概念

背書者，乃票據之執票人以轉讓票據權利或其他目的而簽名於票據背面，所為之附屬的票據行為。按一般債權之讓與，以通知債務人為必要，然票據為流通證券，其轉讓方法與一般債權之讓與不同。無記名票據得僅以交付票據為轉讓之方法，而記名票據則更須受款人在票據背面簽名背書以為轉讓。至無記名票據之受讓人為加強票據信用計，亦有要求讓與人背書之必要。票據背書常因票據轉讓而為，惟亦有不以轉讓為目的之背書，例如委任取款背書（票四〇）是。

第二項　背書之款式

一、應記載事項

㈠記名背書

亦稱正式背書或完全背書，乃背書人於票據之背面或其黏單上，記載被背書人，並且簽名之背書（票三一Ⅰ、Ⅱ）。

㈡空白背書

亦稱略式背書、不完全背書或無記名背書，乃背書人僅簽名而不記載被背書人之背書（票三一Ⅲ）。空白背書之匯票，得依下列方法轉讓之：

1. 得依匯票之交付轉讓之（票三二Ⅰ）。
2. 得以空白背書或記名背書轉讓之（票三二Ⅱ）。
3. 匯票之最後背書為空白背書者，執票人得於該空白內，記載自己或他人為被背書人，變更為記名背書，再為轉讓（票三三）。

二、得記載事項

㈠背書年月日

背書人得記載背書之年、月、日（票三一IV）。故背書未載背書之年月日者，其背書仍為有效。

㈡禁止轉讓之記載

背書人於票上記載禁止轉讓者，仍得依背書而轉讓之。但禁止轉讓者，對於禁止後再由背書取得匯票之人，不負責任（票三〇III）。

㈢預備付款人之記載

背書人得記載在付款地之一人為預備付款人（票三五）。

㈣免除擔保承兌之記載

背書人亦得依特約免除擔保承兌之責（票三九、準用票二九）。

㈤承兌期限之記載

除見票即付之匯票外，發票人或背書人得在匯票上為應請求承兌之記載，並得指定其期限（票四四I）。

㈥免除拒絕事由通知之記載

執票人應於拒絕證書作成後四日內，對於背書人發票人及其他匯票上債務人，將拒絕事由通知之。惟得於通知期限前，免除執票人通知之義務（票九〇）。

㈦免除作成拒絕證書之記載

發票人或背書人，得為免除作成拒絕證書之記載（票九四I）。

三、不得記載事項

就匯票金額之一部分所為之背書，或將匯票金額分別轉讓於數人之背書，不生效力，背書附記條件者，其條件視為無記載（票三六）。

第三項　背書之禁止

匯票為流通證券，原得自由流通。其轉讓方法，一般匯票應依背書及交付而轉讓。無記名匯票得僅依交付轉讓之（票三〇 I）。惟如發票人或背書人欲保留其對於直接後手之抗辯權，得於匯票上為禁止轉讓之記載。

禁止轉讓之記載，其效力因由發票人或背書人記載而有異。記名匯票發票人有禁止轉讓之記載者，不得轉讓（票三〇 II），該匯票即失其流通性，不得再依背書方式轉讓。如由背書人於票上記載禁止轉讓者，仍得依背書而轉讓之。但禁止轉讓者，對於禁止後再由背書取得匯票之人，不負責任（票三〇 III）。

第四項　背書之連續

背書之連續者，乃票據上之背書，自受款人（第一背書人）至最後被背書人間，必須前後連續而不中斷。例如記名背書中，甲背書與乙，乙背書與丙，丙背書與丁，即為背書之連續。若甲背書與乙，乙未背書，而由丙背書與丁，即為背書之不連續。

背書之連續，可證明執票人取得票據有正當之權源，故執票人應以背書之連續，證明其權利（票三七 I 本文）。反之，如背書不連續之票據，其執票人不得主張票據上之權利。惟背書中有空白背書時，其次之背書人，視為前空白背書之被背書人（票三七 I 但書），以免背書不連續。至背書是否連續，應就背書文義作形式上觀察，其實質是否連續，則非所問。

背書之塗銷與背書之連續，有密切之關係，故本法乃規定塗銷之背書，不影響背書之連續者，對於背書之連續，視為無記載（票三七 II）；塗銷之背書，影響背書之連續者，對於背書之連續，視為未塗銷（票三七 III）。

第五項　背書之塗銷

背書之塗銷者，乃將背書人之簽名，予以塗抹銷除之行為。執票人故意塗銷背書者，其被塗銷之背書人及其被塗銷背書人名次之後，而於未塗銷以前為背書者，均免其責任（票三八）。其背書之名次在被塗銷背書人之前或係於被塗銷後為背書者，仍應負票據上責任。

第六項　特種背書

一、回頭背書

又稱還原背書、回還背書或逆背書。乃以匯票上之債務人為被背書人之背書。匯票得讓與發票人、承兌人、付款人或其他票據債務人。前項受讓人，於匯票到期日前，得再為轉讓（票三四）。按民法混同之規定，債權與其債務同歸一人時，債之關係消滅（民三四四本文）。惟票據貴在流通，故本法特別規定回頭背書不適用混同之規定，於到期日前，仍得再轉讓。回頭背書之效力，依本法第九十九條規定：執票人為發票人時，對其前手無追索權。執票人為背書人時，對該背書之後手無追索權。

二、期後背書

乃於票據上所載之到期日屆至後所為之背書。到期日後之背書，僅有通常債權轉讓之效力。背書未記明日期者，推定其作成於到期日前（票四一）。

三、委任取款背書

又稱代理背書，乃執票人以委任取款為目的所為之背書。此種背書，僅係授與被背書人以行使票據上權利之資格，得以代理取款，並非轉讓票

據權利，故與普通背書為轉讓背書者有別。執票人以委任取款之目的，而為背書時，應於匯票上記載之。前項被背書人，得行使匯票上一切權利，並得以同一目的，更為背書。其次之被背書人，所得行使之權利，與第一被背書人同。票據債務人對於受任人所得提出之抗辯，以得對抗委任人者為限（票四○）。

第三節　承　兌

第一項　承兌之概念

承兌者，乃匯票之付款人，承諾付款之委託而負付款之責，所為之附屬票據行為。匯票之付款人未為承兌前，並不因發票人之付款委託，即當然成為票據債務人，必於承兌後，成為承兌人，始負有依委託文義付款之義務，而為票據之主債務人。承兌行為以有發票行為為前提，故承兌為附屬之票據行為。承兌乃匯票所獨有之制度。惟除匯票記載應為承兌，或見票後定期付款之匯票，其執票人必須請求承兌外（票四四、四五），承兌與否，悉聽執票人之自由，縱未請求承兌，仍得於到期日請求付款。至於見票即付之匯票，因見票即應付款，更無承兌之必要。

第二項　承兌之款式

一、應記載事項

㈠正式承兌

承兌應在匯票正面記載承兌字樣，由付款人簽名（票四三前段），是為正式承兌。所謂承兌字樣，不必拘泥於形式上所使用之文字，即不以使用承兌二字為限，凡實際上足以表示承兌意旨之文字，例如照付、照兌或兌

付等均可認為有承兌之效力。

(二)略式承兌

付款人僅在票面簽名者,視為承兌(票四三後段),稱為略式承兌,因其未記載承兌字樣,僅在票面簽名,故又稱不完全承兌。

承兌日期之記載,並非承兌之要件,此不論正式承兌或略式承兌,均不須記載承兌日期。惟於見票後定期付款之匯票,或指定請求承兌期限之匯票,應由付款人在承兌時,記載其日期(票四六 I),蓋一以定到期日之起算點,一以明執票人是否於期限內請求承兌也。承兌日期未經記載時,承兌仍屬有效。但執票人得請求作成拒絕證書,證明承兌日期;未作成拒絕證書者,以本法第四十五條所許或發票人指定之承兌期限之末日為承兌日(票四六 II)。

二、得記載事項

(一)擔當付款人

付款人於承兌時,得指定擔當付款人。發票人已指定擔當付款人者,付款人於承兌時,得塗銷或變更之(票四九)。

(二)付款處所

付款人於承兌時,得於匯票上記載付款地之付款處所(票五〇)。

通常之承兌,付款人係完全依票據文義,毫無限制的予以承兌,是為單純承兌。若付款人就票據文義,加以變更或限制而為承兌者,乃不單純承兌,其情形有二:

(一)一部承兌

乃付款人僅就匯票金額之一部為承兌。付款人承兌時,經執票人之同意,得就匯票金額之一部分為之。但執票人應將事由通知其前手(票四七 I)。

(二)附條件承兌

乃付款人就匯票金額之承兌,附有條件之謂。承兌附條件者,視為承兌之拒絕。但承兌人仍依所附條件負其責任(票四七 II)。亦即承兌如附有

條件者，視為承兌之拒絕，執票人得即時請求作成拒絕證書，行使其追索權。惟執票人如不行使追索權，而願依所附條件行使付款請求權者，承兌人仍應依所附條件負其責任。

第三項　承兌之提示

執票人於匯票到期日前，得向付款人為承兌之提示（票四二）。所謂承兌之提示，乃現實的出示票據，請求付款人為承諾付款之表示。執票人提示與否，任其自由，是為承兌自由之原則。執票人如未為承兌之提示，亦得於到期日逕為付款之提示。惟本法對於承兌之自由之原則，設有如下之限制：

一、法定限制

見票後定期付款之匯票，應自發票日起六個月內為承兌之提示。前項期限，發票人得以特約縮短或延長之。但延長之期限不得逾六個月（票四五）。蓋見票後定期付款之匯票，必先確定承兌日，始能計算其到期日，故為必須承兌之匯票。惟若無承兌期限之限制，則將使發票人或背書人之責任，不能迅速解決。

二、任意限制

㈠消極限制

發票人或因與付款人間之資金關係，尚未洽妥，為免付款人拒絕承兌，故發票人得為於一定日期前，禁止請求承兌之記載（票四四II）。

㈡積極限制

除見票即付之匯票外，發票人或背書人得在匯票上為應請求承兌之記載，並得指定其期限（票四四I）。背書人所定應請求承兌之期限，不得在發票人所定禁止期限之內（票四四III）。

第四項　承兌之延期及撤銷

一、承兌之延期

付款人與發票人間因資金或其他關係，每需要相當期間洽商，故付款人於執票人請求承兌時，得請其延期為之，但以三日為限（票四八）。是為付款人之法定承兌考慮期限。此三日之期限，為法律所規定，無須執票人之同意，且不得再行請求延長。

二、承兌之撤銷

付款人雖在匯票上簽名承兌，未將匯票交還執票人以前，仍得撤銷其承兌。但已向執票人或匯票簽名人以書面通知承兌者，不在此限（票五一）。

第五項　承兌之效力

承兌之目的，在確定付款人之責任。付款人於承兌後，應負付款之責（票五二 I），而成為匯票之主債務人。承兌人到期不付款者，執票人雖係原發票人，亦得就本法第九十七條及第九十八條所定之金額，直接請求支付（票五二 II）。

第四節　參加承兌

第一項　參加承兌之概念

參加承兌者，乃執票人於到期日前得行使追索權時，由預備付款人或票據債務人以外之第三人加入票據關係所為之附屬票據行為。執票人於到

期日前得行使追索權，匯票上指定有預備付款人者，得請求其為參加承兌（票五三I），是為當然參加。除預備付款人與票據債務人外，不問何人，經執票人同意，得以票據債務人中之一人，為被參加人，而為參加承兌（票五三II），是為任意參加。所謂執票人於到期日前得行使追索權者，係指：(1)匯票不獲承兌時。(2)付款人或承兌人死亡、逃避或其他原因無從為承兌或付款提示時。(3)付款人或承兌人受破產宣告時（票八五II）。參加承兌之目的在於防止期前追索，維持票據之信用。至於票據債務人，原應就票上所載文義負責，由其參加承兌，並無實益可言。

第二項 參加承兌之款式

參加承兌，應在匯票正面記載下列各款，由參加承兌人簽名（票五四I）：

一、參加承兌之意旨

即載明參加承兌之文義，以防與他種票據行為相混淆。本法不採略式參加承兌制度。

二、被參加人姓名

所謂被參加人，乃因參加承兌而直接享受利益之債務人。參加承兌係為特定債務人之利益，記載被參加人之姓名，所以確定參加人係為何人之利益參加，俾便將來行使償還請求權之依據。

未記載被參加人者，視為為發票人參加承兌（票五四II）。預備付款人為參加承兌時，以指定預備付款人之人，為被參加人（票五四III）。

三、年、月、日

藉以確定參加承兌行為生效之時期。

參加人非受被參加人之委託，而為參加者，應於參加後四日內，將參

加事由，通知被參加人（票五五 I）。參加人怠於為前項通知，因而發生損害時，應負賠償之責（票五五 II）。

第三項　參加承兌之效力

參加承兌之效力，本法設有如下之規定：

一、消極效力

執票人允許參加承兌後，不得於到期日前行使追索權。惟被參加人及其前手，仍得於參加承兌後，向執票人支付第九十七條所定金額，請其交出匯票及拒絕證書（票五六）。

二、積極效力

付款人或擔當付款人，不於本法第六十九條及第七十條所定期限內付款時，參加承兌人，應負支付第九十七條所定金額之責（票五七）。是參加承兌人之責任，為第二次付款之責任。

第五節　保　證

第一項　保證之概念

票據保證者，乃票據債務人以外之第三人，為擔保票據債務之履行，所為之附屬票據行為。匯票之債務，得由保證人保證之（票五八 I）。票據債務一經保證，其信用更加可靠，對於票據之流通有所裨益，故承認之。

票據保證保證人之資格，除票據債務人外，不問何人均得為之（票五八 II）。蓋票據債務人原應依票上文義負責，若以之為保證人，於票據信用之加強，並無實益。

第二項　保證之款式

保證應在匯票或其謄本上，記載下列各款，由保證人簽名(票五九 I)：

一、保證人之意旨

載明保證人之意旨，所以與他種票據行為相區別。惟不以使用保證二字為限，凡與保證意義相同之文句，均得用以記載。

二、被保證人姓名

任何票據債務人，舉凡發票人、背書人、承兌人及參加承兌人等，均得為被保證人，保證人究為何人保證，自應載明於票據，以確定其法律關係。

保證未載明被保證人者，視為為承兌人保證，其未經承兌者，視為為發票人保證。但得推知其為何人保證者，不在此限(票六〇)。因承兌人為匯票之主債務人，發票人為最後之償還義務人，所以視為為承兌人或發票人保證者，可以免除多數人之債務也。

三、年、月、日

保證未載明年月日者，以發票年月日為年月日(票五九II)。

又保證得就匯票金額之一部為之(票六三)，是為一部保證。蓋一部保證亦可加強票據之信用，與票據關係人有利無害也。

第三項　保證之效力

一、保證人之責任

㈠通常責任

保證人應與被保證人，負同一責任（票六一 I）。亦即票據保證人之責任範圍，視被保證人之責任範圍而定，如被保證人為發票人者，保證人即與發票人負同一責任，如被保證人為背書人或承兌人者，保證人即與背書人或承兌人負同一責任。

㈡特殊責任

一般保證債務，以主債務存在為前提。票據保證則具有獨立性，故被保證人之債務，縱為無效，保證人仍負擔其義務（票六一II本文）。但被保證人之債務，因方式之欠缺，而為無效者，不在此限（票六一II但書），蓋以票據為要式證券，方式既有欠缺，形式上不具票據之要件，保證人自不負擔其義務。

㈢連帶責任

二人以上為保證時，均應連帶負責（票六二）。

二、保證人之權利

保證人清償債務後，得行使執票人對承兌人、被保證人及其前手之追索權（票六四）。亦即保證人為被保證人履行票據債務所支付之金額，得向承兌人、被保證人及其前手請求償還。

第六節　到期日

第一項　到期日之概念

　　票據之到期日，相當於一般債務之清償期，乃票據債務人應支付票款之期日，屬於票據相對必要記載事項之一。依本法之規定，匯票到期日，應依下列各式之一定之（票六五 I）:

一、定日付款

　　即以某一特定之年月日為到期日，例如憑票祈於中華民國七十四年三月一日付款是。

二、發票日後定期付款

　　即以發票日後一定期限之屆至為到期日，例如憑票祈於發票日後一個月付款是。

三、見票即付

　　即以提示票據請求付款之日為到期日。

四、見票後定期付款

　　即以提示承兌日或拒絕承兌證書作成日後一定期限之屆至為到期日。

　　本法為適應工商業之需要，乃承認匯票得為分期付款，惟分期付款之匯票，其中任何一期，到期不獲付款時，未到期部分，視為全部到期（票六五 II）。前項視為到期之匯票金額中所含未到期之利息，於清償時，應扣減之（票六五 III）。利息經約定於匯票到期日前分期付款者，任何一期利息到期不獲付款時，全部匯票金額視為均已到期（票六五 IV）。

第二項　到期日之計算

匯票之到期日，除定日付款之匯票，甚為明確外，本法為免滋疑義，對於到期日之計算，設有如下之規定：

一、見票即付之匯票，以提示日為到期日（票六六 I）。且應自發票日起六個月內為付款之提示。前項期限，發票人得以特約縮短或延長之，但延長期限不得逾六個月（票六六 II、準用票四五）。

二、見票後定期付款之匯票，依承兌日或拒絕承兌證書作成日，計算到期日。匯票經拒絕承兌而未作成拒絕承兌證書者，依本法第四十五條所規定承兌提示期限之末日，計算到期日（票六七）。

三、發票日後或見票日後一個月或數個月付款之匯票，以在應付款之月與該日期相當之日為到期日，無相當日者，以該月末日為到期日。發票日後或見票日後一個月半或數個月半付款之匯票，應依前項規定計算全月後，加十五日，以其末日為到期日。票上僅載月初、月中、月底者，謂月之一日、十五日、末日（票六八）。

第七節　付　款

第一項　付款之概念

付款者，乃匯票付款人向執票人支付票載金額，以消滅票據關係之行為。支付票載金額之全部者，票據關係因而消滅，如僅支付票載金額之一部者，僅該部分消滅，未支付部分之票據權利仍然存在。又票據為金錢證券，其給付之標的物限於金錢，如給付金錢以外之物者，執票人得拒絕之。惟如付款人以他物代票款之給付，經執票人受領者，依民法上代物清償之規定，票據之權義關係亦歸消滅（民三一九）。

第二項　付款之提示

票據為流通證券，於轉讓時既無須通知付款人，輾轉流通之結果，執票人為誰，不易知悉，致無法赴償，故執票人行使票據上之權利，以向付款人或擔當付款人提示證券為必要，經提示而後有付款。見票即付之票據，付款之提示，且有確定到期日之作用。

依本法第六十九條規定：執票人應於到期日或其後二日內，為付款之提示。匯票上載有擔當付款人者，其付款之提示，應向擔當付款人為之。為交換票據，向票據交換所提示者，與付款之提示，有同一效力。

第三項　付款之延期及標的

一、付款之延期

付款人於票據到期日後，經執票人為付款之提示時，應即付款。惟為免追索權之行使，如經執票人之同意，得延期為付款。但以提示後三日為限（票七〇）。

二、付款之標的

票據為金錢證券，其給付應以票上所載之貨幣為標的。惟表示匯票金額之貨幣，如為付款地不通用者，得依付款日行市，以付款地通用之貨幣支付之。但有特約者，不在此限（票七五 I）。至於表示匯票金額之貨幣，如在發票地與付款地，名同價異者，推定其為付款地之貨幣（票七五 II）。

第四項　付款之效力

一、付款人之責任

㈠付款審查之責任

　　付款人對於背書不連續之匯票而付款者，應自負其責。付款人對於背書簽名之真偽，及執票人是否票據權利人，不負認定之責。但有惡意及重大過失時，不在此限（票七一）。

㈡期前付款之責任

　　依民法規定，債權定有清償期者，債權人不得於期前請求清償，如無反對之意思表示時，債務人得於期前為清償（民三一六）。惟票據為流通證券，執票人於到期日前，可將匯票流通，故到期日前之付款，執票人得拒絕之。付款人於到期日前付款者，應自負其責（票七二）。

二、付款人之權利

㈠一部付款之權利

　　債務人無為一部清償之權利（民三一八 I 本文）。票據債權則屬例外，一部分之付款，執票人不得拒絕。

㈡收回匯票之權利

　　付款人付款時，得要求執票人記載收訖字樣，簽名為證，並交出匯票（票七四 I）。付款人為一部分之付款時，得要求執票人在票上記載所收金額，並另給收據（票七四 II）。

㈢提存金額之權利

　　執票人在本法第六十九條所定期限內不為付款之提示時，票據債務人得將匯票金額依法提存；其提存費用，由執票人負擔之（票七六）。

第八節　參加付款

第一項　參加付款之概念

　　參加付款者，乃於付款人不為付款時，由付款人或擔當付款人以外之人代為付款之謂。參加付款之作用與參加承兌相同，係以防止追索權行使為目的，惟參加付款，係現實的為付款，而參加承兌則係於到期日後，如付款人不為付款時，始負付款之責。至付款人與擔當付款人，或原有付款之責任，或原有代為付款之權限，其所為之付款行為，自非參加付款。

第二項　參加付款之程序

一、參加付款之時期

　　參加付款，應於執票人得行使追索權時為之。但至遲不得逾拒絕證書作成期限之末日（票七七）。所謂執票人得行使追索權時，係指匯票到期不獲付款時，或在到期日前匯票不獲承兌或付款人、承兌人死亡、逃避或其他原因無從為承兌或付款提示，或受破產宣告時之謂（票八五）。所謂拒絕證書，係指拒絕承兌證書及拒絕付款證書而言。拒絕承兌證書，應於提示承兌期限內作成之。拒絕付款證書應以拒絕付款日或其後五日內作成之。但執票人允許延期付款時，應於延期之末日，或其後五日內作成之（票八七）。

二、參加付款之人

(一)任意參加

　　參加付款，不問何人，均得為之（票七八 I）。執票人拒絕參加付款者，

對於被參加人及其後手喪失追索權(票七八II)。參加付款係現實支付票款，於執票人有利無害，即使與票據毫無利害關係之第三人亦得參加付款，執票人不得予以拒絕。

㈡當然參加

付款人或擔當付款人不於本法第六十九條及第七十條所定期限內付款者，有參加承兌人時，執票人應向參加承兌人為付款之提示，無參加承兌人而有預備付款人時，應向預備付款人為付款之提示（票七九I）。參加承兌人或預備付款人，不於付款提示時為清償者，執票人應請作成拒絕付款證書之機關，於拒絕證書上載明之（票七九II）。執票人違反前二項規定時，對於被參加人與指定預備付款人之人及其後手，喪失追索權（票七九III）。由參加承兌人或預備付款人參加付款者，學者稱為當然參加。

㈢競合參加

請為參加付款者，有數人時，其能免除最多數之債務者，有優先權（票八〇I），學者稱為競合參加。例如甲參加付款人係以發票人為被參加付款人，乙參加付款人係以第一背書人為被參加付款人，丙參加付款人係以第二背書人為被參加付款人，此際能免除最多數之債務者，為甲參加付款人，對於參加付款有優先權。故意違反前項規定為參加付款者，對於因之未能免除債務之人，喪失追索權（票八〇II）。如上例，未由甲參加付款人為參加付款，而竟由丙參加付款人為參加付款者，雖丙參加付款人因參加付款取得執票人之權利，對於背書人均喪失其追索權。能免除最多數之債務者有數人時，應由受被參加人之委託者或預備付款人參加之（票八〇III）。例如甲、乙二人，均以同一之票據債務人為被參加付款人而參加付款，其中甲係受該票據債務人，即被參加人之委託而參加付款之人，乙為無關之第三人，此際應由甲參加付款。

三、參加付款之金額

按一部分之付款，執票人固不得拒絕（票七三）。惟於參加付款時，如僅一部參加付款，並不能阻止追索權之行使，反使票據關係複雜，故參加

付款，應就被參加人，應支付金額之全部為之（票八一）。

四、參加付款之記載

參加付款應於拒絕付款證書內記載之（票八二I），以證明參加付款之事實，俾參加付款人得行使執票人之權利。至於應記載之事項，法無明文，解釋上應由參加付款人簽名，並載明參加付款之意旨，被參加付款人之姓名及參加付款之年月日。

參加承兌人付款，以被參加承兌人為被參加付款人，預備付款人付款，以指定預備付款人之人為被參加付款人（票八二II）。無參加承兌人或預備付款人，而匯票上未記載被參加付款人者，以發票人為被參加付款人（票八二III）。

五、參加付款之通知

參加付款人非受被參加付款人之委託，而為參加者，應於參加後四日內，將參加事由，通知被參加付款人。參加付款人怠於為前項通知，因而發生損害時，應負賠償之責（票八二IV、準用票五五）。

第三項　參加付款之效力

參加付款人對於承兌人，被參加付款人及其前手取得執票人之權利（票八四I本文）。惟票據既須參加付款，自不宜繼續流通，故參加付款人不得以背書更為轉讓（票八四I但書）。至於被參加付款人之後手，則因參加付款而免除債務（票八四II）。

又參加付款人既因參加付款而取得執票人之權利，自須占有票據俾行使票上權利，故參加付款後，執票人應將匯票及收款清單交付參加付款人，有拒絕證書者，應一併交付之（票八三I）。違反前項之規定者，對於參加付款人，應負損害賠償之責（票八三II）。

第九節　追索權

第一項　追索權之概念

追索權者，乃匯票到期不獲付款或期前不獲承兌，或有其他法定原因時，執票人於保全或行使匯票上權利之行為後，對於背書人、發票人及其他票據債務人得請求償還票載金額及利息費用之權利也。因發票及背書行為而流通之票據，其前手對於後手就票載金額原負有瑕疵擔保之責，惟一般瑕疵擔保責任，僅存於直接前後手間，而追索權則及於所有前手，其效力強於一般之瑕疵擔保權。在執票人向發票人行使追索權而受清償時，該票上之一切背書人及其他票據債務人，均因之而免責；在執票人對背書人為追索而受清償時，該為清償之背書人，仍得向其自己之前手請求償還，逐一追索直至發票人為止，故發票人為票據最後之償還義務人。

第二項　追索權行使之原因

追索權行使之原因，因於到期日前或到期日後而有不同，茲依本法之規定，分述如下：

一、到期日後

匯票到期不獲付款時，執票人於行使或保全匯票上權利之行為後，對於背書人、發票人及匯票上其他債務人得行使追索權（票八五I）。

二、到期日前

有下列情形之一者，雖在到期日前，執票人亦得行使前項權利（票八五II）：

㈠匯票不獲承兌時。

㈡付款人或承兌人死亡、逃避或其他原因無從為承兌或付款提示時。

㈢付款人或承兌人受破產宣告時。

第三項　追索權行使之程序

一、票據之提示

票據為提示證券，執票人行使追索權，必須先向付款人提示票據，請求承兌或付款。匯票上雖有免除作成拒絕證書之記載，執票人仍應於所定期限內，為承兌或付款之提示，但對於執票人主張未為提示者，應負舉證之責（票九五）。若執票人因不可抗力之事變，不能於所定期限內為承兌或付款之提示，應將其事由從速通知發票人、背書人及其他票據債務人。本法第八十九條至第九十三條之規定，於前項通知準用之。不可抗力之事變終止後，執票人應即對付款人提示。如事變延至到期日後三十日以外時，執票人得逕行使追索權，無須提示或作成拒絕證書。匯票為見票即付或見票後定期付款者，前項三十日之期限自執票人通知其前手之日起算（票一〇五）。

二、拒絕證書之作成

匯票全部或一部不獲承兌或付款，或無從為承兌或付款提示時，執票人應請求作成拒絕證書證明之。付款人或承兌人在匯票上記載提示日期，及全部或一部承兌或付款之拒絕，經其簽名後，與作成拒絕證書，有同一效力。付款人或承兌人之破產，以宣告破產裁定之正本或節本證明之（票八六）。

拒絕承兌證書，應於提示承兌期限內作成之。拒絕付款證書，應以拒絕付款日或其後五日內作成之。但執票人允許延期付款時，應於延期之末日，或其後五日內作成之（票八七）。

發票人或背書人，得為免除作成拒絕證書之記載。發票人為前項記載時，執票人得不請求作成拒絕證書而行使追索權。但執票人仍請求作成拒絕證書時，應自負擔其費用。背書人為第一項記載時，僅對於該背書人發生效力。執票人作成拒絕證書者，得向匯票上其他簽名人，要求償還其費用（票九四）。又拒絕承兌證書作成後，無須再為付款提示，亦無須再請求作成付款拒絕證書（票八八）。

三、拒絕事由之通知

㈠通知之期限

執票人應於拒絕證書作成後四日內，對於背書人、發票人及其他匯票上債務人，將拒絕事由通知之。如有特約免除作成拒絕證書時，執票人應於拒絕承兌或拒絕付款後四日內，為前項之通知。背書人應於收到前項通知後四日內，通知其前手。背書人未於票據上記載住所或記載不明時，其通知對背書人之前手為之（票八九）。因不可抗力不能於本法第八十九條所定期限內，將通知發出者，應於障礙中止後，四日內行之（票九二 I）。

㈡通知之免除

發票人、背書人及匯票上其他債務人，得於本法第八十九條所定通知期限前，免除執票人通知之義務（票九〇）。

㈢通知之方法

通知得用任何方法為之。但主張於本法第八十九條所定期限內曾為通知者，應負舉證之責。付郵遞送之通知，如封面所記被通知人之住所無誤，視為已經通知（票九一）。是通知效力之發生，採發信主義，即以發信日為通知日，故證明於本法第八十九條所定期間內，已將通知發出者，認為遵守通知期限（票九二 II）。

㈣通知之違反

不於本法第八十九條所定期限內為通知者，仍得行使追索權。但因其怠於通知發生損害時，應負賠償之責，其賠償金額，不得超過匯票金額（票九三）。

第四項　追索權之效力

一、對人之效力

(一)關於償還義務人者

發票人、承兌人、背書人及其他票據債務人，對於執票人連帶負責（票九六I）。

(二)關於追索權利人者

1.飛越追索權

又稱選擇追索權，乃執票人得不依負擔債務之先後，對於前項債務人之一人或數人或全體行使追索權（票九六II）。

2.轉向追索權

又稱變更追索權，乃執票人對於債務人之一人或數人已為追索者，對於其他票據債務人，仍得行使追索權（票九六III）。

3.代位追索權

又稱再追索權，乃被追索者，已為清償時，與執票人有同一權利（票九六IV）。亦即對於其前手得再為追索之權利。

二、對物之效力

(一)得追索之金額

執票人向匯票債務人行使追索權時，得要求下列金額（票九七I）：

1.被拒絕承兌或付款之匯票金額，如有約定利息者，其利息。

2.自到期日起如無約定利率者，依年利六釐計算之利息。

3.作成拒絕證書與通知及其他必要費用。

於到期日前付款者，自付款日至到期日前之利息，應由匯票金額內扣除。無約定利率者，依年利六釐計算（票九七II）。

(二)再追索之金額

被追索者，已為清償時，與執票人有同一權利，得向承兌人或前手再追索。惟執票人為發票人，對其前手無追索權。執票人為背書人時，對該背書之後手無追索權（票九九）。再追索得要求下列金額（票九八 I）：

1.所支付之總金額。

2.前款金額之利息。

3.所支出之必要費用。

發票人為本法第九十七條之清償者，向承兌人要求之金額同（票九八 II）。

匯票債務人為清償時，執票人應交出匯票，有拒絕證書時，應一併交出（票一〇〇 I）。匯票債務人為前項清償，如有利息及費用者，執票人應出具收據及償還計算書（票一〇〇 II）。俾便利償還義務人更向前手再追索。惟匯票金額一部分獲承兌時，清償未獲承兌部分之人，得要求執票人在匯票上記載其事由，另行出具收據，並交出匯票之謄本及拒絕承兌證書（票一〇一）。蓋以執票人尚須保留該匯票，俾於到期日向承兌人請求已承兌部分之付款也。

又背書人為清償時，背書人及其後手均已免除票據上之責任，故得塗銷自己及其後手之背書（票一〇〇 III），以免票據流入善意第三人之手，致受不測之損害。

三、追索權之喪失

執票人不於本法所定期限內為行使或保全匯票上權利之行為者，對於前手喪失追索權（票一〇四 I）。執票人不於約定期限內為前項行為者對於該約定之前手，喪失追索權（票一〇四 II）。所謂法定期限，係指承兌提示期限、付款提示期限及拒絕證書作成期限而言（票四五、四八、六六、六九、七〇、八七）。所謂約定期限，係指發票人或承兌人指定之承兌期限、發票人依特約縮短或延長之承兌或付款之提示期限而言（票四四、四五 II、六六 II）。

第五項　回頭匯票

一、回頭匯票之概念

　　有追索權者，得以發票人或前背書人之一人或其他票據債務人為付款人，向其住所所在地發見票即付之匯票。但有相反約定時，不在此限（票一○二 I）。此即所謂之回頭匯票。票據追索權人固得向其前手追索要求其現實清償票款外，亦得以發行回頭匯票之方式，以結束其法律關係。發行回頭匯票之實益，見之於追索權人與被追索權人不在同一地時，此時追索權人可簽發回頭匯票向銀行貼現或清償債務，先行作金融上之周轉。惟此項回頭匯票之發行，必須當事人無相反之約定，其匯票所載之付款地，須為償還義務人之住所地，匯票之到期日，限於見票即付，以免遷延時日徒增費用。

二、回頭匯票之金額

　　前項匯票之金額，於本法第九十七條及第九十八條所列者外，得加經紀費及印花稅（票一○二 II）。執票人依本法第一百零二條之規定發匯票時，其金額依原匯票付款地匯往前手所在地之見票即付匯票之市價定之（票一○三 I）。背書人依本法第一百零二條之規定發匯票時，其金額依其所在地匯往前手所在地之見票即付匯票之市價定之（票一○三 II）。前二項市價，以發票日之市價為準（票一○三 III）。

第十節　拒絕證書

第一項　拒絕證書之概念

　　拒絕證書者，乃證明執票人已為行使或保全票據上權利之行為，而未獲結果或無從為此行為之要式證書。票據上權利之行使或保全，執票人不於法定期限內為之者，常生喪失追索權之效果。拒絕證書即在證明執票人曾經依法或無從行使票據權利，以為行使追索權之根據。其性質為證書，而非證券，祇能證明事實之有無，非表彰權利之工具。拒絕證書應依法定方式為之，故為要式證書，其證據力較強，若無反證，應推定其內容為真實。且執票人就已為行使或保全票據權利之行為除法律另有規定外，原則上均應以拒絕證書證明之，不得以其他證據代替。

　　拒絕證書，因其內容之不同，可分為下列各種：

一、拒絕承兌證書

　　乃匯票不獲承兌或無從為承兌提示時，所作成之拒絕證書（票八六）。

二、拒絕付款證書

　　乃匯票不獲付款或無從為付款提示時，所作成之拒絕證書（票八六）。

三、拒絕交還複本證書

　　乃提示承兌送出之複本，不獲接收人交還時，所作成之拒絕證書（票一一七III）。

四、拒絕交還原本證書

　　乃提示承兌送出之原本，不獲接收人交還時，所作成之拒絕證書（票

一一九Ⅲ)。

此外尚有拒絕見票證書，則為本票所獨有（票一二二Ⅲ），其詳容後述之。

第二項・拒絕證書之作成

一、作成機關

拒絕證書，由執票人請求拒絕承兌地或拒絕付款地之法院公證處、商會或銀行公會作成之（票一〇六）。上開法定作成拒絕證書之機關，究在何一機關作成，執票人有選擇之權，並無先後次序之分。

二、記載事項

拒絕證書為要式證書。拒絕證書應記載下列各款，由作成人簽名並蓋作成機關之印章（票一〇七）：

㈠拒絕者及被拒絕者之姓名或商號。

㈡對於拒絕者，雖為請求，未得允許之意旨，或不能會晤拒絕者之事由或其營業所住所或居所不明之情形。

㈢為前款請求或不能為前款請求之地及其年月日。

㈣於法定處所外作成拒絕證書時當事人之合意。

㈤有參加承兌時，或參加付款時，參加之種類及參加人，並被參加人之姓名或商號。

㈥拒絕證書作成之處所及其年月日。

三、作成方式

拒絕證書應接續匯票上、複本上或謄本上原有之最後記載作成之。在黏單上作成者，並應於騎縫處簽名（票一一一）。對數人行使追索權時，祇須作成拒絕證書一份（票一一二）。又拒絕證書作成人，應將證書原本交付

執票人，並就證書全文另作抄本，存於事務所，以備原本滅失時之用。抄本與原本有同一效力（票一一三）。

拒絕證書記載之處所，因證書性質之不同而異，茲分述之：

㈠付款拒絕證書

付款拒絕證書，應在匯票或其黏單上作成之。匯票有複本或謄本者，於提示時僅須在複本之一份或原本或其黏單上作成之。但可能時，應在其他複本之各份或謄本上記載已作拒絕證書之事由（票一○八）。

㈡其他拒絕證書

付款拒絕證書以外之拒絕證書，應照匯票或其謄本作成抄本，在該抄本或其黏單上作成之（票一○九）。蓋以拒絕付款以外之情形，如拒絕承兌有人參加承兌時，執票人仍可將原票據流通，故以作成抄本為宜。

㈢拒絕交還原本證書

執票人以匯票之原本請求承兌或付款，而被拒絕並未經返還原本時，其拒絕證書，應在謄本或其黏單上作成之（票一一○）。

第十一節　複　本

第一項　複本之概念

複本者，乃就單一之票據關係，所發行之數份票據證券。複本，僅匯票有之，本票及支票不得發行複本。複本係原匯票之複製，雖有數份，其所表彰之票據關係，則屬單一，每份複本均為獨立有效之票據，不論其發行之先後，其相互間雖有編號，惟效力並無優劣之分。複本僅係表彰同一之票據關係，故如有一份複本已經承兌，其餘各份即不得再為承兌。如有一份複本已為付款，則其餘複本即失提示付款之效力。法律之所以承認複本之制度者，一以預防隔地提示之失誤，二以助長票據之流通。

第二項　複本之發行及款式

一、複本之發行

匯票之受款人，得自負擔其費用，請求發票人發行複本（票一一四 I 本文）。故複本之發行人以發票人為限，其他票據關係人並無發行複本之權限。得向發票人請求發行複本者，亦限於發票人之直接後手受款人，若受款人以外之執票人，請求發行複本時，須依次經由其前手請求之，並由其前手在各複本上，為同樣之背書（票一一四 I 但書）是為遞次請求主義，以避免各複本之內容發生不一致。又複本之發行以三份為限（票一一四 II），藉以杜絕濫發及流弊。

二、複本之款式

複本為原匯票內容之複製，為便於區分是否為同一票據關係之複本，藉以保護交易之安全，複本應記載同一文句，標明複本字樣，並編列號數，未經標明複本字樣，並編列號數者，視為獨立之匯票（票一一五）。

第三項　複本之效力

一、對於票據債務人之效力

匯票雖有複本數份，惟係表彰同一之票據關係，故就複本之一付款時，其他複本失其效力（票一一六 I 本文）。但承兌人對於經其承兌而未取回之複本，應負其責（票一一六 I 但書）。蓋每份複本均有獨立之效力也。同理，背書人將複本分別轉讓於二人以上時，對於經其背書而未收回之複本，應負其責（票一一六 II）。將複本各份背書轉讓與同一人者，該背書人為償還時，得請求執票人交出複本之各份。但執票人已立保證或提供擔保者，不

在此限（票一一六Ⅲ）。

二、對於執票人之效力

為提示承兌送出複本之一者，應於其他各份上載明接收人之姓名或商號及其住址（票一一七Ⅰ）。匯票上有前項記載者，執票人得請求接收人交還其所接收之複本（票一一七Ⅱ）。接收人拒絕交還時，執票人非以拒絕證書證明下列各款事項，不得行使追索權（票一一七Ⅲ）：

(一)曾向接收人請求交還此項複本而未經其交還。

(二)以他複本為承兌或付款之提示，而不獲承兌或付款。

第十二節　謄　本

第一項　謄本之概念

謄本者，乃執票人依票據原本所為之謄寫本也。謄本之效用，亦在助長票據之流通，其實益乃在原本送承兌時，得在謄本上為背書或保證行為。匯票及本票均得有之，支票則無。謄本並非發票人所作，其效力不及複本，複本之各份，各有其獨立之效力，而謄本僅為票據之補充，必與原本相合，始有票據上之權利。故不能以之為承兌或付款之提示。且謄本僅可為背書及保證行為，其他票據行為則不得為之。又謄本之作成，可由執票人隨時為之，即執票人隨時有作成匯票謄本之權利（票一一八Ⅰ），此亦與複本有所不同。

第二項　謄本之發行及款式

謄本之作成，自受款人以下之執票人，均有權為之。謄本應標明謄本字樣，謄寫原本上之一切事項，並註明迄於何處為謄寫部分（票一一八Ⅱ）。

執票人就匯票作成謄本時，應將已作成謄本之旨，記載於原本（票一一八 III）。

第三項　謄本之效力

一、背書及保證

背書及保證，亦得在謄本上為之，與原本上所為之背書及保證，有同一效力（票一一八IV）。

二、交還原本

為提示承兌送出原本者，應於謄本上載明，原本接收人之姓名或商號及其住址。匯票上有前項記載者，執票人得請求接收人交還原本。接收人拒絕交還時，執票人非將曾向接收人請求交還原本而未經其交還之事由，以拒絕證書證明，不得行使追索權（票一一九）。

習 題

一、匯票經空白背書後，其轉讓之方法有幾種？試列舉以對。
二、發票人或背書人於票據上記載禁止轉讓者，其效力有何不同？
三、何謂背書連續？其效力如何？
四、試分述回頭背書與期後背書之意義及效果。
五、試述匯票承兌之方式及效力。
六、匯票之承兌有何限制？違反限制時其效力如何？
七、匯票保證之方式及效力各為何？
八、匯票之到期日應如何計算？
九、何謂追索權？又追索權行使之程序為何？
十、匯票之追索權有何效力？試說明之。
十一、試述複本之意義及其效力。

第三章 本 票

第一節 發票及款式

本票者，謂發票人簽發一定之金額，於指定之到期日，由自己無條件支付與受款人或執票人之票據（票三）。本票雖與匯票同為信用證券，惟係自己為支付行為，與匯票或支票係委託第三人支付者不同。票據為要式證券，是以本票應記載下列事項，由發票人簽名（票一二○Ⅰ）：

㈠表明其為本票之文字。

㈡一定之金額。

㈢受款人之姓名或商號。

㈣無條件擔任付款。

㈤發票地。

㈥發票年、月、日。

㈦付款地。

㈧到期日。

以上㈠、㈡、㈣及㈥款事項，屬於絕對必要記載事項，其餘各款為任意必要記載事項，亦即：

1.未載到期日者，視為見票即付（票一二○Ⅱ）。

2.未載受款人者，以執票人為受款人（票一二○Ⅲ）。

3.未載發票地者，以發票人之營業所、住所或居所所在地為發票地（票一二○Ⅳ）。

4.未載付款地者，以發票地為付款地（票一二○Ⅴ）。

又見票即付，並不記載受款人之本票，其金額須在五百元以上（票一

二〇VI)。蓋此種無記名式見票即付本票，與紙幣相類似，如不加以金額之限制，恐與一般貨幣相混致擾亂金融制度。

第二節　本票發票人之責任

本票發票人所負之責任，與匯票承兌人同 (票一二一)。蓋匯票之發票人，係委託第三人支付票據金額，故負票據付款之義務者為承兌人；而本票之發票人，係自為票據金額之支付，立於票據主債務人之地位，其對於執票人，須負第一次絕對清償之責任，與匯票之承兌人相同。

第三節　本票之見票

見票後定期付款之本票，為確定其到期日之起算點，於執票人提示時，由發票人於本票上記載見票字樣並簽名之行為，謂之見票行為。本票無所謂承兌之提示，見票後定期付款之本票，如不為見票之提示，將無從確定其到期日，故見票後定期付款之本票，應由執票人向發票人為見票之提示，請其簽名，並記載見票字樣及日期，其提示期限，準用本法第四十五條之規定。未載見票日期者，應以所定提示見票期限之末日為見票日。發票人於提示見票時，拒絕簽名者，執票人應於提示見票期限內，請求作成拒絕證書。執票人依前項規定作成見票拒絕證書後，無須再為付款之提示，亦無須再請求作成付款拒絕證書。執票人不於本法第四十五條所定期限內為見票之提示或作成拒絕證書者，對於發票人以外之前手喪失追索權。

第四節　本票之強制執行

為加強本票之獲償性，助長本票之流通起見，本法特規定執票人向本票發票人行使追索權時，得聲請法院裁定後強制執行 (票一二三)。亦即無須先經民事訴訟程序，取得法院判決為執行名義，而得逕行聲請法院裁定，

即可強制執行。

本票許可強制執行之裁定，祇能以本票之發票人為對象，至背書人、保證人及其他票據債務人，則不得對之聲請裁定強制執行。又裁定許可執行之範圍，應以法律許可得在票上記載之事項為限，如利息之記載，得併許可強制執行，若違約金之約定，則不得許可強制執行。

又依現行非訟事件法第一百九十五條規定發票人主張本票係偽造、變造者，應於接到法院許可強制執行之裁定後二十日之不變期間內，對執票人向為裁定法院提起確認之訴。發票人證明已依前項規定提起訴訟時，執行法院應停止強制執行。但得依執票人之聲請，許其提供相當擔保，繼續強制執行，亦得依發票人聲請，許其提供相當擔保，停止強制執行。以兼顧執票人及發票人雙方之利益。

第五節　匯票規定之準用

關於票據之立法，各國大都以匯票為中心，對於本票，率多準用匯票有關之規定，我國票據法亦然。依本法規定下列本法第二章關於匯票之規定，均於本票準用之（票一二四）：

㈠本法第一節第二十五條第二項（無記名匯票變更為記名匯票）、第二十六條第一項（擔當付款人）及第二十八條（利息及利率）關於發票人之規定。

㈡本法第二節關於背書之規定，除第三十五條（預備付款人）外。

㈢本法第五節關於保證之規定。

㈣本法第六節關於到期日之規定。

㈤本法第七節關於付款之規定。

㈥本法第八節關於參加付款之規定，除第七十九條及第八十二條第二項（向參加承兌人或預備付款人為付款人之提示）外。

㈦本法第九節關於追索權之規定，除第八十七條第一項、第八十八條及第一百零一條（以承兌為基礎之追索）外。

㈧本法第十節關於拒絕證書之規定。

㈨本法第十二節關於謄本之規定，除第一百十九條（以承兌為基礎之規定）外。

習　題

一、本票應記載之事項為何？試列述之。

二、試述本票發票人之責任。

三、現行法對於本票之強制執行設有如何之規定？

第四章 支 票

第一節 發票及款式

第一項 支票之發行

　　支票者，謂發票人簽發一定之金額，委託金融業者於見票時，無條件支付與受款人或執票人之票據。前項所稱金融業者，係指經財政部核准辦理支票存款業務之銀行、信用合作社、農會及漁會（票四）。支票雖亦係委託第三人支付，惟其付款人之資格受有限制，即僅以本法第四條所定之金融業者為限（票一二七），與匯票係任何第三人均可為付款人者不同。蓋以支票係支付證券，限於見票即付，有替代現金之功能，故特別注重付款人隨時為現實支付之能力。支票限於見票即付，如有相反之記載者，其記載無效（票一二八 I）。惟支票在票載發票日前，執票人不得為付款之提示（票一二八II），以是本法雖未以明文直接承認遠期支票，而實質上已將支票之發票日兼作到期日之用，支票為支付證券之性質，亦因此而兼具有信用證券之性質。

　　發票人應照支票文義擔保支票之支付（票一二六），是為發票人擔保付款之責任。故於付款人拒絕付款時，對於受款人及其後手，應負絕對的最後償還之責。又支票無承兌制度，但有保付行為，支票經付款人保付後，發票人即免除其責任，此與匯票經承兌後，發票人仍應負責者不同。

第二項　支票之款式

支票應記載下列事項，由發票人簽名（票一二五 I）：

㈠表明其為支票之文字。

㈡一定之金額。

㈢付款人之商號。

㈣受款人之姓名或商號。

㈤無條件支付之委託。

㈥發票地。

㈦發票年、月、日。

㈧付款地。

以上㈠、㈡、㈢、㈤、㈦及㈧款事項，屬於絕對必要記載事項。其餘各款為相對必要記載事項，亦即：

　1.未載受款人者，以執票人為受款人（票一二五II）。此即一般所謂之無記名支票。

　2.未載發票地者，以發票人之營業所、住所或居所為發票地（票一二五III）。

又發票人得以自己或付款人為受款人，並得以自己為付款人（票一二五IV），以發票人自己為受款人，稱為己受支票；以付款人為受款人者，稱為付受支票；以發票人自己為付款人者，稱為己付支票。

第二節　支票之提示

第一項　提示之期限

支票之提示，僅有付款之提示。依本法規定，支票之執票人，應於下

列期限內，為付款之提示（票一三〇）：

　㈠發票地與付款地在同一省（市）區內者，發票日後七日內。

　㈡發票地與付款地不在同一省（市）區內者，發票日後十五日內。

　㈢發票地在國外，付款地在國內者，發票日後二個月內。

第二項　提示之效力

一、積極之效力

　　執票人於本法第一百三十條所定提示期限內，為付款之提示而被拒絕時，對於前手得行使追索權。但應於拒絕付款日或其後五日內，請求作成拒絕證書。付款人於支票或黏單上記載拒絕文義及其年、月、日，並簽名者，與作成拒絕證書，有同一效力（票一三一）。依我國銀行向來習慣，對於支票被拒絕付款時，均由付款人作成退票理由單黏連於支票上，其效力與拒絕證書同。執票人向支票債務人行使追索權時，得請求自為付款提示日起之利息，如無約定利率者，依年利六釐計算（票一三三）。

二、消極之效力

　　執票人不於本法第一百三十條所定期限內為付款之提示，或不於拒絕付款日或其後五日內，請求作成拒絕證書者，對於發票人以外之前手，喪失追索權（票一三二）。對於發票人之追索權，不因已逾期提示或逾期作成拒絕證書而受影響，故發票人雖於提示期限經過後，對於執票人仍負責任。但執票人怠於提示，致使發票人受損失時，應負賠償之責，其賠償金額，不得超過票面金額（票一三四）。例如執票人不於法定期限內為付款之提示，嗣後付款人倒閉，致發票人不能取回其存款時，此項損失得就其應付之支票金額內扣除之。惟其扣除之金額，不得超過票面金額，最多以扣至支票金額之全部為止。

第三節　支票之付款

第一項　提示期限經過後之付款

付款人於提示期限經過後，仍得付款。但有下列情事之一者，不在此限（票一三六）：

㈠發票人撤銷付款之委託時

發票人於法定付款提示期限內，不得撤銷付款之委託，俾鞏固支票之信用，保護執票人之權利。其於提示期限經過後，發票人則得撤銷付款之委託，付款人自應受此撤銷付款委託之拘束。至於支票之遺失或被盜，應依本法第十八條止付與公示催告之程序辦理。其以惡意或重大過失取得票據者，亦不得撤銷付款委託。如有阻止取款之必要，可依民事訴訟法假處分程序，聲請法院為禁止占有票據之人向付款人請求付款之假處分。

㈡發行滿一年時

因票據上之權利，對支票發票人，自發票日起算，一年間不行使，因時效而消滅（票二二 I 後段）故也。

第二項　一部付款

付款人於發票人之存款或信用契約所約定之數足敷支付支票金額時，應負支付之責。但收到發票人受破產宣告之通知者，不在此限（票一四三）。惟付款人於發票人之存款或信用契約所約定之數不敷支付支票金額時，得就一部分支付之（票一三七 I）。前項情形，執票人應於支票上記明實收之數目（票一三七 II）。

第三項　轉帳或抵銷

以支票轉帳或為抵銷者，視為支票之支付（票一二九）。蓋支票為支付證券，本應現實支付，轉帳及抵銷，雖無支付之形式，惟實質上與現實支付無異。以支票轉帳者，例如甲與乙均於 A 銀行設有存款戶，今甲持有乙發行委託 A 銀行付款之支票，請求 A 銀行將該支票金額轉入自己存款戶是。以支票為抵銷者，例如甲於 A 銀行設有活期存款戶，今甲欲清償其欠 A 銀行之金錢債務，乃發行相當於該金錢債務金額而以 A 為付款人兼受款人之支票，以抵銷其債務是。

第四節　保付支票

支票經付款人於票上記載照付或保付或其他同義字樣並簽名者，為保付支票。支票經保付後，有如下之效力：

一、對付款人之效力

㈠付款人於支票上記載照付或保付或其他同義字樣並簽名後，其付款責任與匯票承兌人同（票一三八 I）。

㈡付款人於提示期限經過後如發票人撤銷付款委託或發行滿一年時，依本法第一百三十六條之規定，付款人不得付款，惟支票如經付款人保付後，則不適用此項規定（票一三八Ⅳ），亦即仍應付款。

㈢支票經付款人保付後，通常均從存戶帳中將該票載金額，另行劃開，以備受款人或執票人隨時提取，若發票人存款數額，不敷票載金額時，付款人自不應予以保付，故付款人不得為存款額外或信用契約所約定數目以外之保付，違反者應科以罰鍰。但罰鍰不得超過支票金額（票一三八Ⅲ），以免發生保付後不能付款之情事。

二、對發票人及背書人之效力

支票經付款人保付後，發票人及背書人免除其責任（票一三八II）。

三、對執票人之效力

㈠保付支票不適用本法第十八條關於票據喪失時，票據權利人得為止付通知之規定（票一三八IV），亦即保付支票喪失時，執票人不得為止付之通知。蓋保付支票，付款人應負絕對付款責任，須隨時兌現，類似於貨幣，故不許止付之通知，惟仍得為公示催告之聲請。

㈡經付款人保付之支票，不適用本法第一百三十條關於付款提示期限之規定（票一三八IV）。亦即執票人不受付款提示期限之限制，於提示期限外，仍得請求付款。

第五節　平行線支票

一、平行線支票之概念

平行線支票，亦稱劃線支票。乃在支票正面劃平行線二道，而僅得對金融業者支付之支票也。按支票之付款人原不負審查執票人取得支票有無合法權源之責，於支票遺失或失竊時，將有被人冒領致生損害之虞，惟如使用平行線支票者，因只能對金融業者支付，一般執票人則須委託金融業者代為取款，萬一支票失竊或遺失被人冒領時，不難由請求付款之金融業者，查明執票人為何人，進而追究其責任，對於支票之安全可確保無虞。

二、平行線支票之種類

㈠普通平行線支票

即支票經在正面劃平行線二道者，付款人僅得對金融業者支付票據金額（票一三九I）。

劃平行線支票之執票人，如非金融業者，應將該項支票存入其在金融業者之帳戶，委託其代為取款（票一三九Ⅲ）。

㈡特別平行線支票

即支票上平行線內記載特定金融業者，付款人僅得對特定金融業者，支付票據金額。但該特定金融業者為執票人時，得以其他金融業者為被背書人，背書後委託其取款（票一三九Ⅱ）。

支票上平行線內，記載特定金融業者，應存入其在該特定金融業者之帳戶，委託其代為取款（票一三九Ⅳ）。

三、平行線之撤銷

劃平行線之支票，得由發票人於平行線內記載照付現款或同義字樣，由發票人簽名或蓋章於其旁，支票上有此記載者，視為平行線之撤銷。但支票經背書轉讓者，不在此限（票一三九Ⅴ）。平行線由發票人、背書人或執票人劃之，均無不可。惟平行線撤銷之權，專屬於發票人，其他之人不得撤銷。又支票經背書轉讓者，因無從認定平行線係由何人所劃，即使發票人亦不得撤銷。

四、付款人之責任

違反上述本法第一百三十九條關於平行線支票規定而付款者，應負賠償損害之責。但賠償金額不得超過支票金額（票一四〇）。

第六節　濫發支票之制裁

所謂濫發支票，係指發票人發行不獲兌現之空頭支票也。茲就本法對於空頭支票之制裁規定，分述如下：

一、無存款之空頭支票

發票人無存款餘額，又未經付款人允許墊借而簽發支票，經執票人提

示不獲支付者，處三年以下有期徒刑、拘役或科或併科該支票面額以下之罰金（票一四一 I）。

二、超過存款之空頭支票

發票人簽發支票時，故意將金額超過其存數或超過付款人允許墊借之金額，經執票人提示不獲支付者，處三年以下有期徒刑、拘役或科或併科該不足金額以下之罰金（票一四一 II）。

三、提回存款之空頭支票

發票人於本法第一百三十條所定之期限內，故意提回其存款之全部或一部或以其他不正當方法，使支票不獲支付者，準用前二項之規定（票一四一 III）。

前三項情形，移送法院辦法，由中央主管機關定之（票一四一 IV）。

又上述空頭支票處罰之案件，不適用刑法第五十六條之規定（票一四二）。所謂刑法第五十六條之規定，係指連續犯之規定，亦即不適用連續數行為而犯同一罪名者，以一罪論，但得加重其刑至二分之一之規定。而係以一票一罪，依刑法第五十條規定併合處罰，再依同法第五十一條規定定其應執行刑。

四、施行期限

鑑於債權人倚賴空頭支票須負擔刑責之規定，而樂於收受支票，甚至以遠期支票代替匯票、本票之使用，導致票據犯激增。為確實達到支票發票人憑具資金及信用簽發支票之目的，七十五年六月修正之票據法特增設規定本法第一百四十一條、第一百四十二條之施行期限至中華民國七十五年十二月三十一日屆滿。在施行期限內之犯罪，仍依行為時法律處罰，不適用刑法第二條之規定。但發票人於辯論終結前清償支票金額之一部或全部者，減輕或免除其刑（票一四四之一）。其後為貫徹廢止支票刑罰之政策，復於七十六年六月再度修正票據法，刪除第一百四十四條之一條文。至此

票據犯罪之規定，已全然廢止矣。

第七節　匯票規定之準用

下列本法第二章關於匯票之規定，均於支票準用之（票一四四）：

㈠本法第一節第二十五條第二項（無記名匯票變更為記名匯票）關於發票人之規定。

㈡本法第二節關於背書之規定，除第三十五條（預備付款人）外。

㈢本法第七節關於付款之規定，除第六十九條第一項（付款之提示期限）、第二項（擔當付款人之提示）、第七十條（延期付款）、第七十二條（期前付款）及第七十六條（票據金額之提存）外。

㈣本法第九節關於追索權之規定，除第八十五條第二項第一款、第二款（以承兌為基礎之事項）、第八十七條、第八十八條（拒絕承兌證書之作成）、第九十七條第一項第二款、第二項（依到期日為準之利息計算）及第一百零一條（一部承兌之追索）外。

㈤本法第十節關於拒絕證書之規定，除第一百零八條第二項、第一百零九條及第一百十條（複本、謄本、抄本有關事項）外。

習　題

一、支票應記載之事項為何？試列述之。

二、試述支票提示之期限及效力。

三、支票之付款人於提示期限經過後，是否仍得付款？

四、何謂保付支票？又支票經保付後其效力如何？

五、何謂平行線支票？又平行線如何撤銷？

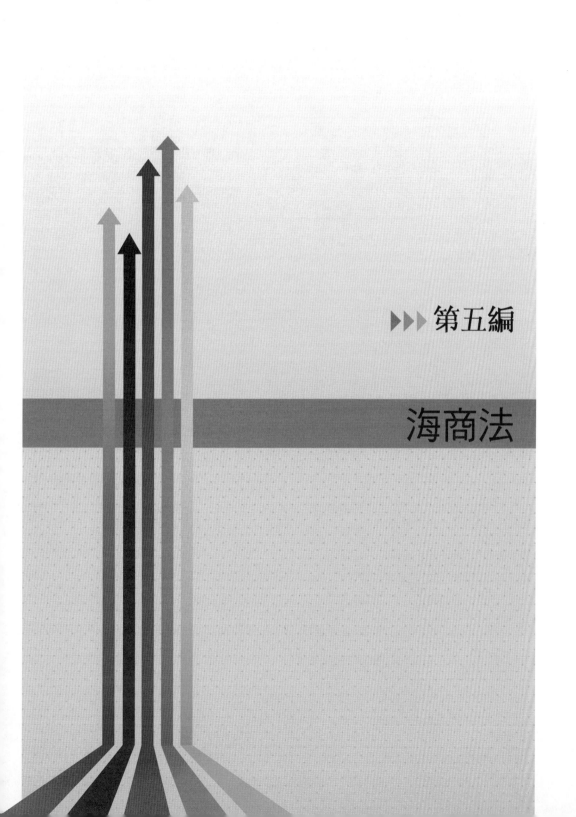

▶▶▶ 第五編

海商法

第一章　通　則

第一節　船舶之意義

船舶有廣狹二義。船舶法所稱船舶，係指凡在水面或水中可供航行之船舶（船四），為廣義之船舶。海商法所稱船舶，則係指在海上航行，或在與海相通水面或水中航行之船舶（海一），為狹義之船舶。後者航行之區域僅限於海上或與海相通之水面或水中，其義較狹。海商法所謂之船舶，應具備下列要件：

一、須供航行之用

其非供航行之用者，如橋船、躉船、燈船等，為僅停泊於一定之港口者，非此所謂船舶。

二、須在海上航行或在與海相通水面或水中航行

所謂海上，即海洋之義。所謂與海相通，係指該項船舶除航行於海洋外，並進出與海相通之水面或水中，作混合之航行。至若僅在與海相通之水面或水中航行，並不進出於海洋航行者，仍為一般之內河船舶，不論其噸位若干，均非本法所謂之船舶。

第二節　不適用海商法之船舶

海商法所稱之船舶，其意義已如前所述。惟下列船舶，或因容量與設備太差，或因非屬商船範圍，或因航行區域不在海洋，故除因船舶碰撞，

仍依本法規定，以決定其損害賠償責任與訴訟程序外，不適用本法之規定（海三）：

一、船舶法所稱之小船

船舶法所稱之小船，係指總噸位未滿五十噸之非動力船舶，或總噸位未滿二十噸之動力船舶（船三 1）。動力船舶，謂裝有機械用以航行之船舶。小船不堪航行於海上，故不適用海商法之規定。

二、軍事建制之艦艇

軍事建制之戰鬥艦、巡邏艇、運輸艦等，係供作戰或輔助作戰之用，無營利情形，均非商船，自不適用海商法之規定。

三、專用於公務之船舶

專用於公務而非從事商運營利之船舶，如海關緝私船、水上警察船等，與一般商船性質不同，亦不適用海商法之規定。

四、第一條規定以外之其他船舶

凡非在海上或非在與海相通之水面或水中航行之船舶均屬之。如專在內河航行之船舶，或非以航行為目的之船舶，如引水船等，非海商法所稱之船舶，不適用海商法之規定。

第三節　船舶之特性

稱不動產者，謂土地及其定著物（民六六）；稱動產者，為前條所稱不動產以外之物（民六七）。船舶既非土地，亦非土地之定著物，故除本法有特別規定外，適用民法關於動產之規定（海六）。船舶之為動產，固無疑義，惟其性質與一般動產不同，具有不動產性及人格性，茲分述之：

一、船舶之不動產性

船舶因體積大、價值高、移轉難，故在法律上常與不動產同視。其情形如下：

(一)登　記

不動產物權，依法律行為而取得、設定、喪失及變更者，非經登記，不生效力（民七五八 I），而在動產則無須登記。船舶雖為動產，但船舶關於所有權、抵押權及租賃權之保存、設定、移轉、變更、限制、處分或消滅，非經登記，不得對抗第三人（海九、三六、船登三、四）。惟船舶登記僅為對抗要件，與一般不動產係採登記要件主義者，仍有不同。

(二)抵　押

按抵押權之標的，依民法所定，原應以不動產為限（民八六〇），惟依本法規定亦得就船舶設定抵押權（海三三）。

(三)強制執行

海商法所定之船舶，其強制執行，除強制執行法另有規定外，準用關於不動產執行之規定（強執一一四）。

二、船舶之人格性

船舶為物，係屬權利之客體，惟其法律上之地位與權利主體之自然人或法人，頗多類似之處。其情形如下：

(一)船　名

船名由船舶所有人自定，但不得與他船船名相同（船十二）。

(二)國　籍

自然人有本國人與外國人之分，法人則有本國法人與外國法人之別。而船舶亦可區分為中華民國船舶與非中華民國船舶（船五）。中華民國船舶，原則上非領有中華民國船舶國籍證書、中華民國臨時船舶國籍證書、遊艇證書或小船執照，不得航行（船九）。

(三)船籍港

船舶之船籍港有如自然人或法人之住所。船舶所有人應自行認定船籍港（船十三）。

第四節　船舶之強制執行

船舶得為強制執行之標的，固與一般財產無異，惟船舶保全程序之強制執行於船舶發航準備完成時起，以迄至次一停泊港時止，不得為之（海四Ⅰ本文），以維社會公益。否則如准許債權人之聲請，逕予假扣押或假處分，不僅對船舶所有人不利，而且貨物與旅客，亦將蒙受損失。但為使航行可能所生之債務，如購買航行燃料或修理船舶等所生之債務，乃有助於本次航行，又船舶碰撞，若不立即對加害船舶實行假扣押，待終局之本案請求判決確定後，已無從追及之而為強制執行，故例外不受上開限制（海四Ⅰ但書）。

至在國境內航行之船舶，不虞逃匿，故國境內航行船舶之保全程序，得以揭示方法為之（海四Ⅱ），無庸交由他人保管，以免影響船舶之航行。

關於船舶之強制執行，強制執行法設有規定（強執一一四至一一四之三），應優先本法適用。

第五節　法律之適用

海商事件，依本法之規定，本法無規定者，適用其他法律之規定（海五）。蓋海商法為民法之特別法，依特別法優於普通法以及普通法補充特別法之原則，如海商法已設有規定時，自應優先於民法而為適用，必海商法無規定時，始得適用民法之規定。惟海事之特別法，如船舶法、船舶登記法等，則為海商法之特別法，應優先海商法而為適用。至海商法如無規定，而其他民事特別法有規定時，其他民事特別法仍優先於民法而為適用，例如海商法中之海上保險無規定時，即須先行適用保險法之規定，必保險法無規定時，始得適用民法是。

習　題

一、海商法所謂之船舶其要件為何？又何種船舶不適用海商法之規定？

二、海商法上之船舶具何特性？試列舉說明之。

三、對於船舶保全程序之強制執行，海商法設有如何限制之規定？

第二章 船 舶

第一節 船舶所有權

第一項 船舶所有權之範圍

本法第七條規定：除給養品外，凡於航行上或營業上必需之一切設備及屬具，皆視為船舶之一部。依此船舶所有權之範圍，可如下述：

一、船 體

即船舶本體，如龍骨、甲板及汽機等是。

二、設 備

即船舶上一切之固定設施，如電信、衛生及救火等設備是。船舶設備之範圍，船舶法第二十四條第一項設有規定，可供參考。

三、屬 具

即船舶之附屬器具，如鐵錨、海圖、桌椅等常助船舶航行及營業之用者均是。

船舶設備之範圍，船舶法第二十四條第一項設有規定，可供參考。至給養品，如米茶油鹽等，則不能視為船舶之一部。

第二項　船舶所有權之移轉

船舶所有權之取得，有因原始取得者，如建造是。有因繼受取得者，如繼承、讓與等是。因船舶具有不動產性，故其讓與方式與取得要件，與一般動產有異，茲分述如下：

一、船舶之讓與為要式行為

不動產物權，依法律行為而取得、設定、喪失及變更者，應以書面為之（民七五八II），是為不動產物權之要式性。而本法亦規定船舶所有權或應有部分之讓與，非作成書面並依下列之規定，不生效力（海八）：

㈠在中華民國，應申請讓與地或船舶所在地航政主管機關蓋印證明。

㈡在外國，應申請中華民國駐外使領館、代表處或其他外交部授權機構蓋印證明。

二、船舶所有權之移轉以登記為對抗要件

船舶所有權之移轉，非經登記，不得對抗第三人（海九）。係採登記對抗主義，而非採登記要件主義。亦即船舶所有權之移轉，苟已將船舶交付，即生效力（民七六一）。但如未經登記，則不得對抗第三人，與一般不動產物權依法律行為而取得，非經登記，不生效力（民七五八I）者不同。

第三項　造船之破產

船舶建造中，承攬人破產，而破產管理人不為完成建造者，船舶定造人，得將船舶及業經交付或預定之材料，照估價扣除已付定金給償收取之，並得自行出資在原處完成建造，但使用船廠，應給與報償（海十）。蓋使船舶之建造，不因承攬人之破產而中輟，以謀航海事業之發展。

第四項　船舶之共有

由於船舶價值高，加以航海風險大，故船舶所有權恆為數人所共有。惟自公司制度發達後，海運事業之經營，已漸為公司所取代。茲就本法有關船舶共有之規定，分述如下：

一、船舶共有人之內部關係

㈠共有船舶之處分

共有船舶之處分，及其他與共有人共同利益有關之事項，應以共有人過半數並其應有部分之價值合計過半數之同意為之（海十一）。所謂船舶之處分，非僅船舶之讓與，即船舶之抵押，亦屬處分行為。其他與共有人共同利益有關之事項，如船舶之出租是。

㈡應有部分之出賣

船舶共有人出賣其應有部分，固無須經他共有人之同意，得自由為之，惟如因船舶共有權一部分之出賣，致該船舶喪失中華民國國籍時，則應得共有人全體之同意（海十二II），蓋以其攸關全體共有人之利益故也。又船舶共有人有出賣其應有部分時，其他共有人，得以同一價格儘先承買（海十二I），是為船舶共有人之優先承買權。

㈢應有部分之抵押

船舶共有人，以其應有部分供抵押時，應得其他共有人過半數之同意（海十三）。蓋以應有部分供抵押，則船舶將有被扣押之虞。

㈣共有關係之退出

船舶共有人為船長而被辭退或解任時，得退出共有關係，並請求返還其應有部分之資金。前項資金數額，依當事人之協議定之，協議不成時，由法院裁判之。又上項退出共有關係之權，自被辭退之日起算，經一個月不行使而消滅（海十五），俾法律關係早日確定。

㈤共有關係之繼續

船舶之共有關係，不因共有人中一人之死亡、破產或受監護宣告而終止（海十六），以免海運事業因個人因素而中斷。

二、船舶共有人之外部關係

(一)債務之分擔

船舶共有人，對於利用船舶所生之債務，就其應有部分，負比例分擔之責（海十四I）。例如船舶之燃料或修理費用，均為利用船舶所生之債務。又共有人對於發生債務之管理行為，曾經拒絕同意者，關於此項債務，得委棄其應有部分於他共有人而免其責任（海十四II），是為船舶共有人之免責委棄權。蓋航海事業風險較大，如此所以減輕船舶共有人之責任，藉以獎勵海運事業之投資。

(二)共有船舶經理人

共有船舶其共有人非必均具有經營航業之能力，且因人數眾多，意見紛歧，故應選任共有船舶經理人，經營其業務（海十七前段）。茲就本法有關共有船舶經理人之規定，述之如下：

1.共有船舶經理人之選任

共有船舶經理人之選任，應以共有人過半數，並其應有部分之價值合計過半數之同意為之（海十七後段）。

2.共有船舶經理人之權限

共有船舶經理人，關於船舶之營運，在訴訟上或訴訟外代表共有人（海十八）。惟共有船舶經理人，非經共有人依本法第十一條規定之書面委任，不得出賣或抵押其船舶（海十九I），以示慎重。又船舶共有人，對於共有船舶經理人權限所加之限制，不得對抗善意第三人（海十九II），藉以保護交易之安全。

3.共有船舶經理人之義務

共有船舶經理人，於每次航行完成後，應將其經過情形，報告於共有人，共有人亦得隨時檢查其營業情形，並查閱帳簿（海二○），俾便監督經營而維護船舶共有人之利益。

第二節　船舶所有人之限制責任

一、限制責任之概念

海運之經營，係屬冒險性之事業，因海難發生海損，在所難免，且船長在航行中，權限極大，而海員於航行中之行為，船舶所有人亦無法直接指揮監督，故各國法律對於船舶所有人之責任，大都設有限制之規定，而不使其負無限之責任，以獎勵航海事業之投資，促進航海事業之發展，是謂船舶所有人之限制責任。本法亦規定船舶所有人所負責任，以本次航行之船舶價值、運費及其他附屬費為限（海二一 I），以獎勵航海事業之投資，促進航海事業之發展。所稱船舶所有人，包括船舶所有權人、船舶承租人、經理人及營運人（海二一 II）。所稱本次航行，指船舶自一港至次一港之航程；所稱運費，不包括依法或依約不能收取之運費及票價；所稱附屬費，指船舶因受損害應得之賠償，但不包括保險金（海二一 III）。

二、限制責任之債務

關於船舶所有人之限制責任，本法採列舉規定，以下列事項為限，負有限之責任（海二一 I）：

㈠在船上、操作船舶或救助工作直接所致人身傷亡或財物毀損滅失之損害賠償。

㈡船舶操作或救助工作所致權益侵害之損害賠償。但不包括因契約關係所生之損害賠償。

㈢沉船或落海之打撈移除所生之債務。但不包括依契約之報酬或給付。

㈣為避免或減輕前二款責任所負之債務。

三、責任限制數額之計算

第一項責任限制數額如低於下列標準者，船舶所有人應補足之：

㈠對財物損害之賠償，以船舶登記總噸，每一總噸為國際貨幣基金，特別提款權五四計算單位，計算其數額。

㈡對人身傷亡之賠償，以船舶登記總噸，每一總噸特別提款權一六二計算單位計算其數額。

㈢前二款同時發生者，以船舶登記總噸，每一總噸特別提款權一六二計算單位計算其數額。但人身傷亡應優先以船舶登記總噸，每一總噸特別提款權一〇八計算單位計算之數額內賠償，其不足額再與財物之毀損滅失，共同在現存之責任限制數額內比例分配之。

㈣船舶登記總噸不足三百噸者，以三百噸計算。

為不受未來國內幣值劇烈變動之影響，故對於責任限制數額之計算標準，不以新臺幣而採國際貨幣基金特別提款權為計算單位（以 82.12.29 之匯率換算標準，特別提款權一計算單位等於 1.38107 美元，1 美元等於 26.70 元新臺幣，新臺幣貳仟元換算為特別提款權五四計算單位）。

四、限制責任之例外

上述責任限制之規定，於下列情形不適用之（海二二），亦即船舶所有人仍應負無限之責任：

㈠本於船舶所有人之故意或過失所生之債務。蓋有此種情事，對於船舶所有人已無加保護之必要。

㈡本於船長、海員及其他服務船舶之人員之僱用契約所生之債務。例如船舶員工之薪水、工資、津貼等，此項債務多為員工及其家屬生活所仰賴者，為保護船舶服務人員，俾能安於航海工作起見，特使船舶所有人對之負無限責任。

㈢救助報酬及共同海損分擔額。

㈣船舶運送毒性化學物質或油污所生損害之賠償。

㈤船舶運送核子物質或廢料發生核子事故所生損害之賠償。

㈥核能動力船舶所生核子損害之賠償。

上列第三款至第六款係參照一九七六年海事求償責任限制國際公約第

三條規定，責任人不能適用主張限制其責任之事項而訂定。例如船舶運送毒性化學物質或油污所生損害及賠償數額皆非常嚴重及鉅大。為嚴加防範其事故之發生，國際間乃採嚴格責任（危險）主義，而不採過失責任原則。

五、船舶價值之估計

船舶所有人之限制責任，既以本次航行之船舶價值、運費及其他附屬費為限。故船舶所有人，如依本法第二十一條之規定限制其責任者，對於本次航行之船舶價值應證明之（海二三 I）。而船舶價值之估計，則應以下列時期之船舶狀態為準（海二三II）：

㈠因碰撞或其他事變所生共同海損之債權，及事變後以迄於第一到達港時所生之一切債權，其估價依船舶於到達第一港時之狀態。

㈡關於船舶在停泊港內發生事變所生之債權，其估價依船舶在停泊港內事變發生後之狀態。

㈢關於貨載之債權或本於載貨證券而生之債權，除前二款情形外，其估價依船舶於到達貨物之目的港時，或航行中斷地之狀態，如貨載應送達於數個不同之港埠，而損害係因同一原因而生者，其估價依船舶於到達該數港中之第一港時之狀態。

㈣關於本法第二十一條所規定之其他債權，其估價依船舶航行完成時之狀態。

第三節　海事優先權

一、海事優先權之概念

在一般債權，除有擔保物權者外，原應平等受償，惟海運有其特殊性，本於共益、公益或衡平之理由，乃以法律規定，基於船舶之特定債權，雖無擔保物權，亦得優先於其他債權受清償，以免因船舶所有人限制責任之結果，而無從受償。此項優先債權，係由法律規定而生，不得由當事人任

意創設。

二、海事優先權擔保之債權

下列各款為海事優先權擔保之債權，有優先受償之權（海二四）：

㈠船長、海員及其他在船上服務之人員，本於僱傭契約所生之債權。

㈡因船舶操作直接所致人身傷亡，對船舶所有人之賠償請求。

㈢救助之報酬、清除沉船費用及船舶共同海損分擔額之賠償請求。

㈣因船舶操作直接所致陸上或水上財物毀損滅失，對船舶所有人基於侵權行為之賠償請求。

㈤港埠費、運河費、其他水道費及引水費。

又本法第二十二條第四款至第六款之賠償請求，不適用本法有關海事優先權之規定（海二六）。蓋以此等賠償請求數額非常鉅大，如其損害賠償請求不排除於海事優先權之外，則其他船舶海事優先權擔保之債權恐將無法獲得賠償。

三、海事優先權之標的

依本法第二十四條規定有優先受償權之債權，其得優先受償之標的如下（海二七）：

㈠船舶、船舶設備及屬具或其殘餘物。

㈡在發生優先債權之航行期內之運費。惟本法第二十四條第一項第一款之債權，亦即船長、海員及其他在船上服務之人員，本於僱傭契約所生之債權，得就同一僱傭契約期內所得之全部運費，優先受償，不受此限（海二八）。

㈢船舶所有人因本次航行中船舶所受損害，或運費損失應得之賠償。

㈣船舶所有人因共同海損應得之賠償。

㈤船舶所有人在航行完成前，為施行救助所應得之報酬。

四、海事優先權之位次

有海事優先權擔保之債權，因得優先於其他債權而受清償。惟如有二個以上之海事優先權同時存在時，則位次在前者，得優先於位次在後者，而受清償。茲將海事優先權之位次，分述如下：

㈠同次航行之海事優先權

屬於同次航行之海事優先權，其位次應依本法第二十四條各款之規定（海二九 I）。即該條第一款為第一位，應最先受償，第二款為第二位，須俟第一款受清償後，始能受償，其餘依此類推。至若同一款中有數債權者，則不分先後，比例受償（海二九 II）。又本法第二十四條第一項第三款所列債權，如有二個以上屬於同一種類，其發生在後者，優先受償。救助報酬之發生應以施救行為完成時為準（海二九III），蓋在先之債權，係因在後之債權始得保全也。共同海損之分擔，則應以共同海損行為發生之時為準（海二九IV）。若因同一事變所發生第二十四條第一項各款之債權，無從分其先後，故應視為同時發生之債權（海二九V）。

㈡異次航行之海事優先權

不屬於同次航行之海事優先權，其後次航行之海事優先權，先於前次航行之海事優先權（海三〇）。蓋以前次航行所生之有海事優先權擔保之債權，有賴於後次航行所生之有海事優先權擔保之債權，始得保全也。

五、海事優先權之效力

債權之效力，原僅及於特定當事人間，非如物權之有追及性，得追及於物之所在而行使之。惟為防止船舶所有人逃避債務而將船舶所有權移轉於第三人，致使債權無法受償，故法律乃規定海事優先權，不因船舶所有權之移轉而受影響（海三一），使與一般擔保物權相同（民八六七）。

又本法第二十四條第一項海事優先權之位次，在船舶抵押權之前（海二四 II），亦即海事優先權與船舶抵押權如同時存在時，船舶抵押權不得先於海事優先權行使，蓋恐船舶所有人於海事優先權發生後，任意設定抵押

權，以圖妨害也。至於建造或修繕船舶所生債權，其債權人留置船舶之留置權位次，則在海事優先權之後，船舶抵押權之前（海二五）。

六、海事優先權之消滅

本法第二十四條第一項海事優先權，自其債權發生之日起，經一年而消滅。但第二十四條第一項第一款之賠償，自離職之日起算（海三二）。

第四節　船舶抵押權

稱抵押權者，謂對於債務人或第三人不移轉占有而供擔保之不動產，得就其賣得價金受清償之權（民八六○）。船舶為動產，本應為質權之標的，惟質權之設定，須移轉占有與債權人始生效力（民八八五），於船舶之利用，影響頗大，法律乃賦與其不動產性，使其得為抵押權之標的。故民法有關抵押權之規定，於船舶抵押權，亦適用之。茲就本法所設有關船舶抵押權之規定，述之如下：

一、船舶抵押權之設定方式

不動產物權，依法律行為而取得、設定、喪失及變更者，應以書面為之（民七五八II）。船舶因具有不動產性，故船舶抵押權之設定，應以書面為之（海三三），以昭慎重。又其設定，因不須移轉占有，故以登記為其公示方法，惟其登記之效力，本法係採登記對抗主義，即船舶抵押權之設定，非經登記，不得對抗第三人（海三六），與一般不動產採登記要件主義者（民七五八），仍有不同。

二、船舶抵押權之設定人

船舶抵押權之設定，除法律別有規定外，僅船舶所有人或受其特別委任之人始得為之（海三五）。

三、船舶抵押權之標的

船舶抵押權，得就建造中之船舶設定之（海三四），而不限於已建造完成之船舶，蓋以船舶之建造，耗資鉅大，為獎勵造船事業，便利資金融通，俾順利完成船舶之建造也。

四、共有船舶抵押之效力

船舶共有人中一人或數人，就其應有部分所設定之抵押權，不因分割或出賣而受影響（海三七），所以鞏固船舶抵押權之基礎也。

習　題

一、船舶所有權之移轉方法與一般動產有何不同？
二、試述船舶共有人之法律關係。
三、船舶所有人之限制責任如何？有無例外？
四、海事優先權所得優先受償之債權為何？
五、海事優先權得為優先受償之標的為何？
六、試述海事優先權之效力及其消滅之事由。
七、海商法對於船舶抵押權設有如何之規定？

第三章 運 送

第一節 貨物運送

第一項 貨物運送契約之概念

運送有陸運、空運與海運之分，本章所謂之運送係指海運而言。海運以船舶為主力，又可分為貨物運送及旅客運送兩種。旅客運送，除有特別規定外，多準用關於貨物運送之規定。貨物運送契約者，謂當事人約定一方支付運費於他方，他方以船舶由甲地代為運送貨物至乙地之契約也。因一方有支付運費之義務，他方有完成貨物運送工作之義務，故為雙務契約及有償契約，並具有承攬契約之性質。其在傭船契約，應以書面為之，又為要式契約。其在託運人指定第三人為受貨人時，又為利他契約。

第二項 貨物運送契約之種類

貨物運送契約分為下列二種（海三八）：

一、件貨運送契約

即以件貨之運送為目的之運送契約，因其係以貨物之件數為計算運費之標準，故稱之。此種貨運，多見於定期航行之大型貨輪，非專為某特定託運人運貨，而係廣泛接受一般不特定大眾之託運，猶如班車之任人搭載然，故亦稱搭載契約。

二、傭船契約

即以船舶之全部或一部供運送為目的之運送契約。其以船舶之全部供運送者為全部傭船契約；其以船舶之一部供運送者為一部傭船契約。其運費之計算係以艙位之大小為標準，猶如包車然。故於傭船人所包定之部位內，縱有餘留空地，船舶所有人非經傭船人之同意，不得任意裝載他人貨物。

傭船契約係以完成運送為目的之承攬契約與租船契約係以船舶之使用收益為目的之租賃契約二者性質不同，故於傭船契約，傭船人並不占有船舶，其航行之費用與船舶之艤裝以及船長、海員之僱用，仍由船舶所有人負責；而在租船契約，則船舶由租船人占有管理，其航行之費用與船舶之艤裝以及船長、海員之僱用，均由船舶承租人負責，是以承租人關於船舶之利用對於第三人與船舶所有人有同一之權利義務。

第三項　貨物運送契約之訂立

貨物運送契約之訂立，因件貨運送契約抑傭船契約而異，於件貨運送契約，本法無特別規定，應依民法之規定，僅託運人於運送人請求時，始應填給託運單（民六二四），故為不要式行為。其在傭船契約，本法設有特別規定，即以船舶之全部或一部供運送為目的之運送契約，應以書面為之（海三九），故為要式契約。此類運送契約，並應載明下列事項（海四〇）：

㈠當事人之姓名或名稱，及其住所、事務所或營業所。

㈡船名及對船舶之說明。

㈢貨物之種類及數量。

㈣契約期限或航程事項。

㈤運費。

又以船舶之全部或一部供運送之契約，不因船舶所有權之移轉而受影響（海四一），以保護傭船人之利益，與民法上買賣不破租賃原則（民四二

五）之立法意旨相同。

第四項　貨物運送契約之解除

貨物運送契約之解除，有法定解除與任意解除，茲分述之：

一、法定解除

運送人所供給之船舶有瑕疵，不能達運送契約之目的時，託運人得解除契約（海四二）。

二、任意解除

因其為全部傭船或一部傭船契約而異：

㈠全部傭船契約之解除

以船舶之全部供運送時，託運人於發航前得解除契約，但應支付運費三分之一，其已裝載貨物之全部或一部者，並應負擔因裝卸所增加之費用（海四三Ⅰ）。前項如為往返航程之約定者，託運人於返程發航前要求終止契約時，應支付運費三分之二（海四三Ⅱ）。前二項之規定，對於當事人之間，關於延滯費之約定不受影響（海四三Ⅲ）。

㈡一部傭船契約之解除

又可分為下列二種情形：

1.單獨解約

以船舶之一部供運送時，託運人於發航前，非支付其運費之全部，不得解除契約，如託運人已裝載貨物之全部或一部者，並應負擔因裝卸所增加之費用，及賠償加於其他貨載之損害（海四四Ⅰ）。

2.全體解約

以船舶之一部供運送時，全體託運人於發航前皆為契約之解除者，各託運人僅負與全部傭船契約解除相同責任（海四四Ⅱ），蓋運送人仍可將船舶另供他用也。

(三)任意解除之例外

本法第四十三條及第四十四條（任意解除）之規定，對船舶於一定時期內供運送或為數次繼續航行所訂立之契約，不適用之（海四五）。所謂對船舶於一定時期內供運送所訂立之運送契約，係指按時計算運費之傭船契約。所謂為數次繼續航行所訂立之契約，係指連續數次之傭船契約。上項契約，均為繼續性之契約，僅有法定解除而不得任意解除。

第五項　貨物運送契約之效力

一、貨物之運送

(一)關於託運人者

1.以船舶之全部於一定時期內供運送者，託運人僅得以約定或以船舶之性質而定之方法，使為運送（海四六）。本條只適用於全部傭船契約之定期傭船，其他運送契約，託運人對於運送之方法，無須過問。

2.託運人對於交運貨物之名稱、數量，或其包裝之種類、個數及標誌之通知，應向運送人保證其正確無訛，其因通知不正確所發生或所致之一切毀損、滅失及費用，由託運人負賠償責任。運送人不得以前項託運人應負賠償責任之事由對抗託運人以外之載貨證券持有人（海五五）。蓋以運送人依載貨證券之文義性質，對載貨證券之持有人負文義責任之故。

3.運送人或船舶所有人所受之損害，非由於託運人或其代理人受僱人之過失所致者，託運人不負賠償責任（海五七）。

(二)關於運送人者

1.運送人或船舶所有人於發航前及發航時，對於下列事項，應為必要之注意及措置：(1)使船舶有安全航行之能力。(2)配置船舶相當船員、設備及供應。(3)使貨艙、冷藏室及其他供載運貨物部分適合於受載、運送與保存。船舶於發航後因突失航行能力所致之毀損或滅失，運送人不負賠償責任。運送人或船舶所有人為免除前項責任之主張，應負舉證之責（海六二）。

2.運送人對於承運貨物之裝載、卸載、搬移、堆存、保管、運送及看守，應為必要之注意及處置（海六三）。

3.運送人知悉貨物為違禁物或不實申報物者，應拒絕之。其貨物之性質足以毀損船舶或危害船舶上人員健康者亦同。但為航運或商業習慣所許者，不在此限。運送人知悉貨物之性質具易燃性、易爆性或危險性並同意裝運後，若此貨物對於船舶或貨載有危險之虞時，運送人得隨時將其起岸、毀棄或使之無害，運送人除由於共同海損者外，不負賠償責任（海六四）。

4.運送人或船長發見未經報明之貨物，得在裝載港將其起岸，或使支付同一航程同種貨物應付最高額之運費，如有損害並得請求賠償。前項貨物在航行中發見時如係違禁物，或其性質足以發生損害者，船長得投棄之（海六五）。

二、貨物之裝卸

㈠貨物之卸載

貨物運達後，運送人或船長應即通知託運人指定之應受通知人或受貨人（海五〇）。

㈡裝卸期間

以船舶之全部或一部供運送者，運送人非於船舶完成裝貨或卸貨準備時，不得簽發裝貨或卸貨準備完成通知書（海五二I）。裝卸期間自前項通知送達之翌日起算，期間內不工作休假日及裝卸不可能之日不算入。但超過合理裝卸期間者，船舶所有人得按超過之日期，請求合理之補償（海五二II）。前項超過裝卸期間，休假日及裝卸不可能之日亦算入之（海五二III）。

㈢受領遲延

受貨人怠於受領貨物時，運送人或船長得以受貨人之費用，將貨物寄存於港埠管理機關或合法經營之倉庫，並通知受貨人（海五一I）。受貨人不明或受貨人拒絕受領貨物時，運送人或船長得依前項之規定辦理，並通知託運人及受貨人（海五一II）。運送人對於前二項貨物有下列情形之一者，得聲請法院裁定准予拍賣，於扣除運費或其他相關之必要費用後提存其價

金之餘額：1.不能寄存於倉庫。2.有腐壞之虞。3.顯見其價值不足抵償運費及其他相關之必要費用（海五一Ⅲ）。

㈣受領之效力

1.貨物一經有受領權利人受領，推定運送人已依照載貨證券之記載，交清貨物。但有下列情事之一者，不在此限：⑴提貨前或當時，受領權利人已將毀損滅失情形，以書面通知運送人者。⑵提貨前或當時，毀損滅失經共同檢定，作成公證報告書者。⑶毀損滅失不顯著而於提貨後三日內，以書面通知運送人者。⑷在收貨證件上註明毀損或滅失者（海五六Ⅰ）。

2.貨物之全部或一部毀損、滅失者，自貨物受領之日或自應受領之日起，一年內未起訴者，運送人或船舶所有人解除其責任（海五六Ⅱ）。

三、運費之負擔

㈠以船舶之全部或一部供運送者，託運人所裝載貨物，不及約定之數量時，仍應負擔全部之運費，但應扣除船舶因此所減省費用之全部，及因另裝貨物所取得運費四分之三（海四八）。

㈡託運人因解除契約，應付全部運費時，得扣除運送人因此減省費用之全部，及另裝貨物所得運費四分之三（海四九）。

㈢以船舶之全部於一定時期內供運送者，其託運人僅就船舶可使用之期間，負擔運費。但因航行事變所生之停止，仍應繼續負擔運費（海四七Ⅰ）。前項船舶之停止，係因運送人或其代理人之行為或因船舶之狀態所致者，託運人不負擔運費，如有損害，並得請求賠償（海四七Ⅱ）。船舶行蹤不明時，託運人以得最後消息之日為止，負擔運費之全部，並自最後消息後，以迄於該次航行通常所需之期間應完成之日，負擔運費之半數（海四七Ⅲ）。

㈣船舶發航後，因不可抗力不能到達目的港而將原裝貨物運回時，縱其船舶約定為去航及歸航之運送，託運人僅負擔去航運費（海六六）。

㈤船舶在航行中，因海上事故而須修繕時，如託運人於到達目的港前提取貨物者，應付全部運費（海六七）。

㈥船舶在航行中遭難，或不能航行，而貨物仍由船長設法運到目的港時，如其運費較低於約定之運費者，託運人減支兩運費差額之半數。如新運費等於約定之運費，託運人不負擔任何費用，如新運費較高於約定之運費，其增高額由託運人負擔之（海六八）。

四、免責之事由

㈠因下列事由所發生之毀損或滅失，運送人或船舶所有人，不負賠償責任（海六九）：

1.船長、海員、引水人、或運送人之受僱人，於航行或管理船舶之行為而有過失。

2.海上或航路上之危險、災難或意外事故。

3.非由於運送人本人之故意或過失所生之火災。

4.天災。

5.戰爭行為。

6.暴動。

7.公共敵人之行為。

8.有權力者之拘捕、限制或依司法程序之扣押。

9.檢疫限制。

10.罷工或其他勞動事故。

11.救助或意圖救助海上人命或財產。

12.包裝不固。

13.標誌不足或不符。

14.因貨物之固有瑕疵、品質或特性所致之耗損或其他毀損滅失。

15.貨物所有人、託運人或其代理人、代表人之行為或不行為。

16.船舶雖經注意仍不能發現之隱有瑕疵。

17.其他非因運送人或船舶所有人本人之故意或過失，及非因其代理人、受僱人之過失所致者。

㈡託運人於託運時故意虛報貨物之性質或價值，運送人或船舶所有人

對於其貨物之毀損或滅失，不負賠償責任（海七〇Ｉ）。除貨物之性質、價值於裝載前已經託運人聲明並註明於載貨證券者外，運送人或船舶所有人對於貨物之毀損滅失，其賠償責任，以每件特別提款權六六六‧六七單位或每公斤特別提款權二單位計算所得之金額，兩者較高者為限（海七〇ＩＩ）。前項所稱件數，係指貨物託運之包裝單位。其以貨櫃、墊板或其他方式併裝運送者，應以載貨證券所載其內之包裝單位為件數。但載貨證券未經載明者，以併裝單位為件數。其使用之貨櫃係由託運人提供者，貨櫃本身得作為一件計算（海七〇ＩＩＩ）。由於運送人或船舶所有人之故意或重大過失所發生之毀損或滅失，運送人或船舶所有人不得主張第二項單位限制責任之利益（海七〇ＩＶ）。

㈢為救助或意圖救助海上人命、財產，或因其他正當理由偏航者，不得認為違反運送契約，其因而發生毀損或滅失時，船舶所有人或運送人不負賠償責任（海七一）。

㈣貨物未經船長或運送人之同意而裝載時，運送人或船舶所有人，對於其貨物之毀損或滅失，不負責任（海七二）。

㈤運送人或船長如將貨物裝載於甲板上，致生毀損或滅失時，應負賠償責任。但經託運人之同意並載明於運送契約或航運種類或商業習慣所許者，不在此限（海七三）。

又運送人之履行輔助人其責任不應大於運送人，故本節有關運送人因貨物滅失、毀損或遲到對託運人或其他第三人所得主張之抗辯及責任限制之規定，對運送人之代理人或受僱人亦得主張之。但經證明貨物之滅失、毀損或遲到，係因代理人或受僱人故意或重大過失所致者，不在此限（海七六Ｉ）。前項之規定，對從事商港區域內之裝卸、搬運、保管、看守、儲存、理貨、穩固、墊艙者，亦適用之（海七六ＩＩ）。

第六項　載貨證券

一、載貨證券之概念

載貨證券者，乃運送人或船長於貨物裝載後，因託運人之請求，所發給之貨物受取證券也（海五三）。載貨證券，民法上稱為提單（民六二五），屬於有價證券之一種，其發給須記載法定事項（海五四），故有要式性；載貨證券縱為記名式，除有禁止背書之記載外，仍得以背書移轉於他人（海六〇，準用民六二八），故有流通性；載貨證券填發後，運送人與載貨證券持有人間，關於運送事項，依其載貨證券之記載（海六〇，準用民六二七），故有文義性；受貨人請求交付運送物時，應將載貨證券交還（海六〇，準用民六三〇），故有繳回性；又交付載貨證券於有受領貨物權利之人時，其交付就貨物所有權移轉之關係，與貨物之交付，有同一之效力（海六〇，準用民六二九），故有物權性；惟載貨證券所記載者，為運送契約上之權利，與其原因關係之運送契約，不可分離，故有要因性，與票據之為無因證券者不同。載貨證券可證明貨物之收受，有收據之性質，為免證券內所載貨物數量與實際裝載者不符，致生糾紛，故應於貨物裝載後，因託運人之請求，始行發給。

二、載貨證券之方式

載貨證券具有要式性，應載明下列各款事項，由運送人或船長簽名（海五四 I）：

㈠船舶名稱。

㈡託運人姓名或名稱。

㈢依照託運人書面通知之貨物名稱、件數或重量或其包裝之種類、個數及標誌。

㈣裝載港及卸貨港。

㈤運費交付。

㈥載貨證券之份數。

㈦填發之年月日。

前項第三款之通知事項，如與所收貨物之實際情況有顯著跡象，疑其不相符合，或無法核對時，運送人或船長得在載貨證券內載明其事由或不予載明（海五四Ⅱ）。載貨證券依第一項第三款為記載者，推定運送人依其記載為運送（海五四Ⅲ）。

三、載貨證券之效力

㈠物權效力

交付載貨證券於有受領貨物權利之人時，其交付就貨物所有權移轉之關係，與貨物之交付，有同一之效力（海六〇，準用民六二九），此種效力，學者稱之為物權之效力。無記名式載貨證券，固得以交付方式而為移轉，如為記名式者，則得以背書移轉於他人，但載貨證券有禁止背書之記載者，不在此限（海六〇，準用民六二八）。又受貨人請求交付貨物時，應將載貨證券交還（海六〇，準用民六三〇），亦即憑載貨證券即可受領貨物。惟載貨證券，得發給數份，以便利託運人行使權利，關於載貨證券有數份時之效力，本法規定如下：

1.載貨證券有數份者，在貨物目的港請求交付貨物之人，縱僅持有載貨證券一份，運送人或船長不得拒絕交付。不在貨物目的港時，運送人或船長非受載貨證券之全數，不得為貨物之交付（海五八Ⅰ）。

2.二人以上之載貨證券持有人請求交付貨物時，運送人或船長應即將貨物按照本法第五十一條之規定寄存，並通知曾為請求之各持有人，運送人或船長，已依第一項之規定，交付貨物之一部後，他持有人請求交付貨物者，對於其膽餘之部分亦同（海五八Ⅱ）。

3.載貨證券之持有人有二人以上者，其中一人先於他持有人受貨物之交付時，他持有人之載貨證券對運送人失其效力（海五八Ⅲ）。

4.載貨證券之持有人有二人以上，而運送人或船長尚未交付貨物者，

其持有先受發送或交付之證券者，得先於他持有人行使其權利（海五九）。例如於載貨證券上編有號碼者，前號碼得優先於後號碼持有人行使其權利。

(二)債權效力

載貨證券填發後，運送人與載貨證券持有人間，關於運送事項，依其載貨證券之記載（海六〇，準用民六二七），此種效力，學者稱之為債權之效力。本法規定以船舶之全部或一部供運送為目的之運送契約另行簽發載貨證券者，運送人與託運人以外載貨證券持有人間之關係，依載貨證券之記載（海六〇II）。蓋運送契約效力僅及於運送人及託運人，非託運人之載貨證券持有人並不受拘束，此乃載貨證券之文義性也。

載貨證券之發給人，對於依載貨證券所記載應為之行為，均應負責。前項發給人，對於貨物之各連續運送人之行為，應負保證之責，但各連續運送人，僅對於自己航程中所生之毀損滅失及遲到負其責任（海七四）。連續運送同時涉及海上運送及其他方法之運送者，其海上運送部分適用本法之規定。貨物毀損滅失發生時間不明者，推定其發生於海上運送階段（海七五）。

又以件貨運送為目的之運送契約或載貨證券記載條款、條件或約定，以減輕或免除運送人或船舶所有人，對於因過失或本章規定應履行之義務而不履行，致有貨物毀損、滅失或遲到之責任者，其條款、條件或約定不生效力（海六一）。

四、涉外事件之法律適用及管轄

(一)載貨證券所載之裝載港或卸貨港為中華民國港口者，其載貨證券所生之法律關係依涉外民事法律適用法所定應適用法律。但依本法中華民國受貨人或託運人保護較優者，應適用本法之規定（海七七）。

(二)裝貨港或卸貨港為中華民國港口者之載貨證券所生之爭議，得由我國裝貨港或卸貨港或其他依法有管轄權之法院管轄（海七八I）。前項載貨證券訂有仲裁條款者，經契約當事人同意後，得於我國進行仲裁，不受載貨證券內仲裁地或仲裁規則記載之拘束（海七八II）。前項規定視為當事人

仲裁契約之一部。但當事人於爭議發生後另有書面合意者，不在此限（海七八III）。

第二節　旅客運送

第一項　旅客運送契約之概念

旅客運送契約者，謂當事人約定，一方支付運費於他方，他方以船舶由甲地將旅客運送至乙地之契約也。旅客運送契約，可分為搭客契約與傭船契約二種。前者為個別售票，後者為包船運送。又傭船契約，亦可分為全部傭船契約與一部傭船契約。通常之旅客運送多為搭客契約，傭船契約則於團體運送時見之。船舶所有人與旅客之關係，與貨物運送之件貨運送契約相同；船舶所有人與傭船人之關係，與貨物運送之傭船契約相同。故旅客運送，除另有規定外，均準用貨物運送之規定（海七九）。

第二項　旅客運送契約之訂立

旅客運送與貨物運送，雖同屬於承攬契約，惟貨物運送之傭船契約為要式契約，而旅客運送無論其為搭客或傭船契約，均為諾成契約，其訂立無須具備任何方式。通常交易習慣上大都發行船票，憑票乘船，然對於其記載事項，法律未加限定，其為無記名式者，並得自由轉讓。

第三項　旅客運送契約之解除

旅客運送契約之解除，亦可分法定解除與任意解除，述之如下：

一、法定解除

其事由有三：

㈠運送人或船長未依船票所載運送旅客至目的港時，旅客得解除契約，如有損害，並得請求賠償（海八三）。

㈡船舶不於預定之日發航者，旅客得解除契約（海八六）。

㈢旅客於發航前因死亡、疾病或其他基於本身不得已之事由，不能或拒絕乘船者，得解除契約，但運送人得請求票價十分之一（海八四後段）。

二、任意解除

旅客於發航二十四小時前，得給付票價十分之二，解除契約（海八四前段）。

第四項　旅客運送契約之效力

一、對於運送人之效力

㈠供給膳宿

對於旅客供膳宿者，其膳費應包括於票價之內（海八〇）。運送人或船長在航行中為船舶修繕時，應以同等級船舶完成其航程，旅客在候船期間並應無償供給膳宿（海九〇）。

㈡運送目的港

1.運送人或船長應依船票所載運送旅客至目的港（海八三）。

2.船舶因不可抗力不能繼續航行時，運送人或船長應設法將旅客運送至目的港（海八八）。

3.旅客之目的港如發生天災、戰亂、瘟疫，或其他特殊事故致船舶不能進港卸客者，運送人或船長得依旅客之意願，將其送至最近之港口或送返乘船港（海八九）。

二、對於旅客之效力

㈠投保意外險

1.強制保險

　　旅客於實施意外保險之特定航線及地區均應投保意外險，保險金額，載入客票，視同契約，其保險費包括於票價內，並以保險金額為損害賠償之最高額。前項特定航線地區及保險金額，由交通部定之（海八一）。

2.任意保險

　　旅客除前條保險外，自行另加保意外險者，其損害賠償依其約定，但應以書面為之（海八二）。

㈡給付票價

　　1.旅客在船舶發航或航程中不依時登船，或船長依職權實行緊急處分迫令其離船者，仍應給付全部票價（海八五）。

　　2.旅客在航程中自願上陸時，仍負擔全部票價，其因疾病上陸或死亡時，僅按其已運送之航程負擔票價（海八七）。

㈢依指示離船

　　旅客於船舶抵達目的港後，應依船長之指示即行離船（海九一）。

第三節　　船舶拖帶

　　船舶拖帶契約簡稱拖船契約，乃當事人約定，以一方之船舶拖帶他方之船舶，而由他方給付報酬之契約也。拖帶之船舶，稱為拖船。被拖帶之船舶，稱為被拖船。其目的在於助被拖船完成航行或出入特定港灣。此種以船運船之契約，亦為海上運送契約之一種。惟以指揮航行之權，操諸拖船，被拖船僅係隨從航行，本法乃規定拖船之責任如下：

一、單一拖帶之責任

　　拖船與被拖船，如不屬於同一所有人時，其損害賠償之責任，應由拖

船所有人負擔。但契約另有訂定者，不在此限（海九二）。

二、共同或連接拖帶之責任

　　共同或連接之拖船，因航行所生之損害，對被害人負連帶責任。但他拖船對於加害之拖船有求償權（海九三）。

習　題

一、何謂傭船契約？其與租船契約有何不同？

二、海商法對於貨物運送契約之運費負擔有何規定？

三、試述載貨證券之意義及效力。

四、試述海上旅客運送契約解除之事由。

五、試述海上旅客運送契約中旅客之權利與義務。

六、何謂拖船契約？並說明船舶拖帶之責任。

第四章 船舶碰撞

第一節 船舶碰撞之概念

船舶碰撞者，乃二以上之船舶，因互相接觸致發生損害之謂。其構成要件分述如下：

一、須二以上之船舶相互接觸

此處之船舶係指廣義之船舶，不以海商法第一條所稱之船舶為限，故無論其噸位大小、動力或非動力、軍用或非軍用、公務專用與否，均屬之（海三）。惟船舶與碼頭、橋樑、礁石相互接觸，則非船舶碰撞。

二、須發生損害

所謂損害係指船舶、生命、身體、貨物或其他財產受有損害而言。至船舶之碰撞不論發生於何地，皆依本章之規定處理之（海九四）。故不論發生在海岸、內河、港灣或湖泊均適用本法處理。又船舶碰撞是否發生於航行中或停泊港內，亦所不問。

第二節 船舶碰撞之責任

船舶碰撞因其發生原因之不同而異其責任，茲分述之：

一、碰撞係因不可抗力而發生者

碰撞係因不可抗力而發生者，被害人不得請求損害賠償（海九五）。蓋

不可抗力非屬故意或過失，原則上不賠償。

二、碰撞係因於一船舶之過失所致者

碰撞係因於一船舶之過失所致者，由該船舶負損害賠償責任(海九六)。

三、碰撞係由於各船舶之共同過失所致者

碰撞之各船舶有共同過失時，各依其過失程度之比例負其責任，不能判定其過失之輕重時，各方平均負其責任（海九七 I）。有過失之各船舶對於因死亡或傷害所生之損害，應負連帶責任（海九七 II）。

上述因過失碰撞所負之責任，不因碰撞係由引水人之過失所致而免除（海九八）。

第三節　船舶碰撞之處理

一、消滅時效

因碰撞所生之請求權，自碰撞日起算，經過兩年不行使而消滅（海九九）。

二、船舶扣押

船舶在中華民國領海內水港口河道內碰撞者，法院對於加害之船舶，得扣押之（海一〇〇 I）。碰撞不在中華民國領水港口河道內而被害者為中華民國船舶或國民，法院於加害之船舶，進入中華民國領海後，得扣押之（海一〇〇 II）。前兩項被扣押船舶得提供擔保請求放行（海一〇〇 III）。前項擔保，得由適當之銀行或保險人出具書面保證代之（海一〇〇 IV）。

三、訴訟管轄

關於碰撞之訴訟，得向下列法院起訴（海一〇一）：

㈠被告之住所或營業所所在地之法院。

㈡碰撞發生地之法院。

㈢被告船舶船籍港之法院。

㈣船舶扣押地之法院。

㈤當事人合意地之法院。

習　題

一、試述船舶碰撞之構成要件。

二、試說明船舶碰撞之責任。

第五章　海難救助

第一節　海難救助之概念

　　救助及撈救，合稱海難救助，乃指無法律上義務之人，於他人之船貨或人命在海上遭遇緊急危難時，予以援救之行為也。在船貨尚未脫離原占有人之占有而施以援救者，謂之救助。其在船貨原占有人已喪失占有而施以援救以回復其占有者，謂之撈救。二者在程度上雖有差異，但其適用法律，並無不同。

　　海難救助有對人救助與對物救助之分。對人救助因係基於人道精神，原則上不許請求報酬。對物救助係對船舶或貨物所施之救助，惟此救助，始發生報酬請求權，是為狹義之海難救助。

第二節　對人救助

一、一般海難之救助

　　船長於不甚危害其船舶、海員、旅客之範圍內，對於淹沒或其他危難之人應盡力救助（海一〇二）。

二、船舶碰撞之救助

　　船舶碰撞後，各碰撞船舶之船長於不甚危害其船舶、海員或旅客之範圍內，對於他船舶船長海員及旅客，應盡力救助。各該船長，除有不可抗力之情形外，在未確知繼續救助為無益前，應停留於發生災難之處所。各

該船長，應於可能範圍內，將其船舶名稱及船籍港並開來及開往之處所，通知他船舶（海一〇九）。

對人救助，本法不承認其有報酬請求權。惟於實行施救中救人者，對於船舶及財物之救助報酬金，有參加分配之權（海一〇七），以免施救者，意圖報酬，祇顧救物而忽視人命。若單純救人並無船貨同時被救，自無報酬金分配之可言。又因救助人命，可參加救物報酬之分配，並非對被救之人可直接向其請求報酬。

第三節　對物救助

一、報酬請求權之要件

對於船舶或船舶上所有財物施以救助而有效果者，得按其效果請求相當之報酬（海一〇三I）。施救人所施救之船舶或船舶上貨物有損害環境之虞者，施救人得向船舶所有人請求與實際支出費用同額之報酬；其救助行為對於船舶或船舶上貨物所造成環境之損害已有效防止或減輕者，得向船舶所有人請求與實際支出費用同額或不超過其費用一倍之報酬（海一〇三II），以鼓勵盡力防止或減輕環境損害之施救人。施救人同時有前二項報酬請求權者，前項報酬應自第一項可得請求之報酬中扣除之（海一〇三III）。施救人之報酬請求權，自救助完成日起二年間不行使而消滅（海一〇三IV）。又屬於同一所有人之船舶救助，仍得請求報酬（海一〇四I）。拖船對於被拖船施以救助者，得請求報酬。但以非為履行該拖船契約者為限（海一〇四II）。惟經以正當理由拒絕施救，而仍強為施救者，不得請求報酬（海一〇八）。例如遇難程度輕微，足有自救能力而拒絕施救是。

二、報酬金額之決定

救助報酬，由當事人協議定之，協議不成時，得提付仲裁或請求法院裁判之（海一〇五）。

三、報酬金額之分配

　　施救人與船舶間，及施救人間之分配報酬之比例，亦由當事人協議定之，協議不成時，得提付仲裁或請求法院裁判之（海一〇六）。

習　題

一、何謂海難救助？其種類為何？

二、海難救助可否請求報酬？試依海商法之規定說明之。

第六章　共同海損

第一節　共同海損之概念

稱共同海損者，謂在船舶航程期間，為求共同危險中全體財產之安全所為故意及合理處分，而直接造成之犧牲及發生之費用（海一一○）。依此定義，析其要件如下：

一、須為現實之危險

若係預想之不確定之危險，非現實危險，不成立共同海損。至於現實危險之發生原因如何，則非所問。即令因利害關係人之過失所致之共同海損，各關係人仍應分擔之。但不影響其他關係人對過失之負責人之賠償請求權（海一一五）。

二、須為求共同危險中全體財產之安全

若僅為船舶危險或僅為貨載危險，則未受危險者，即無分擔犧牲及費用之理由，故非共同海損。

三、須為故意及合理處分

共同海損所犧牲之利益，須基於故意處分所生，如因不可抗力而生者，即不成立，惟不以船長之處分為限。例如船舶於海上發生火災，必須將部分易燃貨物投海，而經船長命令投海者，固屬共同海損。其因火災燒燬貨物，並非故意處分，不屬共同海損。

四、須有犧牲之造成或費用之發生

共同海損以造成犧牲或發生費用為必要，如貨物被投棄海中所造成之犧牲，或為救助而支付之報酬金是。若無犧牲，又無費用，則無共同海損之問題。

五、須有所保存

共同海損須由被保存之船舶及貨載等分擔，因而必須有所保存始可。若處分之結果無濟於事，仍未能避免共同危險，而無所保存，亦即同歸於盡者，則亦無共同海損之可言。

第二節　共同海損之範圍

共同海損之範圍，舉凡在船舶航程期間，為求共同危險中全體財產之安全所為故意及合理處分，而直接造成之犧牲及發生之費用（海一一〇），均屬之。惟本法設有例外之規定如下：

㈠未依航運習慣裝載之貨物經投棄者，不認為共同海損犧牲。但經撈救者，仍應分擔共同海損（海一一六）。

㈡無載貨證券亦無船長收據之貨物，或未記載於目錄之設備屬具，經犧牲者，不認為共同海損。但經撈救者，仍應分擔共同海損（海一一七）。

㈢貨幣、有價證券或其他貴重物品，經犧牲者，除已報明船長者外，不認為共同海損犧牲。但經撈救者，仍應分擔共同海損（海一一八）。

㈣貨物之性質，於託運時故意為不實之聲明，經犧牲者，不認為共同海損。但經保存者，應按其實在價值分擔之（海一一九 I）。

㈤船上所備糧食、武器、船員之衣物、薪津、郵件及無載貨證券之旅客行李、私人物品皆不分擔共同海損。前項物品，如被犧牲，其損害應由各關係人分擔之（海一二〇）。

至於運費以貨載之毀損或滅失，致減少或全無者，亦認為共同海損。

但運送人因此減省之費用，應扣除之（海一一三3）。

第三節　共同海損之分擔

一、分擔之比例

　　共同海損以各被保存財產價值與共同海損總額之比例，由各利害關係人分擔之。因共同海損行為所犧牲而獲共同海損補償之財產，亦應參與分擔（海一一一）。

二、計算之標準

　　㈠前條各被保存財產之分擔價值，應以航程終止地或放棄共同航程時地財產之實際淨值為準，依下列規定計算之（海一一二）：

　　　1.船舶以到達時之價格為準。如船舶於航程中已修復者，應扣除在該航程中共同海損之犧牲額及其他非共同海損之損害額。但不得低於其實際所餘殘值。

　　　2.貨物以送交最後受貨人之商業發票所載價格為準，如無商業發票者，以裝船時地之價值為準，並均包括應支付之運費及保險費在內。

　　　3.運費以到付運費之應收額，扣除非共同海損費用為準。

　　　前項各類之實際淨值，均應另加計共同海損之補償額。

　　㈡共同海損犧牲之補償額，應以各財產於航程終止時地或放棄共同航程時地之實際淨值為準，依下列規定計算之（海一一三）：

　　　1.船舶以實際必要之合理修繕或設備材料之更換費用為準。未經修繕或更換者，以該損失所造成之合理貶值。但不能超過估計之修繕或更換費用。

　　　2.貨物以送交最後受貨人商業發票價格計算所受之損害為準，如無商業發票者，以裝船時地之價值為準，並均包括應支付之運費及保險費在內。受損貨物如被出售者，以出售淨值與前述所訂商業發票或裝船時地貨物淨

值之差額為準。

　　3.運費以貨載之毀損或滅失致減少或全無者為準。但運送人因此減省之費用，應扣除之。

　　㈢下列費用為共同海損費用（海一一四）：

　　1.為保存共同危險中全體財產所生之港埠、貨物處理、船員工資及船舶維護所必需之燃料、物料費用。

　　2.船舶發生共同海損後，為繼續共同航程所需之額外費用。

　　3.為共同海損所墊付現金百分之二之報酬。

　　4.自共同海損發生之日起至共同海損實際收付日止，應行收付金額所生之利息。

　　為替代前項第一款、第二款共同海損費用所生之其他費用，視為共同海損之費用。但替代費用不得超過原共同海損費用。

　　㈣貨物之價值，於託運時為不實之聲明，使聲明價值與實在價值不同者，其共同海損犧牲之補償額以金額低者為準，分擔價值以金額高者為準（海一一九II）。

三、計算之確定

　　共同海損之計算，由全體關係人協議定之，協議不成時，得提付仲裁或請求法院裁判之（海一二一）。

第四節　共同海損之效力

一、貨物留置權

　　運送人或船長對於未清償分擔額之貨物所有人，得留置其貨物。但提供擔保者，不在此限（海一二二）。此為法定留置權，旨在確保共同海損之債權。

二、委棄免責權

應負分擔義務之人，得委棄其存留物而免分擔海損之責（海一二四）。是為委棄免責權，與負有限責任無異。

三、返還分擔額

利害關係人於受分擔額後，復得其船舶或貨物之全部或一部者，應將其所受之分擔額返還於關係人。但得將其所受損害及復得之費用扣除之（海一二三），以免受有不當之利益。

四、共同海損債權之時效

因共同海損所生之債權，自計算確定之日起，經過一年不行使而消滅（海一二五）。

習　題

一、試述共同海損之意義及要件。

二、試述共同海損之範圍。

三、共同海損之分擔，海商法如何規定？

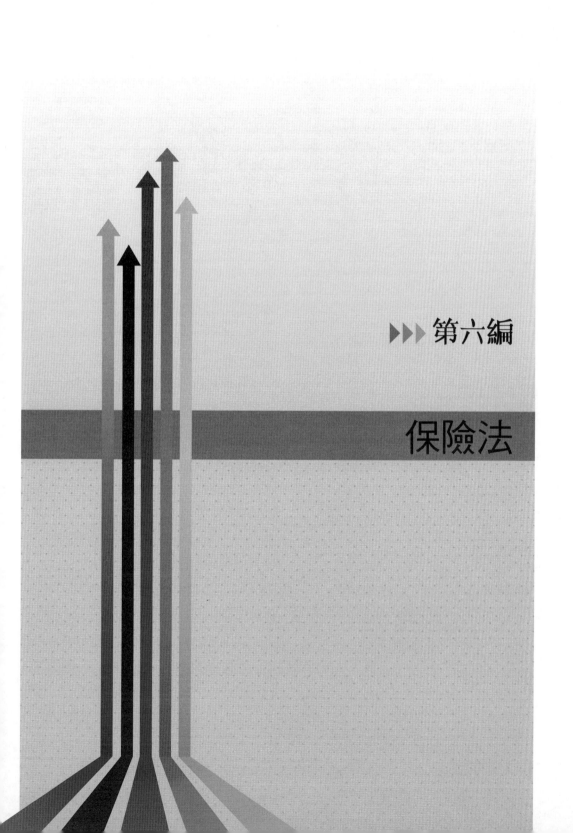

▶▶▶ 第六編

保險法

第一章 總 則

第一節 保險法之概念

保險法者，乃以保險關係及保險企業組織為規律對象之一切法規。又有廣義與狹義之分及形式與實質意義之別。茲分述如下：

一、廣義與狹義

廣義的保險法，係以保險為規律對象之一切法規的總稱。包括保險公法與保險私法在內，保險公法乃規定保險上公法關係之法規，如社會保險法及保險事業監督法是。保險私法則為規定保險上私法關係之法規，如保險契約法及保險事業組織法是。狹義的保險法，則專指保險私法而言，並不包括保險公法在內。

二、形式意義與實質意義

形式意義的保險法係指以「保險」為名而制定之法律，如我國現行保險法是。實質意義之保險法，則除成文之保險法外，凡與保險有關之一切法規、習慣、判例均包括在內。

我國現行保險法，於民國五十二年修正時，將保險業法併入規定。保險業法屬於保險組織之法律，係屬私法，但其中有關保險事業監督之部分，則為公法，故現行保險法已兼有公法之性質。至海商法中關於保險之規定，則屬於特別保險法之性質，故關於海上保險，海商法無規定者，適用保險法之規定（海一二六）。

第二節　保險之意義

「保險」謂當事人約定，一方交付保險費於他方，他方對於因不可預料或不可抗力之事故所致的損害，負擔賠償財物之行為（保一Ｉ）。依此，保險有三個要素，即保險須以危險、協力及補償三者為其成立要素。茲分述如下：

一、危　險

無危險即無保險，保險所擔保者，即為危險，危險為保險之第一要素。危險則須具備下列諸條件：

㈠危險之發生須不確定

「不確定」包括危險發生之本身的不確定與危險發生時間的不確定，如其已發生或不發生已確定者，即無保險之可言。

㈡危險之發生須係偶然

若危險之發生係出於當事人之故意，則非保險法上所稱之危險，如受益人謀害被保險人是。又若係保險標的物本身之自然消耗者，如酒精之蒸發、鮮果、肉類之腐爛等，亦在保險法排除之列。

㈢危險之發生須可能

不可能發生之危險自無保險之必要。

㈣危險之範圍須經訂定

保險事故之種類不止一端，而保險人所負之責任，係以保險事故為準，保險人應負責任之事由，自應先確定。

㈤危險程度須能測定

危險之程度乃計算保險費之根據，若不能測定，則無從確定保險費。

㈥危險之發生須適法

危險之發生，須合乎法律之規定，如係違背法規或公序良俗者，皆非本法所稱危險。

二、協　力

乃依危險分散之法則，將少數人之損害，由多數人分擔其損失，乃建立在社會連帶及互助互救之觀念下，共同所為之努力。

三、補　償

保險事故發生時所致之損害，被保險人或受益人得向保險人要求賠償一定之財物，以資填補所受損害。

第三節　保險之種類

一、以保險標的為區分

(一)財產保險

俗稱產物保險，即以物或其他財產利益之損害為標的之保險，包括火災保險、海上保險、陸空保險、責任保險、保證保險及經主管機關核准之其他保險等六種（保十三 II）。

(二)人身保險

以人為標的之保險，包括人壽保險、健康保險、傷害保險及年金保險等四種（保十三 III）。

二、以保險人所負責任之次序為區分

(一)原保險

指保險人對被保險人因保險事故所致之損害，第一次予以賠償之保險，又稱為第一次保險。

(二)再保險

指保險人以其所承保之危險，轉向他保險人投保之保險。再保險以有第一次保險的存在為前提，故又稱為第二次保險。

三、以保險經營之主體為區分

㈠公營保險

由國家或其他公法人基於社會政策所舉辦之保險，又稱為「社會保險」。其基於社會安全政策而以法律強制實施，故又稱為「強制保險」。如軍人保險、公務人員保險、勞工保險、漁民保險等是。社會保險不適用保險法之規定，大致均以特別法而施行（保一七四）。

㈡民營保險

指私人或私法人所經營之保險，乃當事人間基於私經濟立場所為之保險，又稱為營業保險。

四、以保險標的之價值為區分

㈠定值保險

指保險契約訂立時，載明保險標的一定價值之保險（保五〇III）。

㈡不定值保險

指保險契約訂立時，載明保險標的之價值，須至危險發生後估計而定之保險（保五〇II）。

五、以保險人之人數為區分

㈠單保險

指要保人以同一保險利益，同一保險事故，向一個保險人訂立一個或數個保險契約之保險。

㈡複保險

指要保人就同一保險利益，同一保險事故，向數個保險人分別訂立數個保險契約之保險。

第四節　複保險與再保險

第一項　複保險

一、複保險之意義

複保險者，謂要保人對於同一保險利益，同一保險事故，與數保險人分別訂立數個保險之契約行為（保三五）。依此，複保險應具備下列要件：

㈠同一保險利益

須就同一保險利益，訂立數個保險契約。

㈡同一保險事故

如非對同一保險事故，則非複保險。

㈢須為同一保險期間

數個保險契約須同時存在，惟其契約之始期與終期，非必相同，祇要有相當期間重疊即是。

㈣須為要保人與數保險人分別訂立數個保險契約

本法將複保險列入總則章，又無其他除外規定，則複保險於人身保險及財產保險均有其適用。

二、複保險之通知

複保險，除另有約定外，要保人應將他保險人之名稱及保險金額通知各保險人（保三六）。要保人故意不為通知，或意圖不當得利而為複保險者，其契約無效（保三七）。

三、善意複保險之效力

善意之複保險，其保險金額之總額超過保險標的之價值者，除另有約

定外，各保險人對於保險標的之全部價值，僅就其所保金額負比例分攤之責；但賠償總額，不得超過保險標的之價值（保三八）。

第二項　再保險

一、再保險之意義

再保險，謂保險人以其所承保之危險，轉向他保險人為保險之契約行為（保三九）。再保險契約，以有原保險契約存在為前提，故再保險之要保人，必為原保險契約之保險人。再保險之保險人，於原保險之保險人對原保險之要保人依法負賠償責任，而受賠償之請求時，對原保險人負賠償之責任。惟於原保險契約中之要保人、被保險人、受益人，與再保險契約之保險人間，無任何權益關係之存在。

二、再保險之性質

再保險係以原保險人基於原保險契約所負之責任為對象之保險，其性質乃屬責任保險（保九〇）。故有關再保險之事項，應適用本法責任保險之規定。

三、再保險與原保險之關係

再保險之保險利益，乃基於有效契約而生之利益（保二〇），故有無再保險利益，應以原保險契約所訂者為根據，惟與原保險利益並無關係。再保險契約與原保險契約，乃二個各自獨立而不相屬之契約，其權利義務關係，茲依本法規定，分述如下：

㈠原保險契約之被保險人，對於再保險人無賠償請求權。但原保險契約及再保險契約另有約定者，不在此限（保四〇）。

㈡再保險人不得向原保險契約之要保人請求交付保險費（保四一）。

㈢原保險人不得以再保險人不履行再保險金額給付之義務為理由，拒

絕或延遲履行其對於被保險人之義務（保四二）。

習　題

一、試述保險之意義及其成立之要素。

二、現行保險法將保險分為幾種？試說明之。

三、再保險與複保險有何不同？並說明再保險契約與原保險契約之關係。

第二章　保險契約

第一節　保險契約之概念

保險契約者，謂當事人約定，一方交付保險費於他方，他方對於因不可預料或不可抗力之事故所致之損害，負擔賠償財物之契約（保一）。其性質分述如下：

一、保險契約為有名契約

凡法律賦予一定名稱之契約，均謂之有名契約。保險契約由保險法所明定，故屬有名契約。

二、保險契約為有償契約

當事人間互為對價關係之給付之契約，謂之有償契約。而保險契約乃一方支付保險費，換取保險人於保險事故發生時賠償財物（即承擔危險）之對價，若無對價，即不生保險契約上之權利義務關係，故為有償契約。

三、保險契約為雙務契約

當事人雙方互負一定給付義務之契約為雙務契約。保險契約，要保人平時有支付保險費之義務，保險人在事故發生時有給付保險金額之義務，故為雙務契約。

四、保險契約為要式契約

其成立須有一定方式之契約謂之要式契約。保險契約應以保險單或暫

保單為之（保四三），並應記載法定事項（保五五），故為要式契約。

五、保險契約為善意契約

通常契約之訂立，無不出於當事人之善意，而保險契約更須本於當事人最大之善意。訂立契約時，要保人對於保險人之書面詢問，有據實說明之義務（保六四 I），否則保險人得據以解除契約（保六四 II），故為善意契約。

六、保險契約為射倖契約

契約效果於訂約時不能確定者謂之射倖契約。保險契約訂立時，對未來危險事故是否發生，無法確定，保險人是否給付保險金額，繫於不確定之偶然事故，僅要保人一方預為支付保險費，故為射倖契約。但此與賭博彩票，不可混同，蓋前者乃在防止損失，而後者乃欲得不正當之利益。

七、保險契約為附合契約

保險契約通常由保險人一方訂定為定型化契約，要保人僅有同意訂立保約與否之自由，對於契約條款則無法表示異議，故為附合契約。

第二節　保險契約之主體

第一項　保險契約之當事人

保險契約之成立，須經雙方當事人意思表示合致。保險契約之當事人有二，即保險人與要保人，亦即與保險契約有直接利害關係之人。茲分述如下：

一、保險人

指經營保險事業之各種組織,在保險契約成立時,有保險費之請求權;在承保危險事故發生時,依其承保之責任,負擔賠償義務之人(保二)。原則上以股份有限公司或合作社為限(保一三六 I),個人、合夥或其他種類之公司組織均不得為保險人。

二、要保人

指對保險標的具有保險利益,向保險人申請訂立保險契約,並負有交付保險費義務之人(保三)。要保人之資格,法律上並無限制,凡自然人或法人,在保險標的有保險利益者,均得為要保人。惟法人為要保人時,須以自然人為其代表。要保人得同時為被保險人與受益人。其因利益之誰屬,可分為三種情形:

(一)為自己利益而訂立保險契約者

即要保人以自己之名義,並為自己之利益而訂立之保險契約。例如要保人以自己所有之房屋訂立火災保險契約,此時要保人既為支付保險費之義務人,亦為受領保險金額之權利人,即同時為受益人。

(二)為他人利益而訂立保險契約者

要保人以自己之名義,為他人之利益而訂立之保險契約。此時要保人祇有支付保險費之義務,保險金請求權則屬於第三者之受益人。要保人得不經委任,為他人利益而訂立保險契約。而受益人有疑義時,則推定要保人為自己利益而訂立(保四五)。該他人未確定者,由要保人或保險契約所載可得確定之受益人,享受其利益(保五二)。

(三)要保人為自己利益兼為他人利益而訂立保險契約者

其情形有二: 1.為全體合夥人或共有人之利益而訂立者。如本法第四十七條規定:「保險契約由合夥人或共有人中之一人或數人訂立,而其利益及於全體合夥人或共有人者,應載明為全體合夥人或共有人訂立之意旨。」2.視同並為第三人之利益而訂立者。如本法第七十一條規定:「就集合之物

而總括為保險者，被保險人家屬、受僱人或同居人之物，亦得為保險標的，載明於保險契約，在危險發生時，就其損失享受賠償。前項保險契約，視同並為第三人利益而訂立。」第九十二條規定：「保險契約係為被保險人所營事業之損失賠償責任而訂立者，被保險人之代理人、管理人或監督人所負之損失賠償責任，亦享受保險之利益，其契約視同並為第三人之利益而訂立。」

第二項　保險契約之關係人

保險契約之關係人，即與保險契約有間接利害關係之人，包括被保險人與受益人。茲分述如下：

一、被保險人

指於保險事故發生時，遭受損害，享有賠償請求權之人（保四）。在財產保險，被保險人為被保財產之所有人，亦即為要保人。在人身保險，如其契約由本人訂立者，則本人兼為要保人及被保險人；其由第三人訂立者，則要保人與被保險人有別。

二、受益人

指被保險人或要保人約定享有賠償請求權之人，要保人或被保險人均得為受益人（保五）。受益人即為保險金的受領人。通常受益人即為要保人或被保險人，但在人身保險，受益人有時為要保人或被保險人以外之第三人。一般財產保險則以被保險人為當然受益人。

第三項　保險契約之輔助人

保險事業涉及社會政策，且有關事項多為專門性、技術性知識，因此須有保險輔助人之設立，以協助保險契約之訂立與履行。保險輔助人有三，

茲分述如下：

一、保險代理人

本法所稱保險代理人，指根據代理契約或授權書，向保險人收取費用，並代理經營業務之人（保八）。保險代理人，屬於保險人方面之輔助人，有限於一定區域者，有不限於一定區域者。其代理之本質均與民法上一般法律行為之代理同，除保險契約由代理人訂立者，應載明代訂之意旨外（保四六），餘均適用民法之規定。

二、保險經紀人

指基於被保險人之利益，洽訂保險契約或提供相關服務，而收取佣金或報酬之人（保九），俗稱為掮客。其保險契約仍由要保人自行訂定，保險經紀人僅係代要保人向保險人洽訂保險契約。保險經紀人形式上兼為保險人及要保人服務，實際上係為保險人之利益，此由其僅向保險業者收取佣金可見。其性質與民法上居間相當，應準用民法居間之規定。

三、保險公證人

指向保險人或被保險人收取費用，為其辦理保險標的之查勘、鑑定及估價與賠款之理算、洽商，而予證明之人（保十）。蓋以財產之勘估、賠款之理算，必備專門之知識與技術，故須設立公證人，由其依知識經驗出具證明，以為雙方所接受。

保險代理人、經紀人、公證人應經主管機關許可，繳存保證金並投保相關保險，領有執業證照後，始得經營或執行業務（保一六三 I），且前項所定相關保險，於保險代理人、公證人為責任保險；於保險經紀人為責任保險及保證保險（保一六三 II），保險輔助人並應有固定業務處所，並專設帳簿記載業務收支（保一六五 I）。

第三節 保險契約之客體

第一項 保險利益之概念

保險利益者，乃指要保人或被保險人，對於保險標的具有利害關係所得享有之利益。保險之目的在於賠償因不可抗力或不可預料之事故所致之損害，若要保人或被保險人對保險標的之欠缺利害關係，則保險與賭博無異，亦極易造成道德上之危險，而有背於公序良俗。故要保人或被保險人對於保險標的之無保險利益者，本法特設規定，使保險契約失其效力（保十七）。

法律規定保險契約之成立，須有保險利益存在，其目的有三：

一、損害填補之限制

保險利益為保險契約所能填補損害之最高限度，要保人或被保險人於保險事故發生時，僅得就保險利益之金額或價值限度內，請求損害賠償。

二、賭博行為之避免

賭博乃投機取巧，而圖得不正當之利益，係違反公序良俗，而為法所不容。若保險契約不以保險利益之存在為前提，則將形同賭博。

三、道德危險之防範

要保人或被保險人就保險標的之有保險利益之存在者，保險事故發生時，其所得亦僅為其原有之利益，實無故意促成保險事故發生而施行違法行為之必要。故保險利益之存在，實足防範道德危險之發生。

第二項　保險利益之種類

本法所訂保險利益之範圍有二：即財產上保險利益與人身上保險利益，茲分述如下：

一、財產上之保險利益

依本法之規定其情形有三：

(一)現有利益

要保人對於財產上之現有利益，有保險利益（保十四前段）。此財產須為特定之財產，其利益事實上或法律上存在均可。例如要保人對其所有之汽車，依據所有權，享有其所有人之利益。

(二)期待利益

要保人對於因財產上之現有利益而生之期待利益，有保險利益（保十四後段）。期待利益，必係基於現有利益依社會一般情事，可認其未來得預期之利益。例如農地所有人，就其耕作農地上尚未收割稻穀之期待利益。

(三)責任利益

運送人或保管人對於所運送或保管之貨物，以其所負之責任為限，有保險利益（保十五）。此屬責任保險之一種，乃運送人或保管人因運送或保管而對他人貨物之安全負有責任，遂產生保險利益，因此得以此貨物為標的，而訂立保險契約。

二、人身上之保險利益

依本法第十六條規定，要保人對下列各人之生命或身體，有保險利益：

(一)本人或其家屬

要保人對於本人之生命或身體有保險利益，自無問題。家屬依民法規定，須為以永久共同生活為目的而同居一家之親屬或非親屬之人，家長與家屬當然有利害關係存在，自亦有保險利益。

㈡生活費或教育費所仰給之人

指要保人受其供給生活費或教育費之人，並不限於法定撫養義務人。例如妻弟受夫之生活上供給者是。

㈢債務人

要保人之債務人，其生死存亡於要保人之經濟利益有深切之利害關係，故有保險利益之存在。但保險契約訂立時，其保險金額應不得超過其債權額數，此為解釋上所當然。

㈣為本人管理財產或利益之人

此等人與本人間具有管理上之經濟利益，故有保險利益。例如公司以其經理人為被保險人者是。

本法第二十條規定：「凡基於有效契約而生之利益，亦得為保險利益。」乃概括之規定，於財產保險及人身保險，均有其適用。前者如基於租賃契約租用他人之汽車，作為結婚之禮車，於其汽車有保險利益；後者如未婚之夫妻，基於有效之婚約，亦得互有保險利益。又凡此保險利益均應具備民法上有關標的之一般要件，即保險利益必係適法、確定、有價，且須具有利害關係始可，無庸贅述。

第三項　保險利益之移轉

保險利益之移轉，其情形有四，茲分述如下：

一、被保險人死亡

被保險人死亡時，保險契約除另有訂定外，仍為繼承人之利益而存在（保十八）。被保險人死亡，其有關之權利義務由繼承人概括繼承，其保險利益自亦移轉於繼承人。惟在人身保險，被保險人死亡時，或為保險事故發生，或為保險標的之消滅，無利益移轉可言。

二、所有權移轉時

在財產保險，保險標的物所有權移轉於他人時，保險契約除另有訂定外，仍為受讓人之利益而存在（保十八）。此乃在保險關係上，便利保險契約當事人與關係人所設之規定。否則動輒終止契約，於雙方當事人均有不便。

三、讓　與

合夥人或共有人聯合為被保險人時，其中一人或數人讓與保險利益於他人者，保險契約不因之而失效（保十九）。例如合夥股份之轉讓（民六八三）或共有人應有部分之轉讓（民八一九），其保險利益亦隨之移轉者是。

四、要保人破產時

要保人破產時，保險契約仍為破產債權人之利益而存在（保二八前段）。但破產管理人或保險人得於破產宣告後三個月內終止契約。其終止後之保險費已交付者，應返還之（保二八但書）。蓋要保人破產後，對其財產喪失處分權，故其保險利益，乃移轉而存在於其破產債權人。

第四節　保險契約之成立

第一項　保險契約之訂立

保險契約之訂立，保險法設有特別規定，應由保險人於同意要保人聲請後簽訂之（保四四 I），且其簽訂應以保險單或暫保單為之（保四三），利害關係人，均得向保險人請求發給保險契約之謄本（保四四 II）。

保險單為正式之保險契約書，乃保險人簽發用以代替保險契約之書面。暫保單又稱為臨時保險單，為正式保險單簽發以前，由保險人簽發之臨時

保險契約書據。此種書據，在正式保險單簽發前，有與保險單同一之效力。

　　保險契約之簽訂，其由代理人訂立者，應載明代訂之意旨（保四六）。其由合夥人或共有人中之一人或數人訂立，而其利益及於全體合夥人或共有人者，應載明為全體合夥人或共有人訂立之意旨（保四七）。保險人得約定保險標的物之一部分，應由要保人自行負擔由危險而生之損失。有前項約定時，要保人不得將未經保險之部分，另向他保險人訂立保險契約（保四八）。

　　保險契約為附合契約，係由保險人一方擬訂，為保障被保險人權益，故本法之強制規定，不得以契約變更之。但有利於被保險人者，不在此限（保五四I）。保險契約之解釋，應探求契約當事人之真意，不得拘泥於所用之文字；如有疑義時，以作有利於被保險人之解釋為原則（保五四II）。

　　基於誠實信用原則，為控制定型化約款之合法與合理，以貫徹保障被保險人意旨，依本法第五十四條之一規定，保險契約中有下列情事之一，依訂約時情形顯失公平者，該部分之約定無效：

　　㈠免除或減輕保險人依本法應負之義務者。

　　㈡使要保人、受益人或被保險人拋棄或限制其依本法所享之權利者。

　　㈢加重要保人或被保險人之義務者。

　　㈣其他於要保人、受益人或被保險人有重大不利益者。

第二項　保險契約之內容

一、保險契約之基本條款

　　即保險契約訂立時，除本法另有規定外，應記載之事項。保險契約，應記載下列各款事項（保五五）：

㈠當事人之姓名及住所

　　指保險人及要保人之姓名與住所而言。保險人之記載，應表明法人名稱。至於受益人姓名則可任意記載。若為無記名式之保險契約，得不記載

要保人之姓名、住所（保四九 I），惟人身保險則限以記名方式行之。

㈡保險之標的物

此指財產保險而言，在人身保險則應稱之保險標的。保險標的物乃財產保險之對象，如以某房屋投保火險，該屋即為保險標的物。在人身保險則應記載被保險人之生命或身體。

㈢保險事故之種類

此為保險人負擔保險責任之依據，亦即保險人應負擔之危險。如火災保險之火災，死亡保險之死亡等是。

㈣保險責任開始之日時及保險期間

保險責任開始之日時，即為保險人負擔保險責任開始之日時，除當事人間另有約定者外，通常與保險契約成立之日時相同。保險期間，為保險人應負擔危險之責任期間，保險事故在此期間內發生者，保險人應負給付保險金額之義務，逾此期間則否。此亦為計算保險費之依據。

㈤保險金額

即保險事故發生時，保險人所應給付之賠償金額。在人身保險，其金額恆為固定。在財產保險，其契約所訂立之保險金額，僅表示保險人應負擔之最高賠償金額，實際賠償額度，則依實際上之損害為估定。此亦為保險費給付數額依據之一。

㈥保險費

為要保人交付於保險人為負擔賠償責任之對價，可分為一次交付及分期交付兩種。

㈦無效及失權原因

即當事人間約定，若遇某種情事發生，保險契約無效，或要保人、被保險人或受益人喪失其契約上之權利。例如欠繳保險費三期，則契約自始無效或喪失保險金請求權是。惟此種無效及失權原因之約定，不得違反本法之強制規定（保五四）。

㈧訂約之年月日

即保險契約簽訂之年月日，與保險責任開始之年月日，未必相同，然

與保險契約之效力，關係甚切，容後再述。

二、保險契約之特約條款

為當事人於保險契約基本條款外，承認履行特種義務之條款(保六六)，茲就其內容及效力分述如下：

㈠特約條款之內容

凡與保險契約有關之一切事項，不問過去、現在或將來，均得以特約條款定之（保六七），然其訂定不得違背本法之強制規定，惟其有利於被保險人者不在此限（保五四）。

㈡特約條款之效力

1.積極效力

保險契約當事人之一方違背特約條款時，他方得解除契約。其危險發生後亦同（保六八 I）。惟自保險人知有解除之原因後，經過一個月不行使，其解除權即消滅；或自契約訂立後，經過二年，即有可以解除之原因，亦不得解除契約（保六八 II）。

2.消極效力

關於未來事項之特約條款，於未屆履行期前危險已發生，或其履行為不可能，或在訂約地為不合法而未履行者，保險契約不因之而失效（保六九）。

第五節　保險契約之效力

第一項　對於要保人及被保險人之效力

一、交付保險費之義務

此為要保人之主要義務，茲就保險費之交付、增減與返還，分述於後：

(一)保險費之交付

保險費應由要保人依契約規定交付。信託業依信託契約有交付保險費義務者,保險費應由信託業代為交付之(保二二 I),即以要保人及信託業為交付保險費之義務人。惟在人壽保險及健康保險,其利害關係人得代要保人交付保險費(保一一五、一三〇)。要保人為他人利益訂立之保險契約,保險人對於要保人所得為之抗辯,亦得以之對抗受益人(保二二Ⅲ)。保險費分一次交付,及分期交付兩種。保險契約規定一次交付,或分期交付之第一期保險費,應於契約生效前交付之,但保險契約簽訂時,保險費未能確定者,不在此限(保二一)。其他保險費之交付時期,則均依保險契約之規定(保二二 I 前段)。

(二)保險費之增減

1.保險費依保險契約所載增加危險之特別情形計算者,其情形在契約存續期內消滅時,要保人得按訂約時保險費率,自其情形消滅時起算,請求比例減少保險費(保二六 I)。

2.危險減少時,被保險人得請求保險人重新核定保險費(保五九Ⅳ)。

3.保險遇有保險契約內所載危險增加之情形,保險人得提議另定保險費(保六〇 I)。

4.保險金額超過保險標的價值時,若無詐欺之情事,經當事人一方將超過價值之事實通知他方後,保險費應依保險標的之價值比例減少(保七六Ⅱ)。

(三)保險費之返還

1.保險金額超過保險標的價值時

以同一保險利益,同一保險事故,善意訂立數個保險契約,其保險金額之總額超過保險標的之價值者,在危險發生前,要保人得依超過部分,要求比例返還保險費(保二三 I)。

2.保險契約無拘束力時

(1)保險契約訂立時,僅要保人知危險已發生者,保險人不受契約之拘束,其已收受之保險費無須返還,並得請求償還費用(保二四 I、五一Ⅱ)。

⑵保險契約訂立時，僅保險人知危險已消滅者，要保人不受契約之拘束，保險人不得請求保險費及償還費用。其已收受者，並應返還要保人（保二四II、五一III）。

⑶複保險時，要保人故意不將他保險人之名稱及保險金額通知各保險人，或意圖不當得利而為複保險時，保險契約雖因之無效，保險人於不知情之時期內，所收取之保險費勿庸返還（保二三II、三七）。

3.保險契約解除時

保險契約因要保人違背本法第六十四條所訂據實說明之義務而解除時，保險人無須返還其已收受之保險費（保二五、六四II）。

4.保險契約終止時

⑴保險人對減少保險費不同意時（參閱本項一、㈡1.）要保人得終止契約。其終止後之保險費已交付者，應返還之（保二六）。

⑵保險人破產時，保險契約於破產宣告之日終止，其終止後之保險費，已交付者，保險人應返還之（保二七）。

⑶要保人破產時，破產管理人或保險人得於破產宣告三個月內終止保險契約。其終止後之保險費已交付者，應返還之（保二八）。

⑷保險契約所載之危險增加時，保險人得提議另訂保險費，如要保人不同意者，其契約即為終止。終止後之保險費已交付者，應返還之（保二四III、六〇）。

⑸保險標的物，非因保險契約所載之保險事故而完全滅失時，保險契約即為終止。終止後之保險費已交付者，應返還之（保二四III、八一）。

⑹保險標的物受部分之損失者，保險人與要保人均得終止契約。終止後，已交付未損失部分之保險費應返還之（保八二I）。

二、危險通知之義務

㈠危險發生之通知義務

危險發生時，應使保險人迅即知悉，以便調查真相，準備理賠，故本法第五十八條規定：「要保人、被保險人或受益人，遇有保險人應負保險責

任之事故發生，除本法另有規定，或契約另有訂定外，應於知悉後五日內通知保險人。」違反此項通知義務者，對於保險人因此所受之損失，應負賠償責任（保六三）。

當事人之一方對於他方應通知之事項而怠於通知者，除不可抗力之事故外，不問是否故意，他方得據為解除保險契約之原因（保五七）。

㈡危險增加之通知義務

危險程度之高低，關係保險費數額之決定，訂約後若因情事之遷移，而危險程度增加者，即應使保險人儘速知悉，故要保人依法應負下列之義務：

1.要保人對於保險契約內所載危險增加之情形應通知者，應於知悉後通知保險人（保五九 I）。

2.危險增加，由於要保人或被保險人之行為所致，其危險達於應增加保險費或終止契約之程度者，要保人或被保險人應先通知保險人（保五九 II）。

3.危險增加，不由於要保人或被保險人之行為所致者，要保人或被保險人應於知悉後十日內通知保險人（保五九III）。若未於規定期限內為通知者，對於保險人因此所受之損失，應負賠償責任（保六三）。

㈢通知義務之免除（例外）

1.危險增加，如有下列情形之一時，要保人或被保險人不負通知義務（保六一）：

⑴損害之發生不影響保險人之負擔者。

⑵為防護保險人之利益者。

⑶為履行道德上之義務者。

2.當事人之一方，對於下列情形，不負通知義務（保六二）：

⑴為他方所知者。

⑵依通常注意為他方所應知，或無法諉為不知者。

⑶一方對於他方經聲明不必通知者。

三、據實說明之義務（告知義務）

保險契約為最大善意契約，保險標的之實際狀況，影響保險人危險估計甚鉅，故本法課要保人以據實說明之義務。

訂立契約時，要保人對於保險人之書面詢問，應據實說明。

要保人故意隱匿，或因過失遺漏，或為不實之說明，足以變更或減少保險人對於危險之估計者，保險人得解除契約；其危險發生後亦同。但要保人證明危險之發生未基於其說明或未說明之事實時，不在此限。

前項解除契約權，自保險人知有解除之原因後，經過一個月不行使而消滅；或契約訂立後經過二年，即有可以解除之原因，亦不得解除契約（保六四）。

第二項　對於保險人之效力

一、保險人之責任

保險契約成立後，保險人即負危險擔保之責任，此乃基於保險契約直接發生之效力。至於保險人應負責任之範圍，除當事人間另有約定外（強制規定則不得以約定變更之），茲依本法規定分述如次：

㈠**不可預料或不可抗力所致之損害**

保險人對於由不可預料或不可抗力之事故所致之損害，負賠償責任，但保險契約內有明文限制者，不在此限（保二九 I）。所謂不可預料，指其危險之發生，事出偶然之狀況，而非事前所能確定之情形。所謂不可抗力，指其危險之發生，非人力所能抗拒或制止。前者如工廠突發之火災，後者如地震造成之傷亡。除非保險契約內另有明文限制外，否則，因此而發生之保險事故，保險人即應負賠償責任。

㈡**由要保人或被保險人之過失所致之損害**

保險人對於由要保人或被保險人之過失所致之損害，負賠償責任；但

出於要保人或被保險人之故意者,不在此限(保二九II)。過失所致之損害,乃出於無心之失,既無詐領保險金額之惡意,自應令保險人負賠償責任。

(三)因履行道德上義務所致之損害

保險人對於因履行道德上之義務所致之損害,應負賠償責任(保三〇)。履行道德上義務所為之行為,既非貪圖保險給付,為維護善良風俗,縱其行為近於故意,保險人仍應負賠償之責。

(四)因要保人或被保險人之受僱人或其所有之物或動物所致之損害

保險人對於因要保人,或被保險人之受僱人,或其所有之物或動物所致之損害,應負賠償責任 (保三一)。例如工廠因女工不慎,肇成火災,於火災保險之保險人仍應負賠償之責。又如傷害保險,被保險人為自養之家犬咬傷亦是。

(五)因戰爭所致之損害

保險人對於因戰爭所致之損害,除契約有相反之訂定外,應負賠償責任 (保三二)。所謂契約有相反之訂定,係指「兵險除外條款」而言,當事人得特約對戰爭所致之損害,不負賠償責任。

二、保險人之義務

(一)償還費用

保險人對於要保人或被保險人,為避免或減輕損害之必要行為所生之費用,負償還之責任。其償還數額與賠償金額,合計雖超過保險,仍應償還 (保三三I)。避免或減輕損害之必要行為,足以防止事故之發生或救援其事故發生後之損害,係對保險人有利之行為,故上述費用應由保險人償還之。而保險金額與保險標的之價值未必盡同,故保險人對此項費用之償還,依保險金額對於保險標的之價值比例定之 (保三三II)。例如保險金額二十萬元,保險標的之價值四十萬元,支出必要費用二萬元,則依二分之一之比例,保險人應償還一萬元是。

(二)給付保險金額

保險事故發生後,保險人應向被保險人或受益人給付保險金額。茲就

給付之範圍與給付之時期分述如次：

1.給付之範圍（數額）

⑴在人身保險，通常以保險契約上所記載之保險金額，即為賠償金額（保一〇二）。

⑵在財產保險，則在契約所訂保險金額範圍內，依實際損失之程度，而判定賠償之數額。此在定值保險，固無問題。在不定值保險，則依保險事故發生時，保險標的之實際價值為標準，計算賠償，其賠償金額不得超過保險金額（保七三II、III）。故其賠償金額與保險契約所記載之保險金額，未必一致。又除本法另有規定或當事人另有約定外，保險人當然不負擔賠償金額以外之義務。所謂本法另有規定，如前述本法第三十三條第一項，有關必要費用之償還是。至所謂當事人另有約定，例如房屋火災保險，約定負責重建或修繕是。

2.給付之時期

保險人應於要保人或被保險人交齊證明文件後，於約定期限內給付賠償金額。無約定期限者，應於接到通知後十五日內給付之（保三四I）。賠償金額之給付，原則上應依約定期限，無約定者，始依法定十五日之期限。本法更明確規定保險人因可歸責於自己之事由致未在前項規定期限內為給付者，應給付遲延利息年息一分（保三四II）。以保護被保險人利益並避免保險人藉故推諉或遲延。

三、保險人之代位權

被保險人因保險人應負保險責任之損失發生，而對於第三人有損失賠償請求權者，保險人得於給付賠償金額後，代位行使被保險人對於第三人之請求權；但其所請求之數額，以不逾賠償金額為限（保五三I）。保險人之代位權，其成立要件有二：

㈠被保險人因保險事故發生，對第三人有損失賠償請求權。

㈡保險人因保險事故之發生已給付賠償金額。

具備前述二要件，保險人即得依法行使其代位求償權。否則，若不令

保險人享有此代位權，則被保險人除得保險金額之賠償外，更得向第三人求償，乃受雙重之賠償，顯有違損害填補之原則。惟若肇致損害之第三人，本與被保險人共同生活，或關係密切，則因其過失所致之損失，在社會倫理上本無相求償之舉，若許保險人對之有求償權，實與被保險人自己賠償無異。故本法第五十三條第二項規定：「前項第三人為被保險人之家屬或受僱人時，保險人無代位請求權；但損失係由其故意所致者，不在此限。」

第六節　保險契約之變動

第一項　保險契約之變更、停止與恢復

一、保險契約之變更

保險契約之變更係指在保險契約存續期間內，其主體變更或內容變更之情形。茲就主體與內容之變更分述如後：

㈠主體變更

保險契約之主體，通常因轉讓或繼承而發生變動。例如本法第十八條所訂，被保險人死亡，保險利益仍移轉於其繼承人是。又保險契約除人身保險外，得為指示式或無記名式（保四九 I）。其為指示式者，得以背書變更當事人一方之姓名而為轉讓；其為無記名式者，則交付即可發生轉讓之效力。保險契約經轉讓時，保險人對於要保人所得為之抗辯，亦得以之對抗保險契約之受讓人（保四九 II）。在人壽保險，受益人如得要保人之同意，或保險契約載明允許轉讓者，亦得將其利益轉讓他人（保一一四）。

㈡內容變更

保險契約之內容，經雙方當事人同意者，得予變更。故變更保險契約時，保險人於接到通知後十日內不為拒絕者，視為承諾。但本法就人身保險有特別規定者，從其規定（保五六）。此乃法律擬制承諾，至保險人之變

更則不適用此項擬制承諾之方式。人壽保險、健康保險、傷害保險及年金保險之內容變更時，保險人有重驗被保險人身體健康之必要，故不適用此項擬制承諾。

二、保險契約之停止

指在保險契約存續期間內，因某種法定或約定之事由發生，而使保險契約之效力暫時停止之情形。保險契約一經停止，保險人即不受擔保危險責任之拘束。本法僅就人壽保險契約之停止，加以明文規定，即人壽保險之保險費到期未交付者，除契約另有訂定外，經催告到達後屆三十日仍不交付時，保險契約之效力停止（保一一六 I）。此項規定，於傷害保險準用之（保一三五）。

三、保險契約之恢復

乃依一定程序，恢復已經停止之保險契約之效力。關於保險契約之恢復，本法設有下列之規定：

㈠恢復停止效力之保險契約時，保險人於接到通知後十日內不為拒絕時，視為承諾。但本法就人身保險有特別規定者，從其規定（保五六），亦即於此項恢復效力之通知，送達後屆滿十日前，保險人若不表示拒絕，該項保險契約之效力，即因法律之擬制承諾而恢復。

㈡而人身保險則特別規定要保人於停止效力之日起六個月內清償保險費、保險契約約定之利息及其他費用後，翌日上午零時起，開始恢復其效力（保一一六III前段）。所謂其他費用，係指過期之利息及保險人支出之催告費用等。要保人於停效日起六個月後申請恢復契約效力，保險人得於要保人申請恢復效力之日起五日內要求要保人提供可保證明，除被保險人之危險程度有重大變更已達拒絕承保外，保險人不得拒絕其恢復效力（保一一六III後段）。若要保人於收到可保證明後十五日內不為拒絕者，也視為同意恢復效力（保一一六IV）。又保險契約所定申請恢復效力之期限，自停止效力之日起不得低於二年，並不得遲於保險期間之屆滿日，保險人於期限

屆滿後,有終止契約之權。(保一一六 V、VI)。

㈢人壽保險契約載有被保險人故意自殺,保險人仍應給付保險金額之條款者,其條款於訂約二年後始生效力。恢復停止效力之保險契約,其二年期限應自恢復停止效力之日起算(保一〇九 II)。其二年期間未屆滿之前,保險契約之效力係在停止狀態,俟二年屆滿始恢復停止效力。

第二項　保險契約之無效與失效

保險契約因無效、失效、解除或終止而消滅,茲先就保險契約之無效與失效分述如後:

一、保險契約之無效

指保險契約成立後,因違反法定或約定事項,在法律上自始不生效力之謂。其無效之原因及效果,除適用民法有關無效之規定外,茲就本法規定分述如次:

㈠絕對無效(全部無效)

1.複保險,除另有約定外,要保人應將他保險人之名稱及保險金額,通知各保險人。要保人如故意不為通知或意圖不當得利而為複保險者,其契約無效(保三六、三七)。

2.保險契約訂立時,保險標的之危險已發生或已消滅者,其契約無效;但為當事人雙方所不知者,不在此限(保五一 I)。

3.由第三人訂立之死亡保險契約,未經被保險人書面同意,並約定保險金額,其契約無效(保一〇五)。

4.以未滿十五歲之未成年人為被保險人訂立之人壽保險契約,其死亡給付於被保險人滿十五歲之日起發生效力;被保險人滿十五歲前死亡者,保險人得加計利息退還所繳保險費,或返還投資型保險專設帳簿之帳戶價值。前項利息之計算,由主管機關另定之。精神障礙或其他心智缺陷,致不能辨識其行為或欠缺依其辨識而行為之能力者為被保險人,除喪葬費用

之給付外，其餘死亡給付部分無效。前項喪葬費用之保險金額，不得超過遺產及贈與稅法第十七條有關遺產稅喪葬費扣除額之一半（保一〇七 I ～IV）。

　　5.人壽保險之被保險人年齡不實，而其真實年齡已超過保險人所定保險年齡限度者，其契約無效（保一二二 I）。

(二)相對無效

　　僅當事人之一方得主張保險契約無效。

　　1.訂約時，僅要保人知危險已發生者，保險人不受契約之拘束（保五一II）。

　　2.訂約時，僅保險人知危險已消滅者，要保人不受契約之拘束（保五一III）。

(三)一部無效

　　指保險契約之一部自始不生效力，僅某一部分或在某限度內有其效力。如本法第七十六條第一項規定：「保險金額超過保險標的價值之契約，係由當事人一方之詐欺而訂立者，他方得解除契約。如有損失，並得請求賠償。無詐欺情事者，除定值保險外，其契約僅於保險標的價值之限度內為有效。」

　　除本法無效原因之規定外，當事人間亦得在保險契約上約定無效事由，遇此約定事由發生，其契約隨之無效。惟此約定應記載於保險契約（保五五 I 7），且不得違反法律強制規定或公序良俗。

二、保險契約之失效

　　指保險契約自失效原因發生時起，喪失其效力之情形。無效則係自始不生效力，兩者有所不同。本法規定要保人或被保險人對於保險標的無保險利益者，保險契約失其效力（保十七）。

　　本法亦有就契約之失效為消極規定者，如本法第十九條規定：「合夥人或共有人聯合為被保險人時，其中一人或數人讓與保險利益於他人者，保險契約不因之而失效。」第六十九條規定：「關於未來事項之特約條款，於未屆履行期前危險已發生，或其履行為不可能，或在訂約地為不合法而未

履行者，保險契約不因之而失效。」等均是。

第三項　保險契約之解除與終止

一、保險契約之解除

保險契約之解除者，指當事人之一方基於保險契約成立後之事由，行使法定或約定解除權，而使契約之效力自始消滅之謂。茲就法定解除權與約定解除權，分述如次：

㈠法定解除權

其發生係依法律之規定，本法所訂解除之事由如下：

1.違背通知義務

當事人之一方對於他方應通知之事項而怠於通知者，除不可抗力之事故外，不問是否故意，他方得據為解除保險契約之原因（保五七）。

2.違背據實說明之義務

訂立契約時，要保人對保險人之書面詢問故意隱匿，或因過失遺漏，或為不實之說明，足以變更或減少保險人對於危險之估計者，保險人得解除契約；其危險發生後亦同。但要保人證明危險之發生未基於其說明或未說明之事實時，不在此限（保六四Ⅱ）。

3.違背特約條款

保險契約當事人之一方違背特約條款時，他方得解除契約。其危險發生後亦同（保六八Ⅰ）。

4.超額保險

保險金額超過保險標的價值之契約，係由當事人一方之詐欺而訂立者，他方得解除契約（保七六Ⅰ前段）。

㈡約定解除權

保險契約之雙方當事人若有約定解除契約之事由，則於該事由發生時，一方或雙方即可從其約定，行使解除權。

解除權的行使，應以意思表示為之（民法二五八），解除契約之效果，會產生回復原狀的義務，且可請求損害賠償（民法二五九、二六〇）。另外，本法設有特殊規定，例如，要保人故意隱匿，或因過失遺漏，或為不實之說明，而解除契約時，則保險人無須返還其已收受之保險費（保二五），如有發生損害，並得請求賠償，賠償請求權或回復原狀請求權，自保險人知情之日起算，經過二年不行使而消滅（保六五）。

二、保險契約之終止

保險契約之終止者，謂在保險契約存續期間內，由於一定事由之發生，或當事人行使終止權，或基於法律之規定當然終止，而使契約自終止時起消滅之情形。茲就本法有關契約終止原因之規定，分述於後：

㈠保險人或要保人破產

保險人破產時，保險契約於破產宣告之日終止（保二七前段）。要保人破產時，破產管理人或保險人得於破產宣告三個月內終止契約（保二八）。又海上保險之要保人或被保險人於保險人破產時，得終止契約（海一三三）。

㈡危險變動

保險費依保險契約所載增加危險之特別情形計算者，其情形在契約存續期間內消滅時，要保人得按訂約時保險費率，自其情形消滅時起算，請求比例減少保險費。保險人對減少保險費不同意時，要保人得終止契約（保二六）。

㈢要保人違反危險通知義務

要保人對於保險契約內所載增加危險之情形應通知者，應於知悉後通知保險人，如違反危險通知義務時，保險人得終止契約，或提議另定保險費。要保人對於另定保險費不同意者，其契約即為終止。

保險人知危險增加後，仍繼續收受保險費，或於危險發生後給付賠償金額，或其他維持契約之表示者，喪失終止契約之權利（保六〇）。

㈣保險標的物滅失

保險標的物非因保險契約所載之保險事故而完全滅失時，保險契約即

為終止（保八一）。

保險標的物受部分之損失者，保險人與要保人均有終止契約之權。終止後，已交付未損失部分之保險費應返還之。此項終止契約權，於賠償金額給付後，經過一個月不行使而消滅。保險人終止契約時，應於十五日前通知要保人。

要保人與保險人均不終止契約時，除契約另有訂定外，保險人對於以後保險事故所致之損失，其責任以賠償保險金額之餘額為限（保八二）。

㈤保險費未交經催告期滿

人壽保險之保險費到期未交付，除契約另有訂定外，經催告到達後屆三十日仍不交付時，保險人於期限屆滿後，有終止契約之權（保一一六 I、VI）。

㈥保險費付足一年

人壽保險之保險費，如付足一年以上，要保人得終止保險契約，通知保險人於一個月內償付解約金（保一一九前段）。

㈦他人人壽保險契約同意之撤銷

由第三人訂立之死亡保險契約，未經被保險人書面同意，並約定保險金額，其契約無效。被保險人依前項所為之同意，得隨時撤銷之。其撤銷之方式，應以書面通知保險人及要保人。被保險人依前項規定行使其撤銷權者，視為要保人終止保險契約（保一○五）。

第七節　保險契約之消滅時效

由保險契約所生之權利，自得為請求之日起，經過二年不行使而消滅（保六五前段）。此乃對民法消滅時效之特別規定。所謂由保險契約所生之權利，如保險金給付請求權、保險費返還請求權及損害賠償請求權等是。所謂得為請求之日，如保險金給付請求權，應自保險事故發生之日起算；終止契約所生保險費返還請求權，應自其終止之日起算；損害賠償請求權，應自其責任事由發生之日起算。惟如有下列各款情形之一者，其期限之起

算，依各該款之規定（保六五）：

　　一、要保人或被保險人對於危險之說明，有隱匿遺漏或不實者，自保險人知情之日起算。

　　二、危險發生後，利害關係人能證明其非因疏忽而不知情者，自其知情之日起算。

　　三、要保人或被保險人對於保險人之請求，係由於第三人之請求而生者，自要保人或被保險人受請求之日起算。

習　題

一、試述保險契約之意義及性質。

二、保險契約之當事人及關係人有幾？其資格、權利及義務各如何？

三、保險契約之輔助人有幾？試說明之。

四、試述保險利益之意義並說明保險利益存在之目的。

五、試依保險法之規定說明財產上之保險利益及人身上之保險利益。

六、保險利益之移轉其情形有幾？試分述之。

七、試述保險契約特約條款之內容及效力。

八、保險費返還之事由有幾？試列舉以對。

九、保險法對於危險發生或增加之通知義務如何規定？

十、依保險法之規定保險人應就何種損害負賠償責任？

十一、試述保險人給付保險金額之範圍與時期。

十二、保險人行使代位權之要件如何？其行使有無限制？試分述之。

十三、試述保險契約之法定解除事由。

十四、由保險契約所生之權利其消滅時效現行法有何特別之規定？

第三章　財產保險

第一節　火災保險

第一項　火災保險之概念

　　火災保險者，謂火災保險人，對於直接或間接由火災所致保險標的物之毀損或滅失，負賠償責任之保險（保七〇 I）。本法所稱之火災，乃無論大小，凡足以直接或間接致成災害損失者，皆為火災。亦即其直接因火焚燬、煙燻或燒焦之損失，固為火災保險之損害原因；即如間接因救火而毀損屋頂牆壁或破壞門窗等損害，亦係本法所訂之損失，本法第七十條第二項規定：「因救護保險標的物，致保險標的物發生損失者，視同所保危險所生之損失。」惟因地震、雷擊、火山爆發等自然因素引起之火災，除非另有特約，通常為一般火災保險契約所排除。

第二項　火災保險之種類

一、就標的物之價值是否明訂而區分

(一)定值火災保險

　　火災保險契約上載明保險標的一定價值之保險（參照保五〇III），是為定值火災保險。

(二)不定值火災保險

火災保險契約上，載明保險標的之價值，須至危險發生後估計而定之保險（參照保五〇II），是為不定值火災保險。

二、就保險標的物之不同而區分

㈠動產火災保險

即以動產為火災保險之標的者。動產，乃不動產以外之物（民六七），如傢俱、商品、珠寶、衣物等是。

㈡不動產火災保險

即以不動產為火災保險之標的者。不動產包括土地及其定著物，然土地通常無保險之必要，故此係專指定著物而言。土地之定著物如工廠、住宅、倉庫及其他建築物，凡足以蔽風雨，而通出入之建築均是。

㈢無形利益火災保險

即以無形之利益為火險之標的者。如停業損失保險是。

三、就標的物是否特定為區分

㈠特定火災保險

乃以特定之一建築物或其內特定種類之財物為保險標的之火災保險。

㈡總括火災保險

乃以一固定之保險金額而概括在一地或數地之數種財物為保險標的之火災保險。

四、就標的物是否單一為區分

㈠單獨火災保險

即以特定之某一財產為保險標的之保險。如以百年古董為保險標的是。

㈡集合火災保險

即以集合之特定財物為保險標的之保險。就集合之物而總括為保險者，被保險人之家屬、受僱人或同居人之物，亦得為保險標的，載明於保險契約，在危險發生時，就其損失享受賠償。此項保險契約，視同並為第三人

利益而訂立（保七一）。此與前述總括火災保險不同，其區別在於集合保險
之標的乃固定而載明於保險契約；總括火災保險，則僅概括地以其財物之
全部為保險標的，並不載明其種類，且其財物得隨時更替。

第三項　保險價額與保險金額

一、保險價額與保險金額之意義

(一)保險價額

　　即保險標的物之價額，乃保險標的物，在某特定時期內，得以金錢估
計之價值總額。

(二)保險金額

　　即保險事故發生時，保險人對於要保人或被保險人所應給付之金額。

二、保險價額與保險金額之關係

　　在財產保險，保險金額不得超過保險價額。保險金額乃保險事故發生
時，保險人負擔賠償責任之最高限度。依本法規定，保險人應於承保前，
查明保險標的之市價，不得超額承保（保七二）。保險標的，得由要保人，
依主管機關核定之費率及條款，作定值或不定值約定之要保。保險標的，
以約定價值為保險金額者，發生全部損失或部分損失時，均按約定價值為
標準計算賠償。保險標的未經約定價值者，發生損失時，按保險事故發生
時實際價值為標準，計算賠償，其賠償金額，不得超過保險金額（保七三）。

　　前述所謂全部損失，係指保險標的全部滅失或毀損，達於不能修復或
其修復之費用，超過保險標的恢復原狀所需者（保七四）。保險標的物不能
以市價估計者，得由當事人約定其價值。賠償時從其約定（保七五）。

三、超過保險與一部保險

　　一般財產保險、保險價額與保險金額，固多一致，但亦有超過或不及

者，茲就本法規定分述如後：

(一)超過保險

即超額保險，亦即保險金額超過保險價額之保險，此為本法所禁止（保七二）。依本法規定，保險金額超過保險標的價值之契約，係由當事人一方之詐欺而訂立者，他方得解除契約。如有損失，並得請求賠償。無詐欺情事者，除定值保險外，其契約僅於保險標的價值之限度內為有效。

無詐欺情事之保險契約，經當事人一方將超過價值之事實通知他方後，保險金額及保險費，均應按照保險標的之價值比例減少（保七六）。

(二)一部保險

即保險金額不及保險標的價值之保險。保險金額不及保險標的物之價值者，除契約另有訂定外，保險人之負擔，以保險金額對於保險標的物之價值比例定之（保七七）。此或為訂立契約時，即為一部保險；或為契約訂立後，因保險標的價額之增值而成為一部保險，均有本法第七十七條之適用。

第四項　火災保險損失之估計

一、保險事故發生後現狀之維持

損失未估定前，要保人或被保險人除為公共利益或避免擴大損失外，非經保險人同意，對於保險標的物不得加以變更（保八〇）。損失未估定前，標的物之現狀如有變更，則影響損失估計之正確性至鉅，且亦恐有要保人藉此掩蔽真實損害情形之弊。

二、估計遲延之效果

損失之估計，因可歸責於保險人之事由而遲延者，應自被保險人交出損失清單一個月後加給利息。損失清單交出二個月後損失尚未完全估定者，被保險人得請求先行交付其所應得之最低賠償金額（保七八）。此乃避免保

險人藉故拖延，而嚴重影響被保險人與要保人之權益。

三、費用之負擔

保險人或被保險人為證明及估計損失所支出之必要費用，除契約另有訂定外，由保險人負擔之。

保險金額不及保險標的物之價值時，保險人對於前項費用之負擔，除契約另有訂定外，依保險金額對於保險標的物之價值比例定之（保七九）。

第五項　火災及人壽保險規定之準用

一、火災保險規定之準用

第七十三條至第八十一條之規定，於海上保險、陸空保險、責任保險、保證保險及其他財產保險準用之（保八二之一 I）。茲就準用之規定分列如下：

㈠本法第七十三條至第七十五條關於保險標的物價額之規定。

㈡本法第七十六條、第七十七條關於超過保險與一部保險之規定。

㈢本法第七十八條至第八十條關於損失估計之規定。

㈣本法第八十一條關於標的物滅失契約終止之規定。（參閱前述）

二、人壽保險規定之準用

第一百二十三條及第一百二十四條之規定，於超過一年之財產保險準用之（保八二之一 II）。因壽險具有長期性，所以不宜將所有之財產保險均適用此條文，必須超過一年之財產保險方能適用，而超過一年期限者有責任準備金，與壽險性質較類似。茲就準用之規定分列如下：

㈠本法第一百二十三條關於保險人或要保人破產之規定。

㈡本法第一百二十四條關於責任準備金優先受償之規定。（詳容後述）

第二節　海上保險

第一項　海上保險之概念

海上保險者，謂海上保險人對於保險標的物，除契約另有規定外，因海上一切事變及災害所生之毀損、滅失及費用，負賠償責任之保險（保八三、海一二九）。又稱為水上保險，簡稱水險。海上保險事故之範圍甚廣，凡因航海所生之一切危險，均在擔保之列。例如暴風雨、觸礁、碰撞、火災、擱淺、投棄、捕獲、掠奪等事故，所造成船舶、貨物、運費及利益之損失均是。本法第八十四條特規定：「關於海上保險，適用海商法海上保險章之規定。」惟一般保險之通則，則仍依本法之規定，是以海商法第一百二十六條定曰：「關於海上保險，本章無規定者，適用保險法之規定。」海上保險章之規定，對於保險法乃立於特別法之地位，故應優先適用。

第二項　海上保險之標的

海上保險之標的，依海商法第一百二十七條第一項規定：「凡與海上航行有關而可能發生危險之財產權益，皆得為海上保險之標的。」其範圍極廣，凡船舶本身、運費、貨物、應有利得等，均得為海上保險之標的。又為配合海陸聯運之發展趨勢及其作業之需要，本條第二項規定：「海上保險契約，得約定延展加保至陸上、內河、湖泊或內陸水道之危險。」茲依通說分述海上保險之標的如下：

一、船　　舶

包括船體、船舶設備及其屬具。

二、貨　物

包括船舶所載之一切貨物。通常又可分為安全保險與水漬保險。前者指因海上一切事變及災害所生之滅失、毀損及費用之保險。後者指貨物受水浸漬潮濕，而價值減損之保險。

三、運　費

指船舶因運送貨物所收取之代價。通常包括手續費及其他費用在內。

四、應有利得

即貨物安全運抵目的港後可預期獲得之利益。

第三項　海上保險之保險期間

保險期間，乃保險人應負擔危險之責任期間。此期間本依當事人之約定，或依一定航程而定（航程保險），或依一定航期而定（航期保險），或兼而有之（混合保險）均無不可。惟其有未經約定保險期間者，茲依海商法規定分述如下（海一二八）：

一、船舶及其設備屬具

自船舶起錨或解纜之時，以迄目的港投錨或繫纜之時，為其期間。

二、貨　物

自貨物離岸之時，以迄目的港起岸之時，為其期間。

第四項　海上保險之保險價額

海上保險標的價額之計算，除當事人間另有約定外，本法之規定如下：

一、船　舶

船舶之保險以保險人責任開始時之船舶價格及保險費，為保險價額（海一三四）。

二、貨　物

貨物之保險以裝載時、地之貨物價格、裝載費、稅捐、應付之運費及保險費，為保險價額（海一三五）。

三、運　費

運費之保險，僅得以運送人如未經交付貨物即不得收取之運費為之，並以被保險人應收取之運費及保險費為保險價額（海一三七 I）。前項保險，得包括船舶之租金及依運送契約可得之收益（海一三七 II）。

四、應有利得

貨物到達時應有之佣金、費用或其他利得之保險以保險時之實際金額為保險價額（海一三六）。

第五項　海上保險之損失估計

海上保險事故發生，其損失之估計，因保險標的物全部損失或一部損失而有別。保險標的物全部滅失，其損失依前述保險價額計算之標準定之。保險標的部分損失者，其損害額之計算，海商法規定如下：

一、貨物受損時

貨物損害之計算，依其在到達港於完好狀態下所應有之價值，與其受損狀態之價值比較定之（海一三八）。實務上計算時，先求完好價值與受損價值之比率，依此比例乘以保險價額，即為保險人應負擔之保險金額。

二、船舶部分損害時

船舶部分損害之計算，以其合理修復費用為準。但每次事故應以保險金額為限（海一三九I）。部分損害未修復之補償額，以船舶因受損所減少之市價為限。但不得超過所估計之合理修復費用（海一三九II）。保險期間內，船舶部分損害未修復前，即遭遇全損者，不得再行請求前項部分損害未修復之補償額（海一三九III）。

三、運費部分損害時

運費部分損害之計算，以所損運費與總運費之比例就保險金額定之（海一四〇）。

四、保險標的變賣時

受損害貨物之變賣，除由不可抗力或船長依法處理者外，應得保險人之同意。應以變賣淨額與保險價額之差額為損害額。但因變賣後所減省之一切費用，應扣除之（海一四一）。

第六項　海上保險契約之效力

一、對保險人之效力

(一)保險人之責任

保險人對於保險標的物，除契約另有規定外，因海上一切事變及災害所生之毀損、滅失及費用，負賠償責任（海一二九）。惟關於下列事項依法保險人得免其賠償責任：

1.保險事故發生時，要保人或被保險人應採取必要行為，以避免或減輕保險標的之損失，保險人對於要保人或被保險人未履行此項義務而擴大之損失，不負賠償責任（海一三〇I）。

　　2.因要保人或被保險人或其代理人之故意或重大過失所致之損失，保險人不負賠償責任（海一三一）。

㈡減免損失費用之償還

　　保險人對於要保人或被保險人，為避免或減輕損失之必要行為所生之費用，負償還之責，其償還數額與賠償金額合計雖超過保險標的之價值，仍應償還（海一三〇 II）。保險人對於前項費用之償還以保險金額為限。但保險金額不及保險標的物之價值時，則以保險金額對於保險標的之價值比例定之（海一三〇 III）。

㈢保險金額之給付

　　保險事故發生後，保險人應於收到要保人或被保險人證明文件後三十日內給付保險金額。保險人對於此項證明文件如有疑義，而要保人或被保險人提供擔保時，仍應將保險金額全部給付。此項保險人之金額返還請求權，自給付後經過一年不行使而消滅（海一五〇）。

二、對於要保人或被保險人之效力

　　海上保險契約成立後，要保人除應負據實說明及交付保險費之義務外（保六四 I、二二），依海商法要保人或被保險人尚有下列之通知義務：

㈠貨物裝運船舶之通知

　　未確定裝運船舶之貨物保險，要保人或被保險人於知其已裝載於船舶時，應將該船舶之名稱、裝載日期、所裝貨物及其價值，立即通知於保險人。不為通知者，保險人對未為通知所生之損害，不負賠償責任（海一三二）。

㈡危險發生之通知

　　要保人或被保險人，於知悉保險之危險發生後，應即通知保險人（海一四九）。否則依保險法第五十七條規定，保險人得解除契約。

㈢貨物受損之通知

　　要保人或被保險人，自接到貨物之日起，一個月內不將貨物所受損害通知保險人或其代理人時，視為無損害（海一五一）。

第七項　海上保險契約之消滅

海上保險契約之要保人或被保險人於保險人破產時，得終止契約（海一三三）。

第八項　海上保險之委付

一、委付之意義

海上保險之委付，指被保險人於發生法定委付原因時，得將保險標的物之一切權利，移轉於保險人，而請求支付該保險標的物之全部保險金額（海一四二）。蓋海上保險事故發生時，保險標的物有時雖非全損，但卻與全損無異，如非支付與船舶價值相等之費用不能修復時；或雖為全損，卻難於取得證明文件或取得證明之手續過繁時，為謀當事人間權義關係之免於宕延不決與實際便利，故有委付制度之產生。

二、委付之法定原因

㈠船舶之委付

被保險船舶之委付，得於有下列各款情形之一時為之（海一四三）：

1. 船舶被捕獲時。

2. 船舶不能為修繕或修繕費用超過保險價額時。

3. 船舶行蹤不明已逾二個月時。

4. 船舶被扣押已逾二個月仍未放行時。惟此項扣押不包含債權人聲請法院所為之查封，假扣押及假處分。

㈡貨物之委付

被保險貨物之委付，得於有下列各款情形之一時為之（海一四四）：

1. 船舶因遭難，或其他事變不能航行已逾二個月而貨物尚未交付於受

貨人、要保人或被保險人時。

　　2.裝運貨物之船舶，行蹤不明，已逾二個月時。

　　3.貨物因應由保險人負保險責任之損害，其回復原狀及繼續或轉運至目的地費用總額合併超過到達目的地價值時。

㈢運費之委付

　　運費之委付，得於船舶或貨物之委付時為之（海一四五）。

三、委付之法定要件

㈠須有法定原因（參閱前述）

㈡應就保險標的物之全部為之

　　委付應就保險標的物之全部為之。但保險單上僅有其中一種標的物發生委付原因時，得就該一種標的物為委付請求其保險金額（海一四六 I）。

㈢不得附有條件

　　委付不得附有條件（海一四六 II）。

㈣須經保險人之承諾

　　委付非單獨行為，被保險人為委付之意思表示時，仍須俟保險人承諾後，始生委付之效力。若保險人不為承諾時，被保險人得以訴訟方式求得法院確定判決，而達委付之目的。

四、委付之效力

　　㈠委付經承諾或經判決為有效後，自發生委付原因之日起保險標的物即視為保險人所有（海一四七 I）。

　　㈡委付未經承諾前，被保險人對於保險標的物之一切權利不受影響。保險人或被保險人對於保險標的物採取救助、保護或回復之各項措施，不視為已承諾或拋棄委付（海一四七 II）。

　　㈢委付之通知一經保險人明示承諾，當事人均不得撤銷（海一四八）。

五、委付之時效

委付之權利，於知悉委付原因發生後，自得為委付之日起，經過二個月不行使而消滅（海一五二）。

第三節　陸空保險

第一項　陸空保險之概念

陸空保險者，指陸上、內河及航空保險人，對於保險標的物，除契約另有訂定外，因陸上、內河及航空一切事變及災害所致之毀損、滅失及費用，負賠償責任之保險（保八五）。依此，本法雖稱其陸空保險，實則包括內河航行之船舶、運費及貨物之保險在內。惟依本法第八十九條規定：「航行內河船舶運費及裝載貨物之保險，除本節另有規定外，準用海上保險有關條文之規定。」故有關內河航行之保險，並非當然適用海上保險之規定，僅於陸空保險一節所未規定者，始有準用之餘地。至所謂陸上、內河及航空一切事變及災害，包含甚廣，舉凡車船之碰撞、傾覆、車輛脫軌、船隻沉沒、擱淺、飛機失事、風雷、火災等及強盜、其他偶然事故，均在本法保險事故之列。故陸空保險，實乃除海上運送外，兼含其他一切之運送保險。

第二項　陸空保險之記載事項

陸空保險契約，除記載本法第五十五條之一般保險契約基本條款外，並應載明下列事項（保八七）：

一、運送路線及方法。此為危險測定之主要因素。

二、運送人姓名或商號名稱。

三、交運及取貨地點。

四、運送有期限者，其期限。

第三項　陸空保險之保險期間

陸空保險契約，關於貨物之保險，除契約另有訂定外，自交運之時以迄於其目的地收貨之時為其期間（保八六）。

第四項　陸空保險契約之效力

陸空保險契約，因運送上之必要，暫時停止或變更運送路線或方法時，保險契約除另有訂定外，仍繼續有效（保八八）。

第四節　責任保險

第一項　責任保險之概念

責任保險者，謂責任保險人於被保險人對於第三人，依法應負賠償責任，而受賠償之請求時，負賠償責任之保險（保九〇）。責任保險乃擔保被保險人對第三人之法律上賠償責任，亦即以補償被保險人，因對於第三人負擔一定財產上給付責任所致之損害為目的之保險。依本法規定，於第三人向被保險人請求賠償時，保險契約所訂之保險事故始發生。故責任保險之保險事故，乃「被保險人受請求」。是以責任保險契約中保險人賠償責任之成立要件有二：

一、被保險人對第三人依法負賠償責任。

二、被保險人受賠償之請求。

第二項　必要費用之負擔

被保險人因受第三人之請求而為抗辯，所支出之訴訟上或訴訟外之必要費用，除契約另有訂定外，由保險人負擔之。被保險人得請求保險人墊給前項費用（保九一）。所謂抗辯，指被保險人對於因損害事故發生，而就受害者之請求所為之對抗行為而言。例如應訴是。訴訟上必要費用，如訴訟費。訴訟外必要費用，如損失估計之費用。此等費用之支出，實則間接保障保險人之利益，故應由保險人負擔。

第三項　保險利益之歸屬

責任保險契約，除載明為他人之利益而訂立者外，其利益原則上不及於第三人，惟其係為被保險人所營事業之損失賠償責任而訂立者，被保險人之代理人、管理人或監督人所負之損失賠償責任，亦享受保險之利益，其契約視同並為第三人之利益而訂立（保九二）。亦即被保險人之代理人、管理人或監督人亦得根據保險契約所訂，對保險人主張權利。蓋代理人等輔助被保險人經營事業，其一切職務，均由被保險人所賦予，故被保險人對其職務上疏失所致之他人損害，原應負責，是以本法擬制其契約視同並為第三人之利益而訂立。

第四項　保險人之參預權

保險人得約定被保險人對於第三人就其責任所為之承認和解或賠償，未經其參預者，不受拘束（保九三本文）。蓋以被保險人對第三人所為之承認、和解或賠償，間接影響保險人之賠償責任，保險人就被保險人對第三人之責任範圍，實有利害關係之存在，故本法特賦予保險人參預其事之權利。又所謂不受拘束，指其承認、和解或賠償，對保險人不生效力。但經

要保人或被保險人通知保險人參與而無正當理由拒絕或藉故遲延者，不在此限（保九三但書），以防保險人藉故拒絕參與而損及被保險人之權益。

第五項　保險金額之給付

一、對被保險人之給付

保險人於第三人由被保險人應負責任事故所致之損失，未受賠償以前，不得以賠償金額之全部或一部給付被保險人（保九四Ⅰ）。責任保險契約，原係被保險人賠償責任之轉嫁，故於被保險人為損害賠償之前，保險人不得對被保險人先為保險金額之給付。

二、對第三人之給付

被保險人對第三人應負損失賠償責任確定時，第三人得在保險金額範圍內，依其應得之比例，直接向保險人請求給付賠償金額（保九四Ⅱ）。所以規定「依其應得之比例」係顧及第三人為多數時之故。又保險人得經被保險人通知，直接對第三人為賠償金額之給付（保九五）。經被保險人通知後，第三人對保險人即得直接請求給付賠償金額。

第四節之一　保證保險

第一項　保證保險之概念

保證保險者，謂保證保險人於被保險人因其受僱人之不誠實行為或其債務人之不履行債務所致損失，負賠償責任之保險（保九五之一）。例如為防止員工捲款潛逃或監守自盜致企業遭受損失，可投保受僱人誠實保證保險。為恐借用人借款到期無法清償致貸與人遭受損失，則可投保債務人清

償保證保險，藉以規避風險，而達交易安全之保障。

第二項　保證保險之記載事項

一、受僱人誠實保證保險之記載事項

以受僱人不誠實行為為保險事故之保證保險契約，除記載本法第五十五條規定事項外，並應載明下列事項（保九五之二）：

㈠被保險人之姓名及住所。

㈡受僱人之姓名、職稱或其他得以認定為受僱人之方式。

二、債務人清償保證保險之記載事項

以債務人之不履行債務為保險事故之保證保險契約，除記載本法第五十五條規定事項外，並應載明下列事項（保九五之三）：

㈠被保險人之姓名及住所。

㈡債務人之姓名或其他得以認定為債務人之方式。

第五節　其他財產保險

第一項　其他財產保險之概念

本法所謂其他財產保險，為不屬於火災保險，海上保險，陸空保險，責任保險及保證保險之範圍而以財物或無形利益為保險標的之各種保險（保九六）。例如汽車保險、洪水保險、竊盜保險等等均是。其他財產保險，乃概括性之規定，使火災保險、海上保險、陸空保險、責任保險及保證保險範圍外之各種財產保險，均得一體適用，以救法律之窮。

第二項　其他財產保險之效力

一、保險人之權益

㈠標的物查勘權

保險人有隨時查勘保險標的物之權，如發現全部或一部分處於不正常狀態，得建議要保人或被保險人修復後，再行使用。如要保人或被保險人不接受建議時，得以書面通知終止保險契約或其有關部分（保九七）。

㈡增減保險費（契約變動）之權

保險標的物受部分之損失，經賠償或回復原狀後，保險契約繼續有效；但與原保險情況有異時，得增減其保險費（保九九）。若要保人或被保險人對於增減保險費不同意時，其契約即為終止（保六〇）。

二、要保人或被保險人之責任

㈠保護保險標的物之責任

要保人或被保險人，對於保險標的物未盡約定保護責任所致之損失，保險人不負賠償之責（保九八 I）。

㈡增加損失之負擔

危險事故發生後，經鑑定係因要保人或被保險人未盡合理方法保護標的物，因而增加之損失，保險人不負賠償之責（保九八 II）。

習 題

一、試分述保險價額與保險金額二者之意義及關係。

二、何謂超額保險？其契約之效力為何？

三、何謂海上保險？其標的為何？試分述之。

四、海上保險之保險價額如何計算？

五、海上保險之損害額如何計算？

六、海上保險之委付其意義及效力各為何？

七、責任保險之損害賠償責任，其構成要件為何？

八、現行法對於責任保險之保險金額給付有何規定？

第四章　人身保險

第一節　人壽保險

第一項　人壽保險之概念

人壽保險者，乃謂人壽保險人於被保險人在契約規定年限內死亡，或屆契約規定年限而仍生存時，依照契約負給付保險金額責任之保險（保一〇一）。人壽保險以人之生命為保險標的，其保險事故則為人之生存或死亡。人非財物，不能以金錢衡量，無所謂損害數額之問題，故無從如財產保險事故發生後得為損失估計。其保險金額之給付，純依保險契約之訂定決之（保一〇二）。

第二項　人壽保險之種類

一、以保險事故為區分

㈠死亡保險

乃以被保險人之死亡為保險事故之保險。又因保險期間之不同可分為下列二種：

　1.終身保險

以被保險人之終身為保險期間，不論被保險人何時死亡，保險人均應給付保險金額。

2.定期死亡保險

以一定期間為保險期間，被保險人於此期間內死亡者，保險人始負給付保險金額之義務，逾期而被保險人仍生存者，契約即行終止。

㈡生存保險

乃以被保險人在一定期間或年限內之生存為保險事故之保險。其保險費之交付，有一次交付或分期交付二種。其保險金額之給付，亦分為一次給付與分期給付二種，其分次給付者，稱為年金保險或定期金保險。

㈢混合保險（養老保險）

乃併以被保險人在一定期間內死亡或期間屆滿後仍生存，為保險事故之保險。無論被保險人於一定期間內死亡或逾此期間仍生存，保險人均須給付保險金額。

二、以保險金給付方法為區分

㈠資金保險

乃保險事故發生時，保險人就保險金額應一次給付之保險。

㈡年金保險

乃以被保險人生存為條件，於其終身或一定期間內，每年給付一定金額之保險。

三、以經營之方法為區分

㈠普通人壽保險

即依通常經營方法所經營之人壽保險。依本法之規定，其由保險公司、合作社經營者均是。

㈡簡易人壽保險

即以簡易方法所經營之保險。通常乃對被保險人免驗身體即可訂約，兼有社會保險之性質。例如郵政儲金匯業局之簡易人壽保險是。

第三項　人壽保險契約之訂立

一、人壽保險契約之訂立

　　人壽保險契約，得由本人或第三人訂立之（保一○四）。要保人填具要保書，經保險人對被保險人為體格檢查，並同意承保後，簽訂保險單或暫保單而成立保險契約。在生存保險，要保人得兼為被保險人及受益人；在死亡保險，要保人亦得兼為被保險人而指定第三人為受益人。

二、他人人壽保險契約訂立之限制

　　㈠由第三人訂立之死亡保險契約，未經被保險人書面同意，並約定保險金額，其契約無效（保一○五Ⅰ）。第三人以他人之死亡為保險事故所訂立契約，若第三人與該他人間並無深切關係，則極易生謀財害命之不軌行為，故本法限制其須得被保險人書面同意並約定保險金額始可。又基於避免道德危險及保護被保險人之人格權之考量，故被保險人依前項所為之同意，得隨時撤銷之。其撤銷之方式應以書面通知保險人及要保人（保一○五Ⅱ）。被保險人依前項規定行使其撤銷權者，視為要保人終止保險契約（保一○五Ⅲ）。

　　㈡由第三人訂立之人壽保險契約，其權利之移轉或出質，非經被保險人以書面承認者，不生效力（保一○六）。

三、死亡保險契約被保險人年齡之限制

　　以未滿十五歲之未成年人為被保險人訂立之人壽保險契約，其死亡給付於被保險人滿十五歲之日起發生效力；被保險人滿十五歲前死亡者，保險人得加計利息退還所繳保險費，或返還投資型保險專設帳簿之帳戶價值。前項利息之計算，由主管機關另定之（保一○七Ⅰ、Ⅱ）。以避免戕害此類被保險人人身權益之情事，降低道德風險。

四、人壽保險契約應記載之事項

人壽保險契約除應記載一般契約之基本條款外（保五五），並應載明下
列事項（保一○八）：

㈠被保險人之姓名、性別、年齡及住所。

㈡受益人姓名及與被保險人之關係或確定受益人之方法。

㈢請求保險金額之保險事故及時期。

㈣依本法第一百十八條之規定，有減少保險金額之條件者，其條件。
（保一一八，詳見後述）

第四項　人壽保險之受益人

一、受益人之指定

人壽保險契約之受益人，常非要保人或被保險人，而另有其受益人。
故要保人得通知保險人，以保險金額之全部或一部，給付其所指定之受益
人一人或數人。但其所指定之受益人，以於請求保險金額時生存者為限（保
一一○）。受益人之指定，惟要保人始得為之。受益人於請求保險金額前死
亡者，要保人之指定，即失其效力，保險金額不能由死亡受益人之繼承人
為繼承。除要保人另行指定受益人外，應認為保險利益歸之於要保人。又
保險金額約定於被保險人死亡時給付於其指定之受益人者，其金額不得作
為被保險人之遺產（保一一二）。反之，死亡保險契約未指定受益人者，其
保險金額作為被保險人遺產（保一一三）。受益人經指定後，即使要保人破
產，保險契約仍為受益人之利益而存在（保一二三Ⅰ後段）。

二、受益人之變更

受益人經指定後，要保人對其保險利益，除聲明放棄處分權者外，仍
得以契約或遺囑處分之（保一一一Ⅰ）。受益人既係由要保人指定，則於保

險事故發生前，要保人自得予以變更。惟其變更，須以契約或遺囑之方式處分之。要保人行使此項處分權，非經通知，不得對抗保險人（保一一一 II）。

三、受益人權利之轉讓

受益人非經要保人之同意，或保險契約載明允許轉讓者，不得將其利益轉讓他人（保一一四）。要保人之指定受益人，原以其間有密切之關係存在，若許受益人自行轉讓其利益，則無異承認受益人得另行指定受益人，實有違要保人之原意。

四、受益人權利之喪失

受益人故意致被保險人於死或雖未致死者，喪失其受益權。前項情形，如因該受益人喪失受益權，而致無受益人受領保險金額時，其保險金額作為被保險人遺產。要保人故意致被保險人於死者，保險人不負給付保險金額之責。保險費付足二年以上者，保險人應將其保單價值準備金給付與應得之人。無應得之人時，應解交國庫（保一二一）。

第五項　人壽保險契約之效力

一、對於保險人之效力

㈠代位請求之禁止

人壽保險之保險人，不得代位行使要保人或受益人因保險事故所生對於第三人之請求權（保一〇三）。蓋人壽保險要保人或受益人因保險事故所生對於第三人之請求權，其性質上具有專屬性，乃由於身分關係而生，故非保險人所得代位請求。

㈡保險金額之給付

人壽保險契約之保險事故發生時除本法另有規定或契約另有訂定外，

保險人應對受益人給付保險金額。所謂本法另有規定，即保險人之免責事由，茲分述如後：

1.被保險人故意自殺

被保險人故意自殺者，保險人不負給付保險金額之責任，但應將保險之保單價值準備金返還於應得之人。保險契約載有被保險人故意自殺，保險人仍應給付保險金額之條款者，其條款於訂約二年後始生效力。恢復停止效力之保險契約，其二年期限應自恢復停止效力之日起算（保一〇九Ⅰ、Ⅱ）。

2.被保險人因犯罪處死或拒捕或越獄致死

被保險人因犯罪處死或拒捕或越獄致死者，保險人不負給付保險金額之責任，但保險費已付足二年以上者，保險人應將其保單價值準備金返還於應得之人（保一〇九Ⅲ）。

3.要保人故意致被保險人於死

要保人故意致被保險人於死者，保險人不負給付保險金額之責（保一二一Ⅲ前段）。

㈢保單價值準備金之返還

人壽保險原有儲蓄作用，保險費實際乃由保險人代為儲積，將來仍須返還於要保人或受益人。茲依本法之規定列舉保單價值準備金應返還之事項如下：

1.被保險人故意自殺者，保險人應將保險之保單價值準備金返還於應得之人（保一〇九Ⅰ但書）。

2.被保險人因犯罪處死或拒捕或越獄致死，而保險費已付足二年以上者，保險人應將其保單價值準備金返還於應得之人（保一〇九Ⅲ但書）。

3.要保人故意致被保險人於死者，如保險費已付足二年以上時，保險人應將其保單價值準備金給付與應得之人；無應得之人時，應解交國庫（保一二一Ⅲ後段）。

4.保險契約終止時，保險費已付足二年以上者，保險人應返還其保單價值準備金（保一一六Ⅶ）。保險契約約定由保險人墊繳保險費者，於墊繳

之本息超過保單價值準備金時，其停止效力及恢復效力之申請準用第一項至第六項規定（保一一六Ⅷ）。

㈣解約金之償付

要保人終止保險契約，而保險費已付足一年以上者，保險人應於接到通知後一個月內償付解約金；其金額不得少於要保人應得保單價值準備金之四分之三。償付解約金之條件及金額，應載明於保險契約（保一一九）。

二、對於要保人之效力

㈠保險費之交付

要保人有依契約之訂定，交付保險費之義務。惟利害關係人，亦得代要保人交付保險費（保一一五），以免契約被終止或保險金額與年金被減少（保一一六、一一七）。又人壽保險契約之保險費，不得以訴訟請求給付（保一一七Ⅰ）。茲就保險費交付遲延與未付保險費之法律效果分述如下：

1.保險費交付遲延之催告

催告應送達於要保人，或負有交付保險費義務之人之最後住所或居所，保險費經催告後，應於保險人營業所交付之（保一一六Ⅱ）。

2.未付保險費保險契約效力之停止

人壽保險之保險費到期未交付者，除契約另有訂定外，經催告到達後屆三十日仍不交付時，保險契約之效力停止（保一一六Ⅰ）。停止效力之保險契約，於停止效力之日起六個月內清償保險費、保險契約約定之利息及其他費用後，翌日上午零時起，開始恢復其效力。要保人於停止效力之日起六個月後申請恢復效力者，保險人得於要保人申請恢復效力之日起五日內要求要保人提供被保險人之可保證明，除被保險人之危險程度有重大變更已達拒絕承保外，保險人不得拒絕其恢復效力。保險人未於前項規定期限內要求要保人提供可保證明或於收到前項可保證明後十五日內不為拒絕者，視為同意恢復效力（保一一六Ⅲ、Ⅳ）。

3.未付保險費保險契約之終止與減少保險金額或年金

保險契約所定申請恢復效力之期限，自停止效力之日起不得低於二年，

並不得遲於保險期間之屆滿日。保險人於前項所規定之期限屆滿後，有終止契約之權（保一一六V、VI）。保險人對於保險費，不得以訴訟請求交付。以被保險人終身為期，不附生存條件之死亡保險契約，或契約訂定於若干年後給付保險金額或年金者，如保險費已付足二年以上而有不交付時，於本法第一百一十六條第五項所定之期限屆滿後，保險人僅得減少保險金額或年金（保一一七）。保險人依前條規定，或因要保人請求，得減少保險金額或年金。其條件及可減少之數額，應載明於保險契約（保一一八I）。

4.減少保險金額或年金之計算

減少保險金額或年金，應以訂原約時之條件，訂立同類保險契約為計算標準。其減少後之金額，不得少於原契約終止時已有之保單價值準備金，減去營業費用，而以之作為保險費一次交付所能得之金額。營業費用以原保險金額百分之一為限。保險金額之一部，係因其保險費全數一次交付而訂定者，不因其他部分之分期交付保險費之不交付而受影響（保一一八II、III、IV）。

㈡質　借

保險費付足一年以上者，要保人得以保險契約為質，向保險人借款。保險人於接到要保人之借款通知後，得於一個月以內之期間，貸給可得質借之金額。以保險契約為質之借款，保險人應於借款本息超過保單價值準備金之日之三十日前，以書面通知要保人返還借款本息，要保人未於該超過之日前返還者，保險契約之效力自借款本息超過保單價值準備金之日停止。保險人未於借款本息超過保單價值準備金之日之三十日前為通知時，於保險人以書面通知要保人返還借款本息之日起三十日內要保人未返還者，保險契約之效力自該三十日之次日起停止。停止效力之保險契約，其恢復效力之申請準用第一百十六條第三項至第六項規定（保一二〇）。

㈢告知義務

被保險人應將其真實年齡告知保險人，以為保險人計算保險費之依據。依本法若被保險人年齡不實，而其真實年齡已超過保險人所定保險年齡限度者，其契約無效。因被保險人年齡不實，致所付之保險費少於應付數額

者，保險金額應按照所付之保險費與被保險人之真實年齡比例減少之（保一二二）。

㈣保單價值準備金之優先受償

人壽保險之要保人、被保險人、受益人，對於被保險人之保單價值準備金，有優先受償之權（保一二四）。

三、當事人破產之效果

保險人破產時，受益人對於保險人得請求之保險金額之債權，以其保單價值準備金按訂約時之保險費率比例計算之。要保人破產時，保險契約定有受益人者，仍為受益人之利益而存在。投資型保險契約之投資資產，非各該投資型保險之受益人不得主張，亦不得請求扣押或行使其他權利（保一二三）。

第二節　健康保險

第一項　健康保險之概念

健康保險者，謂健康保險人於被保險人疾病、分娩及其所致殘廢或死亡時，負給付保險金額責任之保險（保一二五）。其保險事故包括疾病、分娩、疾病或分娩所致之殘廢、疾病或分娩所致之死亡等四類，範圍廣泛，隱然有綜合保險之性質，惟其原則上乃社會保險之一環。

第二項　健康保險契約之特別規定

一、健康檢查

健康保險之保險人於訂立保險契約前，對於被保險人得施以健康檢查。

此項檢查費用，由保險人負擔（保一二六）。

二、契約應記載事項

健康保險契約，被保險人不與要保人為同一人時，保險契約除載明本法第五十五條規定事項外，並應載明下列各款事項（保一二九）：

㈠被保險人之姓名、年齡及住所。

㈡被保險人與要保人之關係。

三、保險人免責事由

㈠保險契約訂立時，被保險人已在疾病或妊娠情況中者，保險人對此項疾病或分娩，不負給付保險金額之責任（保一二七）。蓋訂約時，保險標的之危險已發生者，其契約無效。如訂約時僅要保人知危險已發生者，保險人不受契約之拘束（保五一I、II）。

㈡被保險人故意自殺或墮胎所致疾病、殘廢、流產或死亡，保險人不負給付保險金額之責（保一二八）。此乃針對道德危險所設之限制。

第三項　人壽保險規定之準用

關於人壽保險之規定，準用於健康保險者，分列如下（保一三〇）：

一、本法第一百零二條關於保險金額約定之規定。

二、本法第一百零三條關於代位請求禁止之規定。

三、本法第一百零四條關於保險契約代訂之規定。

四、本法第一百零五條關於他人人壽保險契約訂立限制之規定。

五、本法第一百十五條關於代付保險費之規定。

六、本法第一百十六條關於保費未付之效果之規定。

七、本法第一百二十三條關於保險人或要保人破產之規定。

八、本法第一百二十四條關於保單價值準備金優先受償之規定。

第三節　傷害保險

第一項　傷害保險之概念

　　傷害保險者，謂傷害保險人於被保險人遭受意外傷害及其所致殘廢或死亡時，負給付保險金額責任之保險。前項意外傷害，指非由疾病引起之外來突發事故所致者（保一三一）。保險事故之發生，須出於偶然，故傷害保險所謂之傷害，應限於意外傷害。同時亦限於身體之傷害。至其因自己之過失或他人之故意行為所致之傷害，仍屬傷害保險之範疇。

第二項　傷害保險之特別規定

一、契約應記載事項

　　傷害保險契約，除記載本法第五十五條規定事項外，並應載明下列事項（保一三二）：
　　㈠被保險人之姓名、年齡、住所及與要保人之關係。
　　㈡受益人之姓名及與被保險人之關係，或確定受益人之方法。
　　㈢請求保險金額之事故及時期。

二、保險人免責事由

　　被保險人故意自殺，或因犯罪行為，所致傷害殘廢或死亡，保險人不負給付保險金額之責任（保一三三）。此等事由，或為違背善良風俗，或為違法行為，本法特為免除保險人之賠償責任。

三、受益人權利之喪失與撤銷

受益人故意傷害被保險人者，無請求保險金額之權。受益人故意傷害被保險人未遂時，被保險人得撤銷其受益權利（保一三四）。

第三項　人壽保險規定之準用

關於人壽保險規定，準用於傷害保險者，分列如下（保一三五）：

一、關於保險金額之約定（保一〇二之準用）。

二、關於代位請求之禁止（保一〇三之準用）。

三、關於保險契約之訂立（保一〇四之準用）。

四、關於他人人壽保險契約訂立之限制（保一〇五之準用）。

五、關於死亡保險契約被保險人年齡之限制（保一〇七之準用）。

六、關於受益人之指定（保一一〇、一一二及一一三之準用）。

七、關於受益人之變更（保一一一之準用）。

八、關於受益人權利之轉讓（保一一四之準用）。

九、關於保險費之代付（保一一五之準用）。

十、關於保險費之交付（保一一六之準用）。

十一、關於保險人或要保人破產之效果（保一二三之準用）。

十二、關於保單價值準備金之優先受償（保一二四之準用）。

第四節　年金保險

第一項　年金保險之概念

年金保險者，謂年金保險人於被保險人生存期間或特定期間內，依照契約負一次或分期給付一定金額責任之保險（保一三五之一）。年金保險係

個人安排子女教育、養老或企業機構配合員工退休、撫卹員工家屬等，維持其生活穩定之良好途徑，對於高齡社會老人生活之保障尤有助益。

第二項　年金保險之特別規定

一、契約應記載事項

年金保險契約，除記載本法第五十五條規定事項外，並應載明下列事項（保一三五之二）：

㈠被保險人之姓名、性別、年齡及住所。

㈡年金金額或確定年金金額之方法。

㈢受益人之姓名及與被保險人之關係。

㈣請求年金之期間、日期及給付方法。

㈤依本法第一百十八條規定，有減少年金之條件者，其條件。

二、年金保險之受益人

年金保險係用以保障被保險人生存期間之生活費用，故明定年金保險之受益人於被保險人生存期間為被保險人本人（保一三五之三 I）。

保險契約載有於被保險人死亡後給付年金者，其受益人準用本法第一百十條至第一百十三條之規定（保一三五之三 II）。

第三項　人壽保險規定之準用

關於人壽保險之規定，準用於年金保險者，分列如下（保一三五之四）：

一、代位請求之禁止（保一○三之準用）。

二、保險契約之訂立（保一○四之準用）。

三、他人人壽保險契約訂立之限制（保一○六之準用）。

四、受益人權利之轉讓（保一一四之準用）。

五、保險費之代付（保一一五之準用）。

六、保險費未付之效果（保一一六及一一七之準用）。

七、減少保險金額或年金之辦法（保一一八之準用）。

八、解約金之償付（保一一九之準用）。

九、保險契約之質借（保一二○之準用）。

十、保險人之免責事由（保一二一之準用）。

十一、年齡不實之效果（保一二二之準用）。

十二、當事人破產之效果（保一二三之準用）。

十三、保單價值準備金之優先受償權（保一二四之準用）。

惟為避免藉解約或保單質借手段以取得較預期存活年金為多之給付，造成保險人保費不敷給付支出情形而影響整體年金保險財務穩健，故同條但書規定，於年金給付期間，要保人不得終止契約或以保險契約為質，向保險人借款。

習 題

一、人壽保險契約可否由第三人訂立？試就現行保險法之規定說明之。

二、人壽保險之保險人於何種情形下，不負給付保險金額之責？

三、試述人壽保險契約之保險人返還保單價值準備金之事由為何？

四、試述人壽保險遲付與未付保險費之法律效果。

五、試分述健康保險與傷害保險之保險人給付保險金額之負責事由。

六、何謂年金保險？又對於年金保險之受益人現行法有何特別規定？

第五章　保險業

第一節　通　則

第一項　保險業之概念

　　保險業者，係指依本法組織登記，以經營保險為業之機構（保六 I）。保險業之負責人，則係指依公司法或合作社法應負責之人（保七）。其負責人應具備之資格，由主管機關定之（保一三七之一）。如就保險契約而言，保險業者，係指經營保險事業之各種組織，於保險契約成立時，有保險費之請求權，在保險事故發生時，依其承保責任負擔賠償義務之保險人（參照保二）。保險業因與民生經濟關係至切，故應予嚴格之限制與監督，本法施行細則，由主管機關定之（保一七五）。又關於保險業之設立、登記、轉讓、合併及解散、清理，除依公司法規定外，應將詳細程序明定於管理辦法內（保一七六）。至於外國保險業者，則指依外國法律組織登記，並經主管機關許可，在中華民國境內經營保險為業之機構（保六 II）。

第二項　保險業之組織

　　保險業之組織形態頗多，惟依本法則以股份有限公司或合作社為限。但經主管機關核准設立者，不在此限（保一三六 I）。又如社會保險，亦另以法律定之（保一七四）。茲就本法第一百三十六條之規定分述如下：

一、股份有限公司（保險公司）

保險公司限於股份有限公司，故除本法另有規定，亦適用公司法有關股份有限公司之規定（保一五一），所謂本法另有規定，茲依法文順序，分述之如下：

㈠無記名股票之禁止

保險公司之股票，不得為無記名式（保一五二）。亦即保險公司股票之發行，限於記名股票，以免股東暗中吸收股份，而操縱保險公司之運作，亦以維社會大眾之權益。

㈡公司負責人負連帶責任

保險公司違反保險法令經營業務，致資產不足清償債務時，其董事長、董事、監察人、總經理及負責決定該項業務之經理，對公司之債權人應負連帶無限清償責任。此項責任，於各該負責人卸責登記之日起滿三年解除（保一五三 I、III）。使保險公司各負責人均能注意合法經營，避免違規運用公司資金。又為防止其負責人脫產或逃匿，主管機關對前項應負連帶無限清償責任之負責人，得通知有關機關或機構禁止其財產為移轉、交付或設定他項權利，並得函請入出境許可之機關限制其出境（保一五三 II）。

二、保險合作社

保險合作社除依本法規定外，適用合作社法及其有關法令之規定（保一五六）。茲就本法之特別規定，分述如下：

㈠股金基金之籌足

保險合作社，除依合作社法籌集股金外，並依本法籌足基金。此項基金非俟公積金積至與基金總額相等時，不得發還（保一五七）。

㈡社員出社之責任

保險合作社於社員出社時，其現存財產不足抵償債務，出社之社員仍負擔出社前應負之責任（保一五八）。此項規定，旨在避免社員藉退社而逃避責任。

(三)**競業禁止**

保險合作社之理事，不得兼任其他合作社之理事、監事或無限責任社員（保一五九）。

(四)**抵銷之禁止**

保險合作社之社員，對於保險合作社應付之股金及基金，不得以其對保險合作社之債權互相抵銷（保一六一）。以利合作社資金之充實，保障大眾權益。

(五)**社員最低額限制**

財產保險合作社之預定社員人數不得少於三百人；人身保險合作社之預定社員人數不得少於五百人（保一六二）。

第三項　保險業之代理人、經紀人、公證人

保險業之代理人、經紀人、公證人三者，均為保險輔助人，其意義在本法第二章第二節有關保險契約之主體中已分別敘及。茲就其執業有關事項，依本法規定分述如下：

一、執業之限制

保險代理人、經紀人、公證人應經主管機關許可，繳存保證金並投保相關保險，領有執業證照後，始得經營或執行業務。前項所定相關保險，於保險代理人、公證人為責任保險；於保險經紀人為責任保險及保證保險（保一六三 I、II）。

二、執業之設施

保險代理人、經紀人、公證人，應有固定業務處所，並專設帳簿記載業務收支（保一六五 I）。

三、繳存保證金

保險代理人、經紀人、公證人依本法第一項繳存保證金、投保相關保險之最低金額及實施方式，由主管機關考量保險代理人、經紀人、公證人經營業務與執行業務範圍及規模等因素定之（保一六三Ⅲ）。

第四項　同業公會

鑑於自律團體之角色功能日趨重要，為提昇保險同業公會之功能，確保其運作之效率，遂參照證券交易法、期貨交易法、票券金融管理法、證券投資信託及顧問法等相關法規，於民國九十六年七月增訂同業公會之規定。茲就其規定事項分述如下：

一、強制加入

保險業、保險代理人公司、保險經紀人公司、保險公證人公司非加入同業公會，不得營業；同業公會非有正當理由，不得拒絕其加入，或就其加入附加不當之條件（保一六五之一）。

二、業務範圍

同業公會為會員之健全經營及維護同業之聲譽，應辦理下列事項（保一六五之二）：

㈠訂定共同性業務規章、自律規範及各項實務作業規定，並報請主管機關備查後供會員遵循。

㈡就會員所經營業務，為必要指導或協調其間之糾紛。

㈢主管機關規定或委託辦理之事項。

㈣其他為達成保險業務發展及公會任務之必要業務。

同業公會為辦理前項事項，得要求會員提供有關資料或提出說明。

同業公會得依章程之規定，對會員或其會員代表違反章程、規章、自

律規範、會員大會或理事會決議等事項時，為必要之處置（保一六五之六）。同業公會之業務、財務規範與監督、章程應記載事項、負責人與業務人員之資格條件及其他應遵行事項之規則，由主管機關定之（保一六五之三）。

三、主管機關之監督

同業公會之理事、監事有違反法令、怠於遵守該會章程、規章、濫用職權或違背誠實信用原則之行為者，主管機關得予以糾正或命令同業公會予以解任（保一六五之四）。主管機關為健全保險市場或保護被保險人之權益，必要時，得命令同業公會變更其章程、規章、規範或決議，或提供參考、報告之資料，或為其他一定之行為（保一六五之五）。同業公會章程之變更及理事會、監事會會議紀錄，應報請主管機關備查（保一六五之七）。

第二節　保險業之監督

第一項　保險業營業之限制

一、非保險業營業之禁止

非保險業不得兼營保險或類似保險之業務。保險業之組織，限於股份有限公司或合作社，除經主管機關核准設立者外，其他營業團體或個人，均不得經營保險或類似保險之業務。違反前項規定者，由主管機關或目的事業主管機關會同司法警察機關取締，並移送法辦；如屬法人組織，其負責人對有關債務，應負連帶清償責任。執行前項任務時，得依法搜索扣押被取締者之會計帳簿及文件，並得撤除其標誌等設施或為其他必要之處置。保險業之組織為股份有限公司者，除其他法律另有規定或經主管機關許可外，其股票應辦理公開發行。保險業依前項除外規定未辦理公開發行股票者，應設置獨立董事及審計委員會，並以審計委員會替代監察人。前項獨

立董事、審計委員會之設置及其他應遵行事項，準用證券交易法第十四條之二至第十四條之五相關規定。本法中華民國一百零三年五月二十日修正之條文施行時，第六項規定之保險業現任董事或監察人任期尚未屆滿者，得自任期屆滿時適用該規定。但其現任董事或監察人任期於修正施行後一年內屆滿者，得自改選之董事或監察人任期屆滿時始適用之（保一三六）。

二、營業開始之限制

保險業非經主管機關許可，並依法為設立登記，繳存保證金，領得營業執照後，不得開始營業。保險業申請設立許可應具備之條件、程序、應檢附之文件、發起人、董事、監察人與經理人應具備之資格條件、廢止許可、分支機構之設立、保險契約轉讓、解散及其他應遵行事項之辦法，由主管機關訂之。外國保險業非經主管機關許可，並依法為設立登記，繳存保證金，領得營業執照後，不得開始營業。外國保險業，除本法另有規定外，準用本法有關保險業之規定。外國保險業申請設立許可應具備之條件、程序、應檢附之文件、廢止許可、營業執照核發、增設分公司之條件、營業項目變更、撤換負責人之情事、資金運用及其他應遵行事項之辦法，由主管機關定之。依其他法律設立之保險業，除各該法律另有規定外，準用本法有關保險業之規定（保一三七）。所謂主管機關為金融監督管理委員會，但保險合作社除其經營之業務，以金融監督管理委員會為主管機關外，其社務以合作社之主管機關為主管機關（保十二）。

三、兼營事業之限制

㈠財產保險業經營財產保險，人身保險業經營人身保險，同一保險業不得兼營財產保險及人身保險業務。但財產保險業經主管機關核准經營傷害保險及健康保險者，不在此限（保一三八I）。

㈡財產保險業依前項但書規定經營傷害保險及健康保險業務應具備之條件、業務範圍、申請核准應檢附之文件及其他應遵行事項之辦法，由主管機關定之。

㈢保險業不得兼營本法規定以外之業務。但經主管機關核准辦理其他與保險有關業務者，不在此限（保一三八Ⅲ）。

㈣保險業辦理前項與保險有關業務，涉及外匯業務之經營者，須經中央銀行之許可（保一三八Ⅳ）。

㈤保險合作社不得經營非社員之業務（保一三八Ⅴ）。

四、住宅地震險之承保

財產保險業應承保住宅地震危險，以主管機關建立之危險分散機制為之。前項危險分散機制，應成立財團法人住宅地震保險基金負責管理，就超過財產保險業共保承擔限額部分，由該基金承擔、向國內、外為再保險、以主管機關指定之方式為之或由政府承受。

前二項有關危險分散機制之承擔限額、保險金額、保險費率、各種準備金之提存及其他應遵行事項之辦法，由主管機關定之。財團法人住宅地震保險基金之捐助章程、業務範圍、資金運用及其他管理事項之辦法，由主管機關定之。因發生重大震災，致住宅地震保險基金累積之金額不足支付應攤付之賠款，為保障被保險人之權益，必要時，該基金得請求主管機關會同財政部報請行政院核定後，由國庫提供擔保，以取得必要之資金來源（保一三八之一）。

五、保險金信託

保險業經營人身保險業務，保險契約得約定保險金一次或分期給付（保一三八之二Ⅰ）。人身保險契約中屬死亡或殘廢之保險金部分，要保人於保險事故發生前得預先洽訂信託契約，由保險業擔任該保險信託之受託人，其中要保人與被保險人應為同一人，該信託契約之受益人並應為保險契約之受益人，且以被保險人、未成年人、心神喪失或精神耗弱之人為限（保一三八之二Ⅱ）。前項信託給付屬本金部分，視為保險給付（保一三八之二Ⅲ）。保險業辦理保險金信託業務應設置信託專戶，並以信託財產名義表彰（保一三八之二Ⅳ）。前項信託財產為應登記之財產者，應依有關規定為信

託登記（保一三八之二V）。第四項信託財產為有價證券者，保險業設置信託專戶，並以信託財產名義表彰；其以信託財產為交易行為時，得對抗第三人，不適用信託法第四條第二項規定（保一三八之二VI）。

保險業辦理保險金信託，其資金運用範圍以下列為限（保一三八之二VII）：

（一）現金或銀行存款。

（二）公債或金融債券。

（三）短期票券。

（四）其他經主管機關核准之資金運用方式。

保險業經營保險金信託業務，應經主管機關許可，其營業及會計必須獨立。保險業為擔保其因違反受託人義務而對委託人或受益人所負之損害賠償、利益返還或其他責任，應提存賠償準備。保險業申請許可經營保險金信託業務應具備之條件、應檢附之文件、廢止許可、應提存賠償準備額度、提存方式及其他應遵行事項之辦法，由主管機關定之（保一三八之三）。

六、特殊保險之共保

有下列情形之一者，保險業得以共保方式承保：（一）有關巨災損失之保險者。（二）配合政府政策需要者。（三）基於公共利益之考量者。（四）能有效提升對投保大眾之服務者。（五）其他經主管機關核准者（保一四四之一）。

第二項　保險業資金之監督

保險業之資金有資本與基金二項。資本，指股份有限公司之股份與合作社之股金。基金，則指合作社設立時所籌足之基金（保一五七I），保險業之資金關係國民經濟，故本法特設下列規定：

一、最低資金之核定

各種保險業資本或基金之最低額，由主管機關，審酌各地經濟實況，

及各種保險業務之需要，分別呈請行政院核定之（保一三九）。

二、保證金之繳存

保險業應按資本或基金實收總額百分之十五，繳存保證金於國庫（保一四一）。保證金之繳存應以現金為之；但經主管機關之核准，得以公債或庫券代繳之（保一四二 I）。

繳存保證金除保險業有下列情事之一者外，不予發還：㈠經法院宣告破產。㈡經主管機關依本法規定為接管、勒令停業清理、清算之處分，並經接管人、清理人或清算人報經主管機關核准。㈢經宣告停業依法完成清算（保一四二 II）。經營期間不發還保證金，乃用於擔保保險業者支付保險金額之能力。又接管人得依前項第二款規定報請主管機關核准發還保證金者，以於接管期間讓與受接管保險業全部營業者為限（保一四二 III）。而以有價證券抵繳保證金者，其息票部分，在宣告停業依法清算時，得准移充清算費用（保一四二 IV）。

三、最低資金之補足

現行規定未能依保險公司所承擔之資產、利率、承保及其他風險訂定其資本額，無法預防保險業失卻清償能力，因此於九十年修正時改採美國之風險資本制度規定保險業自有資本與風險資本之比率，不得低於百分之二百；必要時，主管機關得參照國際標準調整比率（保一四三之四 I）。保險業自有資本與風險資本之比率未達前項規定之比率者，不得分配盈餘，主管機關並得視其情節輕重為其他必要之處置或限制（保一四三之四 II）。前二項所定自有資本與風險資本之範圍、計算方法、管理、必要處置或限制之方式及其他應遵行事項之辦法，由主管機關定之（保一四三之四 III）。

四、借款之核准

保險業不得向外借款、為保證人或以其財產提供為他人債務之擔保。但保險業有下列情形之一，報經主管機關核准向外借款者，不在此限：㈠

為給付鉅額保險金、大量解約或大量保單貸款之週轉需要。㈡因合併或承受經營不善同業之有效契約。㈢為強化財務結構，發行具有資本性質之債券（保一四三）。

五、安定基金之設置

為保障被保險人之基本權益，並維護金融之安定，財產保險業及人身保險業應分別提撥資金，設置財團法人安定基金（保一四三之一 I）。保險業萬一發生失卻清償能力時，安定基金之設置可減輕或免除被保險人之損失。財團法人安定基金之組織及管理等事項之辦法，由主管機關定之（保一四三之一 II）。

安定基金由各保險業者提撥；其提撥比率，由主管機關審酌經濟、金融發展情形及保險業承擔能力定之，並不得低於各保險業者總保險費收入之千分之一（保一四三之一 III）。安定基金累積之金額不足保障被保險人權益，且有嚴重危及金融安定之虞時，得報經主管機關同意，向金融機構借款（保一四三之一 IV）。

安定基金辦理之事項如下（保一四三之三 I）：

㈠對經營困難保險業之貸款。

㈡保險業因與經營不善同業進行合併或承受其契約，致遭受損失時，安定基金得予以低利貸款或墊支，並就其墊支金額取得對經營不善保險業之求償權。

㈢保險業依第一百四十九條第三項規定被接管、勒令停業清理或命令解散，或經接管人依第一百四十九條之二第二項第四款規定向法院聲請重整時，安定基金於必要時應代該保險業墊付要保人、被保險人及受益人依有效契約所得為之請求，並就其墊付金額取得並行使該要保人、被保險人及受益人對該保險業之請求權。

㈣保險業依本法規定進行重整時，為保障被保險人權益，協助重整程序之迅速進行，要保人、被保險人及受益人除提出書面反對意見者外，視為同意安定基金代理其出席關係人會議及行使重整相關權利。安定基金執

行代理行為之程序及其他應遵行事項，由安定基金訂定，報請主管機關備查。

㈤受主管機關委託擔任監管人、接管人、清理人或清算人職務。

㈥經主管機關核可承接不具清償能力保險公司之保險契約。

㈦財產保險業及人身保險業安定基金提撥之相關事宜。

㈧受主管機關指定處理保險業依本法規定彙報之財務、業務及經營風險相關資訊。但不得逾越主管機關指定之範圍。

㈨其他為安定保險市場或保障被保險人之權益，經主管機關核定之事項。

安定基金辦理前項第一款至第三款及第九款事項，其資金動用時點、範圍、單項金額及總額之限制由安定基金擬訂，報請主管機關核定（保一四三之三II）。

保險業與經營不善同業進行合併或承受其契約致遭受損失，依第一項第二款規定申請安定基金墊支之金額，由安定基金報請主管機關核准（保一四三之三III）。

主管機關於安定基金辦理第一項第七款及第八款事項時,得視其需要,提供必要之保險業經營資訊（保一四三之三IV）。

保險業於安定基金辦理第一項第七款及第八款事項時,於安定基金報經主管機關核可後，應依安定基金規定之檔案格式及內容，建置必要之各項準備金等電子資料檔案，並提供安定基金認為必要之電子資料檔案（保一四三之三V）。

安定基金得對保險業辦理下列事項之查核（保一四三之三VI）：

㈠提撥比率正確性及前項所定電子資料檔案建置內容。

㈡自有資本與風險資本比率未符合第一百四十三條之四規定保險業之資產、負債及營業相關事項。

監管人、接管人、清理人及清算人之負責人及職員，依本法執行監管、接管、清理、清算業務或安定基金之負責人及職員，依本法辦理墊支或墊付事項時，因故意或過失不法侵害他人權利者，監管人、接管人、清理人、

清算人或安定基金應負損害賠償責任（保一四三之三Ⅶ）。

前項情形，負責人及職員有故意或重大過失時，監管人、接管人、清理人、清算人或安定基金對之有求償權（保一四三之三Ⅷ）。

第三項　保險業經營之監督

關於保險業經營之監督，茲分就財務與業務述之如後：

一、財務監督

(一)提存準備金

保險業於營業年度屆滿時，應分別保險種類，計算其應提存之各種準備金，記載於特設之帳簿（保一四五Ⅰ）。

各種準備金之提存比率、計算方式及其他應遵行事項之辦法，由主管機關定之（保一四五Ⅱ）。本法所定各種準備金，包括責任準備金、未滿期保費準備金、特別準備金、賠款準備金及其他經主管機關規定之準備金（保十一）。

(二)提撥盈餘公積

保險業於完納一切稅捐後，分派盈餘時，應先提百分之二十為法定盈餘公積。但法定盈餘公積，已達其資本總額或基金總額時，不在此限。保險業得以章程規定或經股東會或社員大會決議，另提特別盈餘公積。主管機關於必要時，亦得命其提列。第一項規定，自本法中華民國九十六年六月十四日修正之條文生效之次一會計年度施行（保一四五之一）。

(三)資金運用之限制

保險業資金之運用，除存款外，以下列各款為限。所定資金，包括業主權益及各種準備金。所定存款，其存放於每一金融機構之金額，不得超過該保險業資金百分之十。但經主管機關核准者，不在此限（保一四六Ⅰ、Ⅱ、Ⅲ）。避免存放單一銀行，以分散風險。

1.有價證券

保險業資金得購買下列有價證券（保一四六之一）：

⑴公債、國庫券。

⑵金融債券、可轉讓定期存單、銀行承兌匯票、金融機構保證商業本票；其總額不得超過該保險業資金百分之三十五。

⑶經依法核准公開發行之公司股票；其購買每一公司之股票，加計其他經主管機關核准購買之具有股權性質之有價證券總額，不得超過該保險業資金百分之五及該發行股票之公司實收資本額百分之十。

⑷經依法核准公開發行之有擔保公司債，或經評等機構評定為相當等級以上之公司所發行之公司債；其購買每一公司之公司債總額，不得超過該保險業資金百分之五及該發行公司債之公司實收資本額百分之十。

⑸經依法核准公開發行之證券投資信託基金及共同信託基金受益憑證；其投資總額不得超過該保險業資金百分之十及每一基金已發行之受益憑證總額百分之十。

⑹證券化商品及其他經主管機關核准保險業購買之有價證券；其總額不得超過該保險業資金百分之十。

前項第三款（股票）及第四款（公司債）之投資總額，合計不得超過該保險業資金百分之三十五。

2.不動產

保險業對不動產之投資，以所投資之不動產即時利用並有收益者為限；其投資總額，除自用不動產外，不得超過其資金百分之三十。但購買自用不動產總額不得超過其業主權益之總額（保一四六之二Ⅰ），以防止保險業者操縱不動產價格。

保險業不動產之取得及處分，應經合法之不動產鑑價機構評價（保一四六之二Ⅱ），以維公正。保險業依住宅法興辦社會住宅且僅供租賃者，得不受第一項即時利用並有收益者之限制（保一四六之二Ⅲ）。

3.放　款

保險業辦理放款，以下列各款為限（保一四六之三Ⅰ）：

⑴銀行或主管機關認可之信用保證機構提供保證之放款。

(2)以動產或不動產為擔保之放款。

(3)以合於本法第一百四十六條之一之有價證券為質之放款。

(4)人壽保險業以各該保險業所簽發之人壽保險單為質之放款。

前項第一款至第三款放款，每一單位放款金額不得超過該保險業資金百分之五；其放款總額，不得超過該保險業資金百分之三十五（保一四六之三II）。

保險業依第一項第一款、第二款及第三款對其負責人、職員或主要股東，或對與其負責人或辦理授信之職員有利害關係者，所為之擔保放款，應有十足擔保，其條件不得優於其他同類放款對象，如放款達主管機關規定金額以上者，並應經三分之二以上董事之出席及出席董事四分之三以上同意；其利害關係人之範圍、限額、放款總餘額及其他應遵行事項之辦法，由主管機關定之（保一四六之三III）。

保險業依本法第一百四十六條之一第一項第三款及第四款對每一公司股票及公司債之投資與依本條以該公司發行之股票及公司債為質之放款，合併計算不得超過其資金百分之十及該發行股票及公司債之公司實收資本額百分之十（保一四六之三IV）。

主管機關對於保險業就同一人、同一關係人或同一關係企業之放款或其他交易得予限制；其限額、其他交易之範圍及其他應遵行事項之辦法，由主管機關定之。前項所稱同一人，指同一自然人或同一法人；同一關係人之範圍，包括本人、配偶、二親等以內之血親及以本人或配偶為負責人之事業；同一關係企業之範圍，適用公司法第三百六十九條之一至第三百六十九條之三、第三百六十九條之九及第三百六十九條之十一規定（保一四六之七）。俾使保險業之放款合理配置，並分散保險放款之風險。

又為防範利用人頭戶規避本法第一百四十六條之三第三項規定之適用，乃規定第一百四十六條之三第三項所列舉之放款對象，利用他人名義向保險業申請辦理之放款，適用第一百四十六條之三第三項規定（保一四六之八I）。向保險業申請辦理之放款，其款項為利用他人名義之人所使用，或其款項移轉為利用他人名義之人所有時，推定為前項所稱利用他人名義

之人向保險業申請辦理之放款（保一四六之八II）。

4.辦理經主管機關核准之專案運用、公共及社會福利事業投資

保險業資金辦理專案運用、公共及社會福利事業投資應申請主管機關核准；其申請核准應具備之文件、程序、運用或投資之範圍、限額及其他應遵行事項之辦法，由主管機關定之。前項資金運用方式為投資公司股票時，準用第一百四十六條之一第三項及第四項規定；其投資之條件及比率，不受第一百四十六條之一第一項第三款規定之限制（保一四六之五）。

5.國外投資

保險業資金辦理國外投資，以下列各款為限：

㈠外匯存款。

㈡國外有價證券。

㈢設立或投資國外保險公司、保險代理人公司、保險經紀人公司或其他經主管機關核准之保險相關事業。

㈣其他經主管機關核准之國外投資。

保險業資金依前項規定辦理國外投資總額，由主管機關視各保險業之經營情況核定之，最高不得超過各該保險業資金百分之四十五。但下列金額不計入其國外投資限額：

㈠保險業經主管機關核准銷售以外幣收付之非投資型人身保險商品，並經核准不計入國外投資之金額。

㈡保險業依本法規定投資於國內證券市場上市或上櫃買賣之外幣計價股權或債券憑證之投資金額。

㈢保險業經主管機關核准設立或投資國外保險相關事業，並經核准不計入國外投資之金額。

㈣其他經主管機關核准之投資項目及金額。

保險業資金辦理國外投資之投資規範、投資額度、審核及其他應遵行事項之辦法，由主管機關定之（保一四六之四）。

6.投資保險相關事業

保險業業主權益,超過第一百三十九條規定最低資本或基金最低額者,

得經主管機關核准,投資保險相關事業所發行之股票,不受本法第一百四十六條之一第一項第三款及第三項規定之限制;其投資總額,最高不得超過該保險業業主權益。保險業依前項規定投資而與被投資公司具有控制與從屬關係者,其投資總額,最高不得超過該保險業業主權益百分之四十。保險業依規定投資保險相關事業,其控制與從屬關係之範圍、投資申報方式及其他應遵行事項之辦法,由主管機關定之(保一四六之六)。

保險相關事業,係指保險、金融控股、銀行、票券、信託、信用卡、融資性租賃、證券、期貨、證券投資信託、證券投資顧問事業及其他經主管機關認定之保險相關事業(保一四六IV)。

7.從事衍生性商品交易

從事衍生性商品交易之條件、交易範圍、交易限額、內部處理程序及其他應遵行事項之辦法,由主管機關定之(保一四六VIII)。

8.其他經主管機關核准之資金運用

又為配合本法第一百二十三條增訂投資型保險,其運作機制因與傳統壽險產品不同,投資運用應另予規範,乃規定保險業經營投資型保險業務、勞工退休金年金保險業務應專設帳簿,記載其投資資產之價值。投資型保險業務專設帳簿之管理、保存、投資資產之運用及其他應遵行事項之辦法,由主管機關定之,不受本法第一四六條第一項、第三項、第一百四十六條之一、第一百四十六條之二、第一百四十六條之四、第一百四十六條之五及第一百四十六條之七規定之限制。依本法第一四六條第五項規定應專設帳簿之資產,如要保人以保險契約委任保險業全權決定運用標的,且將該資產運用於證券交易法第六條規定之有價證券者,應依證券投資信託及顧問法申請兼營全權委託投資業務(保一四六V、VI、VII)。

㈣行使股東權利之限制

保險業因持有有價證券行使股東權利時,不得與被投資公司或第三人以信託、委任或其他契約約定或以協議、授權或其他方法進行股權交換或利益輸送,並不得損及要保人、被保險人或受益人之利益。保險業於出席被投資公司股東會前,應將行使表決權之評估分析作業作成說明,並應於

各該次股東會後，將行使表決權之書面紀錄，提報董事會。保險業及其從屬公司，不得擔任被投資公司之委託書徵求人或委託他人擔任委託書徵求人（保一四六之九）。

二、業務監督

㈠紅利分配之簽訂

保險公司得簽訂參加保單紅利之保險契約。保險合作社簽訂之保險契約，以參加保單紅利者為限。前二項保單紅利之計算基礎及方法，應於保險契約中明訂之（保一四〇）。

㈡保單條款及保費之管理

保險業之各種保險單條款、保險費及其他相關資料，由主管機關視各種保險之發展狀況，分別規定其銷售前應採行之程序、審核及內容有錯誤、不實或違反規定之處置等事項之準則。為健全保險業務之經營，保險業應聘用精算人員並指派其中一人為簽證精算人員，負責保險費率之釐訂、各種準備金之核算簽證及辦理其他經主管機關指定之事項；其資格條件、簽證內容、教育訓練、懲處及其他應遵行事項之辦法，由主管機關定之。前項簽證精算人員之指派應經董（理）事會同意，並報主管機關備查。簽證精算人員應本公正及公平原則向其所屬保險業之董（理）事會及主管機關提供各項簽證報告；其簽證報告內容有虛偽、隱匿、遺漏或錯誤情事者，主管機關得視其情節輕重為警告、停止於一年以內期間簽證或廢止其簽證精算人員資格（保一四四）。

㈢專營再保險業務之規範

保險業專營再保險業務者，為專業再保險業，不適用本法第一百三十八條第一項、第一百四十三條之一、第一百四十三條之三及第一百四十四條第一項規定。前項專業再保險業之業務、財務及其他相關管理事項之辦法，由主管機關定之（保一四七之一）。保險業辦理再保險之分出、分入或其他危險分散機制業務之方式、限額及其他應遵行事項之辦法，由主管機關定之（保一四七）。

㈣檢查業務及財務

1.主管機關得隨時派員檢查保險業之業務及財務狀況，或令保險業於限期內報告營業狀況（保一四八 I）。前項檢查，主管機關得委託適當機構或專業經驗人員擔任；其費用，由受檢查之保險業負擔（保一四八 II）。前二項檢查人員執行職務時，得為下列行為，保險業負責人及相關人員不得規避、妨礙或拒絕（保一四八 III）：⑴令保險業提供第一百四十八條之一第一項所定各項書表，並提出證明文件、單據、表冊及有關資料。⑵詢問保險業相關業務之負責人及相關人員。⑶評估保險業資產及負債。第一項及第二項檢查人員執行職務時，基於調查事實及證據之必要，於取得主管機關許可後，得為下列行為（保一四八 IV）：⑴要求受檢查保險業之關係企業提供財務報告，或檢查其有關之帳冊、文件，或向其有關之職員詢問。⑵向其他金融機構查核該保險業與其關係企業及涉嫌為其利用名義交易者之交易資料。前項所稱關係企業之範圍，適用公司法第三百六十九條之一至第三百六十九條之三、第三百六十九條之九及第三百六十九條之十一規定（保一四八 V）。

2.保險業每屆營業年度終了，應將其營業狀況連同資金運用情形，作成報告書，併同資產負債表、損益表、股東權益變動表、現金流量表及盈餘分配或虧損撥補之議案及其他經主管機關指定之項目，先經會計師查核簽證，並提經股東會或社員代表大會承認後，十五日內報請主管機關備查（保一四八之一 I）。保險業除依前項規定提報財務業務報告外，主管機關並得視需要，令保險業於規定期限內，依規定之格式及內容，將業務及財務狀況彙報主管機關或其指定之機構，或提出帳簿、表冊、傳票或其他有關財務業務文件（保一四八之一 II）。前二項財務報告之編製準則，由主管機關定之（保一四八之一 III）。

3.保險業應依規定據實編製記載有財務及業務事項之說明文件提供公開查閱（保一四八之二 I）。保險業於有攸關消費大眾權益之重大訊息發生時，應於二日內以書面向主管機關報告，並主動公開說明（保一四八之二 II）。第一項說明文件及前項重大訊息之內容、公開時期及方式，由主管機

關定之（保一四八之二III）。

　　4.保險業應建立內部控制及稽核制度；其辦法，由主管機關定之（保一四八之三 I）。保險業對資產品質之評估、各種準備金之提存、逾期放款、催收款之清理、呆帳之轉銷及保單之招攬核保理賠，應建立內部處理制度及程序；其辦法，由主管機關定之（保一四八之三II）。

㈤命令改善

　　保險業違反法令、章程或有礙健全經營之虞時，主管機關除得予以糾正或令其限期改善外，並得視情況為下列處分（保一四九 I）：

　　1.限制其營業或資金運用範圍。

　　2.令其停售保險商品或限制其保險商品之開辦。

　　3.令其增資。

　　4.令其解除經理人或職員之職務。

　　5.撤銷法定會議之決議。

　　6.解除董（理）事、監察人（監事）職務或停止其於一定期間內執行職務。依本款規定解除董（理）事、監察人（監事）職務時，由主管機關通知公司（合作社）登記之主管機關註銷其董（理）事、監察人（監事）登記（保一四九 II）。

　　7.其他必要之處置。

㈥失卻清償能力之處分

　　保險業因業務或財務狀況顯著惡化，不能支付其債務，或無法履行契約責任或有損及被保險人權益之虞時，主管機關應先令該保險業提出財務或業務改善計畫，並經主管機關核定，除因國內外重大事件顯著影響金融市場之系統因素所致外，若該保險業損益、淨值呈現加速惡化或經輔導仍未改善，致有不能支付其債務或無法履行契約責任之虞者，主管機關得依情節之輕重，分別為下列處分（保一四九III）：

　1.**監管**

　　監管係主管機關於採行接管或清理處分之前，為保全資產所為之措施。保險業經主管機關依第三項第一款規定為監管處分時，非經監管人同意，

保險業不得為下列行為（保一四九Ⅷ）：

　⑴支付款項或處分財產，超過主管機關規定之限額。

　⑵締結契約或重大義務之承諾。

　⑶其他重大影響財務之事項。

　監管人執行監管職務時，準用第一百四十八條有關檢查之規定（保一四九Ⅸ）。

　保險業監管之程序、監管人之職權、費用負擔及其他應遵行事項之辦法，由主管機關定之（保一四九Ⅹ）。

2.接管

　容後詳述。

3.勒令停業清理

　容後詳述。

4.命令解散

　依本法第一百四十九條為解散之處分者，其清算程序，除本法另有規定外，其為公司組織者，準用公司法關於股份有限公司清算之規定；其為合作社組織者，準用合作社法關於清算之規定。但有公司法第三百三十五條特別清算之原因者，均應準用公司法關於股份有限公司特別清算之程序為之（保一四九之四）。

　保險業解散清算時，應將其營業執照繳銷（保一五〇）。

　主管機關為監管、接管、停業清理或解散之處分時，得委託其他保險業、保險相關機構或具有專業經驗人員擔任監管人、接管人、清理人或清算人；其有涉及第一百四十三條之三安定基金辦理事項時，安定基金應配合辦理（保一四九Ⅳ）。前項經主管機關委託之相關機構或個人，於辦理受委託事項時，不適用政府採購法之規定（保一四九Ⅵ）。至於監管人、接管人、清理人或清算人之報酬及因執行職務所生之費用，由受監管、接管、清理、清算之保險業負擔，並優先於其他債權受清償。前項報酬，應報請主管機關核定（保一四九之五）。

　又為維護保戶權益，防止保險業及其負責人脫產或逃匿，保險業經主

管機關依本法第一百四十九條第三項規定為監管、接管、勒令停業清理或命令解散之處分時，主管機關對該保險業及其負責人或有違法嫌疑之職員，得通知有關機關或機構禁止其財產為移轉、交付或設定他項權利，並得函請入出境許可之機關限制其出境（保一四九之六）。

第四項　保險業之接管

一、接管之原因

　　保險業因業務或財務狀況顯著惡化，不能支付其債務，或無法履行契約責任或有損及被保險人權益之虞時，主管機關應先令該保險業提出財務或業務改善計畫，並經主管機關核定，除因國內外重大事件顯著影響金融市場之系統因素所致外，若該保險業損益、淨值呈現加速惡化或經輔導仍未改善，致有不能支付其債務或無法履行契約責任之虞者，主管機關得依情節，為接管之處分。依前項規定接管者，主管機關得委託其他保險業、保險相關機構或具有專業經驗人員擔任接管人（保一四九III、IV）。保險業接管之程序、接管人之職權、費用負擔及其他應遵行事項之辦法，由主管機關定之（保一四九X）。

二、接管處分之效力

㈠職權之停止與移交

　　保險業經主管機關派員接管者，其經營權及財產之管理處分權均由接管人行使之。原有股東會、董事會、董事、監察人、審計委員會或類似機構之職權即行停止（保一四九之一I）。

㈡接管人之權限

　　接管人，有代表受接管保險業為訴訟上及訴訟外一切行為之權，並得指派自然人代表行使職務。接管人執行職務，不適用行政執行法第十七條及稅捐稽徵法第二十四條第三項規定（保一四九之一II）。接管人指派之接

管小組召集人是否有代表訴訟當事人之適格性，法院見解歧異，爰參考銀行法第六十二條之二第二項規定，增訂第二項規定接管人有代表受接管保險業為訴訟上及訴訟外之行為之權，並得指派自然人代表行使其職務，俾利接管之執行。

(三)帳冊、文件、財產目錄之移交

保險業之董事、經理人或類似機構應將有關業務及財務上一切帳冊、文件與財產列表交與接管人（保一四九之一Ⅲ前段）。

(四)負責人答復詢問之義務

董事、監察人、經理人或其他職員，對於接管人所為關於業務或財務狀況之詢問，有答復之義務（保一四九之一Ⅲ後段）。

(五)保全措施

接管人因執行職務聲請假扣押、假處分時，得免提供擔保（保一四九之一Ⅳ）。

三、接管人之職務

(一)主管機關得為之限制

保險業於受接管期間內，主管機關對其新業務之承接、受理有效保險契約之變更或終止、受理要保人以保險契約為質之借款或償付保險契約之解約金，得予以限制（保一四九之二Ⅰ）。

(二)重大行為應得許可

接管人執行職務而有下列行為時，應研擬具體方案，事先取得主管機關許可（保一四九之二Ⅱ）：

1.增資或減資後再增資。

2.讓與全部或部分營業、資產或負債。

3.分割或與其他保險業合併。

4.有重建更生可能而應向法院聲請重整。

5.其他經主管機關指定之重要事項。

(三)過渡保險機制之執行

　　保險業於受接管期間內，經接管人評估認為有利於維護保戶基本權益或金融穩定等必要，得由接管人研擬過渡保險機制方案，報主管機關核准後執行（保一四九之二III）。

　　接管人依第二項第一款或第三款規定辦理而持有受接管保險業已發行有表決權股份者，不適用第一百三十九條之一規定（保一四九之二IV）。為改善被接管保險業之財務結構，以及考量接管人係由主管機關委託擔任，應無適用本法第一百三十九條之一有關審查保險公司具有控制權人資格適當性之必要，爰增訂本項規定，以儘速改善受接管保險業之財務結構。

　　接管人依本法規定聲請重整，就該受接管保險業於受接管前已聲請重整者，得聲請法院合併審理或裁定；必要時，法院得於裁定前訊問利害關係人（保一四九VII）。法院受理接管人依本法規定之重整聲請時，得逕依主管機關所提出之財務業務檢查報告及意見於三十日內為裁定（保一四九之二V）。依保險契約所生之權利於保險業重整時，有優先受償權，並免為重整債權之申報（保一四九之二VI）。接管人依本法聲請重整之保險業，不以公開發行股票或公司債之公司為限，且其重整除本法另有規定外，準用公司法有關重整之規定（保一四九之二VII）。

　　受接管保險業依第二項第二款讓與全部或部分營業、資產或負債時，如受接管保險業之有效保險契約之保險費率與當時情況有顯著差異，非調高其保險費率或降低其保險金額，其他保險業不予承受者，接管人得報經主管機關核准，調整其保險費率或保險金額（保一四九之二VIII）。

　　股份有限公司組織之保險業受讓依第一百四十九條之二第二項第二款受接管保險業讓與之營業、資產或負債時，適用下列規定（保一四九之七 I）：

　　(1)股份有限公司受讓全部營業、資產或負債時，應經代表已發行股份總數過半數股東出席之股東會，以出席股東表決權過半數之同意行之；不同意之股東不得請求收買股份，免依公司法第一百八十五條至第一百八十七條之規定辦理。

　　(2)債權讓與之通知以公告方式辦理之，免依民法第二百九十七條之規

定辦理。

(3)承擔債務時免依民法第三百零一條債權人承認之規定辦理。

(4)經主管機關認為有緊急處理之必要，且對市場競爭無重大不利影響時，免依公平交易法第十一條第一項規定向公平交易委員會申報結合。

保險業依第一百四十九條之二第二項第三款與受接管保險業合併時，除適用前項第一款及第四款規定外，解散或合併之通知得以公告方式辦理之，免依公司法第三百十六條第四項之規定辦理（保一四九之七II）。

四、監管、接管之期限

監管、接管之期限，由主管機關定之。在監管、接管期間，監管、接管原因消失時，監管人、接管人，應報請主管機關終止監管、接管。接管期間屆滿或雖未屆滿而經主管機關決定終止接管時，接管人應將經營之有關業務及財務上一切帳冊、文件與財產，列表移交與該保險業之代表人（保一四九之三）。

第五項　保險業之清理

一、清理之原因

保險業因業務或財務狀況顯著惡化，不能支付其債務，或無法履行契約責任或有損及被保險人權益之虞時，主管機關應先令該保險業提出財務或業務改善計畫，並經主管機關核定，除因國內外重大事件顯著影響金融市場之系統因素所致外，若該保險業損益、淨值呈現加速惡化或經輔導仍未改善，致有不能支付其債務或無法履行契約責任之虞者，主管機關除依前述接管外，其情節嚴重者，亦得勒令停業清理（保一四九III）。保險業之清理，主管機關應指定清理人為之，並得派員監督清理之進行（保一四九之八I）。主管機關為停業清理處分者，得委託其他保險業、保險相關機構或具有專業經驗人員擔任清理人（保一四九IV）。

二、清理人之職務及權限

　　保險業之清理程序，類似公司之清算程序，是以清理人之職務如下（保一四九之八II）：㈠了結現務。㈡收取債權，清償債務。㈢分派賸餘財產。其他保險業受讓受清理保險業之營業、資產或負債或與其合併時，應依本法第一百四十九條之七（接管）規定辦理（保一四九之八IV）。

三、清理處分之效力

　　保險業經主管機關為勒令停業清理之處分時，準用本法第一百四十九條之一、第一百四十九條之二第一項、第二項、第四項及第八項規定（保一四九之八III）。參見前述接管處分之效力。

四、清理事務之執行

㈠催報債權

　　清理人就任後，應即於保險業所在地之日報為三日以上之公告，催告債權人於三十日內申報其債權，並應聲明屆期不申報者，不列入清理。但清理人所明知之債權，不在此限（保一四九之九I）。依前項規定申報之債權或為清理人所明知而列入清理之債權，其請求權時效中斷，自清理完結之日起重行起算（保一四九之十VI）。

㈡造報表冊

　　清理人應即查明保險業之財產狀況，於申報期限屆滿三個月內造具資產負債表及財產目錄，並擬具清理計畫，報請主管機關備查，並將資產負債表於保險業所在地日報公告之（保一四九之九II）。

㈢清償債務

　　清理人於債權申報期限內，不得對債權人為清償。但對已屆清償期之職員薪資，不在此限（保一四九之九III）。又在保險業停業日前，對於保險業之財產有質權、抵押權或留置權者，就其財產有別除權；有別除權之債權人不依清理程序而行使其權利。但行使別除權後未能受清償之債權，得依清理程序申報列入清理債權（保一四九之十IV）。另為便利清理程序順利

進行,對於清理人因執行清理職務所生之費用及債務,應先於清理債權,隨時由受清理保險業財產清償之(保一四九之十V)。

保險業經主管機關勒令停業進行清理時,第三人對該保險業之債權,除依訴訟程序確定其權利者外,非依本法第一百四十九條之九第一項規定之清理程序,不得行使(保一四九之十I)。前項債權因涉訟致分配有稽延之虞時,清理人得按照清理分配比例提存相當金額,而將所餘財產分配於其他債權人(保一四九之十II)。為統籌處理債權債務,便利清理程序之進行,保險業受接管或被勒令停業清理時,不適用公司法有關臨時管理人或檢查人之規定,除依本法規定聲請之重整外,其他重整、破產、和解之聲請及強制執行程序當然停止(保一四九VI)。

為維護全體債權人之利益,或求清理程序之簡化與順利進行,或示政府不與民爭利,下列各款債權,不列入清理(保一四九之十III): 1.債權人參加清理程序為個人利益所支出之費用。 2.保險業停業日後債務不履行所生之損害賠償及違約金。 3.罰金、罰鍰及追繳金。

五、清理之完結

保險業經主管機關勒令停業進行清理者,於清理完結後,免依公司法或合作社法規定辦理清算。清理人應於清理完結後十五日內造具清理期內收支表、損益表及各項帳冊,並將收支表及損益表於保險業所在地之新聞紙及主管機關指定之網站公告後,報主管機關廢止保險業許可。保險業於清理完結後,應以主管機關廢止許可日,作為向公司或合作社主管機關辦理廢止登記日及依所得稅法第七十五條第一項所定應辦理當期決算之期日(保一四九之十一)。

債權人依清理程序已受清償者,其債權未能受清償之部分,對該保險業之請求權視為消滅。清理完結後,如復發現可分配之財產時,應追加分配,於列入清理程序之債權人受清償後,有剩餘時,第一百四十九條之十第三項(不列入清理之債權)之債權人仍得請求清償(保一四九之十VII)。

第三節　罰　則

　　本法在罰則一節中所訂定之罰鍰，乃行政罰，由主管機關依行政處分為之。至於處分之罰鍰，其強制執行則依行政執行法之規定為之。又因保險犯罪案件有其專業性、技術性，審理法官須具有專業知識，故法院為審理違反本法之犯罪案件，得設立專業法庭或指定專人辦理（保一七四之一）。茲就本法各項處分規定，條列如下：

一、未經核准而營業

　　未依本法第一百三十七條之規定，經主管機關核准經營保險業務者，應勒令停業，並處新臺幣三百萬元以上一千五百萬元以下罰鍰（保一六六）。又保險代理人、經紀人、公證人應經主管機關許可，繳存保證金並投保相關保險，領有執業證照後，始得經營或執行業務。違反者，得處新臺幣九十萬元以上四百五十萬元以下罰鍰（保一六七之一Ⅲ）。

二、非保險業者而營業

　　非保險業經營保險或類似保險業務者，處三年以上十年以下有期徒刑，得併科新臺幣一千萬元以上二億元以下罰金。其犯罪所得達新臺幣一億元以上者，處七年以上有期徒刑，得併科新臺幣二千五百萬元以上五億元以下罰金。法人犯前項之罪者，處罰其行為負責人（保一六七）。

三、違反保險代理人經紀人公證人管理規則

　　違反第一百六十三條第四項所定管理規則中有關業務或財務管理之規定，或違反第一百六十五條第一項規定者，應限期改正，或併處新臺幣六十萬元以上三百萬元以下罰鍰；情節重大者，廢止其許可，並註銷執業證照（保一六七之二）。

四、營業或資金運用超過範圍

保險業違反本法第一百三十八條第一項、第三項、第五項或第二項所定辦法中有關業務範圍之規定者,處新臺幣九十萬元以上四百五十萬元以下罰鍰。保險業違反本法第一百三十八條之二第二項、第四項、第五項、第七項、第一百三十八條之三第一項、第二項或第三項所定辦法中有關賠償準備金提存額度、提存方式之規定者,處新臺幣九十萬元以上四百五十萬元以下罰鍰;其情節重大者,並得廢止其經營保險金信託業務之許可。保險業違反第一百四十三條者,處新臺幣九十萬元以上四百五十萬元以下罰鍰(保一六八I、II、III)。

保險業資金之運用有下列情形之一者,處新臺幣九十萬元以上四百五十萬元以下罰鍰或勒令撤換其負責人;其情節重大者,並得撤銷其營業執照(保一六八IV):

㈠違反第一百四十六條第一項、第三項、第五項、第七項或第六項所定辦法中有關專設帳簿之管理、保存及投資資產運用之規定,或違反第八項所定辦法中有關保險業從事衍生性商品交易之條件、交易範圍、交易限額、內部處理程序之規定。

㈡違反第一百四十六條之一第一項、第二項、第三項或第五項所定辦法中有關投資條件、投資範圍、內容及投資規範之規定。

㈢違反第一百四十六條之二規定。

㈣違反第一百四十六條之三第一項、第二項或第四項規定。

㈤違反第一百四十六條之四第一項、第二項或第三項所定辦法中有關投資規範或投資額度之規定。

㈥違反第一百四十六條之五第一項前段規定、同條後段所定辦法中有關投資範圍或限額之規定。

㈦違反第一百四十六條之六第一項、第二項或第三項所定辦法中有關投資申報方式之規定。

㈧違反第一百四十六條之七第一項所定辦法中有關放款或其他交易限

額之規定，或第三項所定辦法中有關決議程序或限額之規定。

(九)違反第一百四十六條之九第一項、第二項或第三項規定。

保險業依第一百四十六條之三第三項或第一百四十六條之八第一項規定所為之放款無十足擔保或條件優於其他同類放款對象者，其行為負責人，處三年以下有期徒刑或拘役，得併科新臺幣二千萬元以下罰金（保一六八V）。

保險業依第一百四十六條之三第三項或第一百四十六條之八第一項規定所為之擔保放款達主管機關規定金額以上，未經董事會三分之二以上董事之出席及出席董事四分之三以上同意者，或違反第一百四十六條之三第三項所定辦法中有關放款限額、放款總餘額之規定者，其行為負責人，處新臺幣二百萬元以上一千萬元以下罰鍰（保一六八VI）。

五、超額承保

保險業違反本法第七十二條之規定超額承保者，除違反部分無效外，處新臺幣四十五萬元以上二百二十五萬元以下罰鍰（保一六九）。

六、違反安定基金規定

保險業有下列情事之一者，由安定基金報請主管機關處新臺幣三十萬元以上一百五十萬元以下罰鍰，情節重大者，並得勒令撤換其負責人：㈠未依限提撥安定基金或拒絕繳付。㈡違反第一百四十三條之三第五項規定，未依規定建置電子資料檔案、拒絕提供電子資料檔案，或所提供之電子資料檔案嚴重不實。㈢規避、妨礙或拒絕安定基金依第一百四十三條之三第六項規定之查核。（保一六九之二）。

七、違反再保險業務規定

保險業辦理再保險業務違反第一百四十七條所定辦法中有關再保險之分出、分入、其他危險分散機制業務之方式或限額之規定者，處新臺幣九十萬元以上四百五十萬元以下罰鍰。專業再保險業違反第一百四十七條之

一第二項所定辦法中有關業務範圍或財務管理之規定者，處新臺幣九十萬元以上四百五十萬元以下罰鍰（保一七〇之一）。

八、違反保費與準備金比率

保險業違反本法第一百四十四條、第一百四十五條規定者，處新臺幣六十萬元以上三百萬元以下罰鍰，並得撤換其核保或精算人員(保一七一)。

九、遲延清算

保險業經撤銷登記延不清算者，得處負責人各新臺幣六十萬元以上三百萬元以下罰鍰（保一七二）。

十、違反監理效力

保險業於主管機關監管、接管或勒令停業清理時，其董（理）事、監察人（監事）、經理人或其他職員有下列情形之一者，處一年以上七年以下有期徒刑，得併科新臺幣二千萬元以下罰金（保一七二之一）：

㈠拒絕將保險業業務財務有關之帳冊、文件、印章及財產等列表移交予監管人、接管人或清理人或不為全部移交。

㈡隱匿或毀損與業務有關之帳冊、隱匿或毀棄該保險業之財產或為其他不利於債權人之處分。

㈢捏造債務，或承認不真實之債務。

㈣無故拒絕監管人、接管人或清理人之詢問，或對其詢問為虛偽之答覆，致影響被保險人或受益人之權益者。

十一、妨害檢查

主管機關依第一百四十八條規定派員或委託適當機構或專業經驗人員，檢查保險業之業務及財務狀況或令保險業於限期內報告營業狀況時，保險業之負責人或職員有下列情形之一者，處新臺幣一百八十萬元以上九百萬元以下罰鍰（保一六八之一 I）：

㈠拒絕檢查或拒絕開啟金庫或其他庫房。

㈡隱匿或毀損有關業務或財務狀況之帳冊文件。

㈢無故對檢查人員之詢問不為答復或答復不實。

㈣逾期提報財務報告、財產目錄或其他有關資料及報告，或提報不實、不全或未於規定期限內繳納查核費用者。

保險業之關係企業或其他金融機構，於主管機關依第一百四十八條第四項派員檢查時，怠於提供財務報告、帳冊、文件或相關交易資料者，處新臺幣一百八十萬元以上九百萬元以下罰鍰（保一六八之一II）。

十二、違背保險業經營之行為

保險業負責人或職員，或以他人名義投資而直接或間接控制該保險業之人事、財務或業務經營之人，意圖為自己或第三人不法之利益，或損害保險業之利益，而為違背保險業經營之行為，致生損害於保險業之財產或利益者，處三年以上十年以下有期徒刑，得併科新臺幣一千萬元以上二億元以下罰金。其犯罪所得達新臺幣一億元以上者，處七年以上有期徒刑，得併科新臺幣二千五百萬元以上五億元以下罰金（保一六八之二I）。又為防止此項重大金融犯罪者，掩飾、隱匿因自己重大犯罪所得財物或財產上利益，特將本條項之罪，明列為洗錢防制法第三條第一項所定之重大犯罪，適用洗錢防制法之相關規定（保一六八之七）。

保險業負責人或職員，或以他人名義投資而直接或間接控制該保險業之人事、財務或業務經營之人，二人以上共同實施前項犯罪之行為者，得加重其刑至二分之一（保一六八之二II）。

第一項之未遂犯罰之（保一六八之二III）。

又為保護保險業之權利，本法參考民法第二百四十四條及第二百四十五條有關詐害債權之規定，對於有害及保險業權利之行為，得聲請法院撤銷，其規定如下：

㈠第一百六十八條之二第一項之保險業負責人、職員或以他人名義投資而直接或間接控制該保險業之人事、財務或業務經營之人所為之無償行

為，有害及保險業之權利者，保險業得聲請法院撤銷之（保一六八之六 I）。

㈡前項之保險業負責人、職員或以他人名義投資而直接或間接控制該保險業之人事、財務或業務經營之人所為之有償行為，於行為時明知有損害於保險業之權利，且受益之人於受益時亦知其情事者，保險業得聲請法院撤銷之（保一六八之六 II）。

㈢依前二項規定聲請法院撤銷時，得並聲請命受益之人或轉得人回復原狀。但轉得人於轉得時不知有撤銷原因者，不在此限（保一六八之六 III）。

㈣第一項之保險業負責人、職員或以他人名義投資而直接或間接控制該保險業之人事、財務或業務經營之人與其配偶、直系親屬、同居親屬、家長或家屬間所為之處分其財產行為，均視為無償行為（保一六八之六 IV）。

㈤第一項之保險業負責人、職員或以他人名義投資而直接或間接控制該保險業之人事、財務或業務經營之人與前項以外之人所為之處分其財產行為，推定為無償行為（保一六八之六 V）。

㈥第一項及第二項之撤銷權，自保險業知有撤銷原因時起，一年間不行使，或自行為時起經過十年而消滅（保一六八之六 VI）。

十三、違反資訊公開規定

保險業違反第一百四十八條之二第一項規定，未提供說明文件供查閱、或所提供之說明文件未依規定記載、記載不實，處新臺幣六十萬元以上三百萬元以下罰鍰（保一七一之一 II）。

保險業違反第一百四十八條之二第二項規定，未依限向主管機關報告或主動公開說明、或向主管機關報告或公開說明之內容不實，處新臺幣三十萬元以上一百五十萬元以下罰鍰（保一七一之一 III）。

保險業經依前述各項規定處罰後，於規定限期內仍不予改正者，得對其同一事實或行為，再予加一倍至五倍處罰（保一七二之二）。

十四、刑罰加減、沒收及易服勞役規定

本節罰則有關刑罰部分，本法對於刑之減免或加重、沒收及易服勞役

等，設有如下之特別規定：

㈠犯第一百六十七條或第一百六十八條之二之罪，於犯罪後自首，如有犯罪所得並自動繳交全部所得財物者，減輕或免除其刑；並因而查獲其他正犯或共犯者，免除其刑（保一六八之三 I）。犯第一百六十七條或第一百六十八條之二之罪，在偵查中自白，如有犯罪所得並自動繳交全部所得財物者，減輕其刑；並因而查獲其他正犯或共犯者，減輕其刑至二分之一（保一六八之三 II）。犯第一百六十七條或第一百六十八條之二之罪，其犯罪所得利益超過罰金最高額時，得於所得利益之範圍內加重罰金；如損及保險市場穩定者，加重其刑至二分之一（保一六八之三 III）。

㈡犯本法之罪，因犯罪所得財物或財產上利益，除應發還被害人或得請求損害賠償之人外，屬於犯人者，沒收之。如全部或一部不能沒收時，追徵其價額或以其財產抵償之（保一六八之四）。

㈢犯本法之罪，所科罰金達新臺幣五千萬元以上而無力完納者，易服勞役期間為二年以下，其折算標準以罰金總額與二年之日數比例折算；所科罰金達新臺幣一億元以上而無力完納者，易服勞役期間為三年以下，其折算標準以罰金總額與三年之日數比例折算（保一六八之五）。

習 題

一、現行保險法對於保險業營業之限制為何？
二、保險業資金及各種責任準備金之運用，法律上有何限制？
三、保險業如失卻清償能力時，主管機關得為如何之處分？
四、保險業經主管機關勒令停業進行清理時，其清理人應如何執行清理事務？